PLUS FORT QU'AVANT

Ouvrages de Jean-Paul Vespini

Vous et le vélo, Larousse, 1989

Le Grand Roman de L'Alpe-d'Huez (préface de Jean-Marie Leblanc, directeur du Tour de France), Romillat, 1995

Le Vélo en tête, Romillat, 1998

Richard Virenque

PLUS FORT QU'AVANT

Récit par Jean-Paul Vespini

ROBERT LAFFONT

Cahier photo : page 8 en haut © Cyclop photo

ISBN 2-221-09740-8

Nous ne sommes pas responsables de la manière dont nous sommes compris, mais de celle dont nous sommes aimés.

GEORGES BERNANOS

Juger est quelquefois un plaisir,
comprendre en est toujours un.

HENRI DE RÉGNIER

À Louis Nucéra

Prologue

La loi du silence

« Virenque dopé ! » Depuis quelques tours, sur le circuit du critérium de Château-Chinon [1], Richard avait repéré ce drôle d'énergumène qui prenait un malin plaisir à lui lancer cette invective blessante.

Il faisait beau, le public l'acclamait, une fois de plus il fit « le spectacle », mais les provocations de ce spectateur isolé, assis sur un mur de pierres surplombant la route, l'irritaient.

Elles étaient insupportables.

Alors au tour suivant, Richard se laissa décrocher du peloton, il emprunta un petit chemin de terre menant tout droit vers l'irascible individu et, là, il le toisa droit dans les yeux : « Dopé, moi ? Répète-le. » L'homme se sentit gêné, il esquissa quelques paroles, du genre : « Mais je t'aime bien, Richard, je ne voulais pas t'offenser. »

Soulagé, Richard réintégra la course.

Sa réaction à Château-Chinon, loin des caméras, en pleine course, témoigne de sa fierté et de sa candeur. Dans son esprit, Richard ne s'est jamais considéré comme un tricheur. Dans le milieu cycliste, depuis la

1. Août 1999.

nuit des temps, on ne dit pas « se doper », mais « se préparer ». Ces mauvaises habitudes, accrochées au cyclisme comme le chiendent à la terre grasse, on les retrouve quelquefois hélas dans l'expression réductrice « faire le métier ». Au nom de l'indestructible omerta – amplifiée par son image de champion et son immense popularité –, il refusa d'avouer, de tomber dans la boue et traîna pendant vingt-sept mois ce lourd fardeau sur ses épaules. Ce fut son erreur. Et il fut la cible privilégiée des médias, brocardé par les Guignols, discrédité dans les journaux, cent fois plus que David Beckham, régulièrement mis en boîte par les tabloïds anglais.

Jamais encore un sportif n'avait été traqué, poursuivi, détruit, sans doute mis sur écoute et victime d'un tel acharnement médiatique que Richard Virenque. L'expression amusante, à « l'insu de mon plein gré », source de multiples plaisanteries pour imitateurs, ne cachait-elle pas pourtant la dénonciation feutrée de tout un système. Celui-là même que Jacques Anquetil, cet immense champion, expliquait ainsi : « À la base, il faut la santé. Ensuite, quand on émerge du lot, quand on fournit beaucoup d'efforts, continus, répétés, on a besoin d'une assistance médicale plus soignée [1]. »

Le dopage, ce mal profond que même Fausto Coppi reconnut froidement en ces termes : « Je prends la *bomba* [2] », ce dopage que plus tard Bernard Théve-

1. *L'Express*, novembre 1967.
2. Interview de Fausto Coppi à la télévision italienne.

net[1] dénonça avec l'utilisation massive des corticoïdes, fragilisa le monde cycliste.

À son tour, à Lille, Richard, timidement, avoua. Douloureusement. Enfin soulagé ! Et soudainement chacun y décela les pratiques de tout un milieu. « Il a opté pour une manière d'aveu et de repentance », constatait Pierre Georges dans *Le Monde* « reconnaissant ici ce qu'il contesta-là. Dopé lui ? Oui, dopé ! Comme les autres, beaucoup d'autres, presque tous les autres. Et pas que les coureurs cyclistes. » Effectivement le procès de Lille dressait celui du sport.

Oublié Ben Johnson, vainqueur du 100 m des Jeux de Séoul en 9 secondes 79 centièmes, positif au stanozolol ? Oublié C.J. Hunter, champion du monde du poids, chargé à la nandrolone ? Oubliés les propos de Zdemek Zeman, l'entraîneur tchèque de la Lazio de Rome accusant le Calcio d'un dopage généralisé ? Injustifiées les récentes déclarations de Pierre Berbizier sur le championnat de rugby gangrené par le dopage ? Évidente la généralisation du dopage au sein de l'équipe finlandaise de ski de fond avec les révélations de Jari Isometsä « chargé » à l'HES (l'HydroxyEthylStarch), un diluant sanguin qui diminue le taux d'hémoglobine ? Grotesque la victoire d'Olga Yegorova, tout de même qualifiée (et victorieuse) du 5000 mètres aux championnats du monde d'athlétisme, alors qu'elle avait été convaincue de dopage

1. *Vélo*, n° 125, novembre 1978, interview de Pierre Chany : « Thévenet n'a jamais éprouvé le sentiment de jouer un jeu dangereux et il n'a jamais été culpabilisé par le fait d'utiliser les corticoïdes, pour la simple et bonne raison que ces produits lui étaient prescrits depuis trois ans par le médecin appointé de son équipe. » « Nous étions tous persuadés d'être dans le vrai et nous avions la certitude d'avoir pris une avance sur les autres pour ce qui est des soins à inclure dans notre préparation. »

à l'EPO au meeting de Saint-Denis. Pour le même contrôle un cycliste aurait été suspendu. Déplorables, les exclusions aux derniers Jeux olympiques d'hiver de Salt Lake City de l'Espagnol Johann Muhlegg, triple champion olympique en ski de fond, de Larissa Lazutina (qui avait gagné le 30 kilomètres) et d'Olga Danilova (championne olympique de la poursuite), tous dopés au Darbepoetin Alfa, un dérivé de l'EPO [1], commercialisé sous l'appellation d'Aranesp, que l'on désigne tout simplement par « Nesp » ? Oubliés...

Le cyclisme d'abord, le cyclisme surtout, le cyclisme seul – pour quelles raisons obscures ? – devait trinquer. Et Virenque occupait la première ligne. Mais en visant Virenque, qui s'entêtait, on se trompait de cible. « Un coureur normal, Virenque ? », s'interrogeait le journaliste Emmanuel Saint-Martin [2] au lendemain de la présentation du Tour où « il n'était pas le bienvenu ». « Impossible évidemment. Piteusement repêché, il n'en a pas moins fait figure, des mois durant, de coupable parfait. Tellement qu'on peut se demander s'il ne faisait pas, justement, un coupable trop parfait. »

Dans ce lynchage orchestré, Virenque, c'était à la fois Patrick Sabatier et Bill Clinton, Bernard Tapie et Aimé Jacquet ; un mélange de gentillesse et de provocations, d'effronterie et de réussite.

Lorsque l'ampoule du pot belge [3] – qui révèle des pra-

---

1. EPO : Érythropoïétine (hormone peptidique). Elle stimule la fabrication des globules rouges par la moelle osseuse.

2. *Le Point*, n° 1398, p. 76, vendredi 2 juillet 1999.

3. Une ampoule de « pot belge » contient des amphétamines, de la caféine, de la cocaïne, de l'héroïne, des antalgiques et des corticoïdes. Un vrai cocktail Molotov.

tiques lamentables –, calée entre les cuisses de Willy Voet, tomba à terre sous l'œil effaré du douanier antillais [1] qui procédait à son humiliante fouille corporelle, tout le cyclisme s'effondra. Sous le choc de l'arrestation du « masseur de Virenque » interpellé à la frontière franco-belge, au chemin du Dronckaert, « l'homme ivre » en flamand, le monde du vélo titubait. Le cyclisme s'enfonçait, déstabilisé dans ses fondements les plus essentiels, qui prennent racine dans le mythe du sport pur.

À quoi les aveux de Richard Virenque serviront-ils si, profondément, rien ne change dans le cyclisme, au moment où les « affaires » continuent et avec elles la suspicion du dopage, malgré les dénégations des intéressés ? Le « blitz » des policiers italiens sur le Giro 2001 et ses quatre-vingt-six suspects – coureurs ou dirigeants – le prouve : le ver est malheureusement encore dans le fruit, la presse se délecte. L'hebdomadaire allemand *Der Spiegel*, révèle un dopage systématique chez Telekom, l'équipe d'Ullrich. Un reportage de FR3 montre du doigt l'US Postal, la formation d'Armstrong – conseillée par le très controversé docteur Ferrari –, suspectée de s'alimenter en Actovegin, un médicament utilisé pour stimuler la circulation du sang. Le quotidien flamand *Het Volk* désigne le team Lotto comme un consommateur d'EPO. Toutes les équipes sont, semble-t-il, sur la sellette...

N'est-ce pas encourager l'attitude de Virenque pendant vingt-sept mois de tout nier en bloc, si l'hypocrisie générale perdure ?

Rien n'obligeait effectivement Virenque à avouer et surtout pas un contrôle positif car il n'y eut jamais la

1. *Massacre à la chaîne*, de Willy Voet, éditions Calmann-Lévy.

moindre preuve de sa tricherie. Relaxé par le tribunal, il écopa de neuf mois de suspension infligés par la Swiss Cycling, la commission de la Fédération suisse de cyclisme [1], dont il dépend. Richard vit donc sa saison 2001 amputée et ne put reprendre la compétition qu'en fin de saison, dès le 14 août 2001, au critérium de Quillan, où il fut, à nouveau, accueilli comme une star. Le

1. Richard Virenque, licencié en Suisse, a été suspendu pour neuf mois et a écopé d'une amende de 4 000 francs suisses reversée à l'UCI. La peine prenant effet à partir du 1er février 2001 – et non immédiatement comme ce fut le cas pour les suspensions prononcées à l'encontre des autres coureurs de Festina –, il aurait dû reprendre la compétition le 1er novembre 2001. Le Tribunal arbitral du sport auprès duquel il avait fait appel n'a pas réduit cette suspension mais a tenu compte des périodes au cours desquelles Richard avait purgé une partie de cette peine. Le tribunal les a estimées à deux mois et seize jours et a donc ramené la date de sa reprise de la compétition au 15 août 2001. Cette « purge » concerne trois périodes. Tout d'abord les seize jours de l'exclusion de l'équipe Festina, du 18 juillet jusqu'à la fin du Tour, le 2 août 1998, ensuite le mois de suspension interne que Polti avait fixé à Virenque en février 1999, à la demande de Hein Verbruggen. Enfin, le TAS a tenu compte du mois d'inactivité – du 1er janvier au 1er février 2001 – correspondant au nouveau règlement qui fait débuter désormais toute suspension en cas de dopage au 1er février et non au 1er janvier comme c'était le cas à l'époque. On notera cependant que les Suisses de l'équipe Festina (Zülle, Dufaux et Meier) ont été suspendus huit mois à compter du 1er octobre 1999. Cette peine a ensuite été ramenée à sept mois ferme et un mois de sursis par l'UCI. Les Français (Laurent Brochard, Christophe Moreau et Didier Rous) ont été suspendus sept mois à partir du 14 décembre 1999. À la grande différence de Virenque, tous avaient repris la compétition le 1er mai 2000 puisque les trois mois d'hiver – octobre, novembre et décembre – avaient été pris en compte par la FFC. Pascal Hervé, qui a avoué au Tribunal, (il s'était auto-suspendu en 1999, durant six mois, pour se montrer solidaire de ses équipiers), a écopé de huit mois de suspension ferme en 2000 avec une réduction de peine de six mois. Il a donc été suspendu durant deux mois, du 1er février, comme le stipule le nouveau règlement qui ne prend plus en compte les mois d'hiver, jusqu'au 31 mars. Quant à Neil Stephens, il avait à l'époque arrêté sa carrière.

Tour, son grand objectif, avec un sixième maillot à pois, démarra pourtant sans lui...

« Virenque dopé », criait un spectateur à Château-Chinon...

Mais le public, dans son immense majorité, continuait de l'acclamer. Des appels et même un site Web [1] furent lancés pour le défendre, alors que, l'été 2001 durant, on le priva d'exercer son métier.

Ses supporters médusés perçurent dès le début de l'affaire Festina, comme certains journalistes prenant plus de recul et moins de plaisir dans leurs commentaires, dans quelles eaux troubles le cyclisme – et pas seulement l'équipe de Virenque – s'enlisait.

Plus de trois ans après, le public de « l'enfant chéri » lui a pardonné. Partout où il passe, on continue de l'apostropher, de l'encourager, de vibrer à ses offensives, de stimuler son panache. Sur le billard de Paris-Tours où il résiste à la meute des lévriers, jouant une fois de plus le provocateur, comme dans les lacets montagneux, il enthousiasme. À Château-Chinon, à Quillan, à Castillon-la-Bataille, un lieu qui l'inspire, on se focalise sur son personnage. Et même s'il ne gagne pas, c'est lui qui le lendemain a droit aux honneurs de la presse. « La star c'est Virenque », avait titré *Sud-Ouest* [2] au-dessus d'une belle photo où on le voit signer des autographes parmi ses supporters. Pas un mot, ou presque, sur Escartín, le vainqueur.

L'enfant-champion à la gueule d'ange ignorait qu'il

1. http://www.petitionvirenque.ift.cx
2. *Sud-Ouest* du mercredi 4 août 1999.

devrait assumer un destin de rock star. Comment l'expliquer ?

Par son personnage, tout simplement.

Richard dégage une extrême simplicité, il est très abordable et d'une formidable authenticité ; qualités qui se révèlent dans son comportement quotidien ainsi qu'en course. Sa passion pour l'attaque lui valut de porter le maillot jaune dès la deuxième étape de son premier Tour, à vingt-deux ans. Il connut la gloire très vite, sans doute trop tôt, en se battant sur sa machine chez les professionnels comme il se défonçait chez les cadets ou les juniors.

Le public fut séduit.

Les journalistes également.

Mais le champion médiatique s'exposait dès lors au couperet aiguisé de la liberté de blâmer.

Avant de s'imposer à Courchevel, avant de s'élancer dans des chevauchées solitaires comme les grimpeurs d'antan, vers Luz-Ardiden ou Cauterets, Richard fut un jeune garçon qui rêvait de devenir professionnel. Il se souvient de ce moment d'intimité, ce face-à-face qu'il eut avec le métier de coureur cycliste, en pénétrant pour la première fois – grâce à la complicité d'un ami – dans la chambre de Greg LeMond. Il avait été impressionné par les jambes du champion yankee. Face à son idole il mesurait avec timidité le chemin à parcourir.

Il voulait devenir un champion.

Au lieu d'interpréter justement son ascension, sa fougue, sa joie éclatante et sa naïveté rafraîchissante comme l'accomplissement d'un bonheur qu'il croyait inaccessible, on a cherché à y voir la marque d'un personnage plein d'orgueil, narcissique, provocateur. On le désignait du doigt comme un Rastignac du peloton.

Bref, tout le contraire de lui-même, de son histoire, de sa carrière, de sa vie. C'était injuste. Sa réussite précoce et son franc parler, surtout pour un jeune néo-pro, révélaient un coureur doué, traduisaient toute l'énergie que l'enfant de La Londe-des-Maures jette à corps perdu dans la pratique de ce sport auquel il doit tout. C'était le vélo ou la rue...

Au moment du grand tourbillon de juillet, j'ai fait partie du cercle restreint de ses amis et j'ai pu mesurer le fossé d'incompréhension qui séparait, à ce moment-là, un monde d'hypocrisie et une équipe aux abois. J'ai voulu mieux comprendre Richard, au cours de ces mois douloureux.

Il manifesta au long de nos nombreux entretiens un enthousiasme communicatif; le même intérêt qu'on éprouve devant un beau cadeau. Ce livre, il le voulait sincère. Le plus souvent, nous programmions nos rencontres chez lui, à Genève. Je le retrouvais en fin d'après-midi, après son entraînement, quelquefois très fatigué. Il lui arrivait souvent de bâiller, épuisé par sa longue sortie – et certainement las des rebondissements incessants de « l'affaire » qui se poursuivait –, mais il s'efforçait de puiser au fond de sa mémoire les souvenirs que je tirais de son esprit. Ce furent de longues séances de travail. J'eus la surprise de m'apercevoir qu'il racontait admirablement les moments les plus forts de sa vie... au volant de sa voiture. Là, occupé à conduire, il délivrait sa mémoire avec une émouvante sincérité.

Un jour, alors que nous cherchions un titre pour ce

livre, il proposa « Mon secret ». Que cachait-il par ce mot chargé de signification, lourd de sous-entendus ? Je le poussais à poursuivre : « Mon secret résume tout simplement mon parcours, la flamme qui m'anime, comment je suis arrivé chez les pros, ce que traduit mon goût pour l'offensive. Voilà, mon secret, c'est la réalisation d'un rêve à force de travail et de sacrifices. »

Il prononçait ces mots avec des étoiles dans les yeux.

Je compris, ce jour-là, qu'il voulait cheminer jusqu'au bout de son rêve d'enfant, celui de devenir un champion, un roi de la montagne. Je compris, plus tard, l'écho rageur de son cri de fauve lancé à Morzine ou sur l'avenue de Grammont, au bout de Paris-Tours, à la sortie de son long cauchemar.

Dommage que, sur la route de la gloire, il ait croisé les habitudes du milieu...

Jean-Paul Vespini

1

L'aveu douloureux de Lille

« Oui, je me suis dopé. »

Mardi 24 octobre 2000. On se souviendra encore longtemps de cette date, les archivistes du vélo la déclineront sur le rythme musical des écoliers récitant les événements historiques : 14 septembre 1515 : bataille de Marignan ; 24 octobre 2000 : date des aveux de Richard Virenque, deux ans, trois mois et sept jours après l'exclusion de l'équipe Festina du Tour 98. La tête du roi de la montagne tombe sur le billot, roulez tambours médiatiques, l'heure est au repentir.

C'est historique !

Mais pouvait-il en être autrement ? Richard Virenque n'a pas nié, pendant ces deux ans, trois mois et sept jours, pour le simple plaisir de résister, de fanfaronner. « Je ne voulais pas dénigrer, ni trahir mon sport. » Voilà une première explication. La loi de l'omerta, la loi du milieu tout simplement, il l'appliquait presque effrontément, le parrain du peloton c'était lui ! On ne touche pas à un rêve d'enfant, celui d'accéder au statut de champion au prix de sacrifices, d'efforts, de privations et de douleurs que le grand public, ce juge plein de bon sens, admire religieusement. Pour tous ces gens admiratifs sur le bord des routes, pour ces aficionados transis de froid au sommet des cols, impatients de *les* voir passer, les coureurs sont des dieux pédalants, ils se moquent de tout le reste [1]... voilà le rêve, la légende. Dans l'éditorial du *Journal du dimanche* [2], sous le titre « Virenque et les vrais coupables », Jean-Claude Maurice formulait ainsi cette vérité populaire : « Nous sommes tous coupables, depuis le commentateur passionné jusqu'aux spectateurs qui, dans l'ascension de l'Aubisque ou du Tourmalet, encouragent les coureurs, à l'évidence de vrais champions, même si chacun pressent que leur exploit doit moins à l'entraînement qu'à l'EPO et aux corticoïdes. Injurie-t-on ceux qui " travaillent " sous vos yeux pour votre plaisir ? »

Fallait-il casser ce coin de ciel bleu, délivrer crûment la vérité, toute la vérité, et montrer l'autre face du métier ? Ce fut, pendant ces deux ans, trois mois et sept jours, le cauchemar de Richard Virenque tenaillé entre sa conscience et son milieu.

« J'en avais marre de passer pour un con. Mais surtout je voulais parler au bon moment. J'ai attendu si longtemps parce que je sentais que le public, le milieu, mon milieu, les dirigeants, n'étaient pas prêts à entendre

1. À la suite du procès Festina, *L'Équipe* a publié une enquête, dans son édition du 9 novembre 2000, intitulée : « La société veut le dopage », dans laquelle divers avis laissaient entendre que le public admet le dopage. D'autre part, Sportlab, un institut d'études marketing spécialisé dans le sport, indiquait dans *Le Journal du dimanche* du 14 juin 2001 qu'« un Français sur deux, soit 48 %, estime que le spectacle doit continuer coûte que coûte » et que 51 % trouvent que « les médias parlent trop de dopage ». 68 % pensent qu'« il faut limiter le dopage mais que l'on ne pourra jamais l'éliminer ».

2. *Le Journal du dimanche* du 29 octobre 2000.

cette vérité honteuse qui nous enveloppe et nous enferme. Oui, je voulais parler, j'avais envie de m'expliquer, mais au fond de moi-même je me disais qu'il fallait le faire lorsque tout le monde serait prêt à comprendre. Ce sont les événements, la multiplication des affaires depuis juillet 98 qui ont facilité ma démarche. Lorsque nous avons été mis dehors on a désigné l'équipe Festina comme la seule fautive. Compte tenu des pratiques en vigueur dans le milieu c'était anormal. Mais pouvais-je le claironner en accusant également les autres ? Je ne voulais surtout pas mouiller quelqu'un. Je savais que notre renvoi du Tour 98 correspondait à une profonde injustice, on nous montrait du doigt, on nous livrait en "mauvais exemple" pour étouffer le reste, pour exorciser le dopage. J'étais furieux, révolté. Dès lors j'ai voulu nier, sinon je savais qu'on allait me couper la tête ! »

« Il faut mentir s'il n'y a que du mal à attendre de l'aveu d'une vérité », conseillait Michel Leiris, dans *Fibrilles*. Pour Richard cet axiome s'appliquait à la lettre. « Dans cette hypocrisie générale la seule issue possible m'a donc semblé être celle de nier en bloc. » D'autant que les autres équipes utilisaient également l'EPO [1]. D'ailleurs très vite les procès verbaux d'auditions ont recueilli des aveux d'autres coureurs que ceux de chez Festina. Le procureur adjoint Gérald Vinsonneau dans son réquisitoire a clairement exposé la situation en évoquant les neuf coureurs de l'équipe Festina : « Soit ils sont des délinquants dans un monde tout blanc, soit ils

1. Voir le chapitre 4 : « Willy, Bruno, Erik et le milieu ».

sont des délinquants parmi des délinquants qui, eux, n'auraient pas eu de chance [1]. »

« Je n'aime pas ce mot de "délinquant", mais l'analyse est juste. Même le président Baal a reconnu lors des débats à Lille que "dans cette affaire toutes les pistes n'avaient pas été explorées". Il y a plus de deux ans personne n'aurait admis ou intellectualisé mes aveux. J'aurais fait du mal au cyclisme, porté tort à sa crédibilité. Puis le couvercle refermé, comme la lourde chape de plomb qui pèse sur le dopage, j'aurais été condamné et le peloton pédalerait toujours comme avant. Mais j'avais le désir de servir le cyclisme. Je crois pouvoir affirmer, sans forfanterie, que, dans l'accomplissement de mon sport, j'incarne de grandes valeurs : le courage, le dépassement de soi, le refus d'abdiquer dans la bataille. Cet esprit chevaleresque me plaît, il correspond à l'idée forte que j'ai du vélo. Dès lors je m'étais toujours juré que lorsque le moment viendrait de parler, lorsque tout le monde comprendrait que nous n'étions pas les seuls à mériter une sanction et que, dès lors, elle était profondément injuste, mes aveux devaient servir le cyclisme, sortir mon sport de son enlisement. Je voulais qu'ils soient utiles, bénéfiques au vélo.

« Je dois reconnaître avec une grande tristesse et un profond ressentiment que, loin de me servir, mes aveux m'ont plus encore isolé et rejeté. J'ai été relaxé par la justice, mais les instances sportives m'ont suspendu pour neuf mois, la plus grande punition infligée à un coureur cycliste, me privant de la saison 2001, et du Tour, sans tenir compte du contexte général, en appliquant une

---

1. *L'Humanité* du 7 novembre 2000.

nouvelle réglementation qui gomme les mois d'hiver, contrairement aux peines infligées à mes équipiers. Sans comptabiliser tout ce que j'ai dû endurer depuis plus de deux ans. Or il me semble que ces années noires et mes aveux, qui ont ouvert le vrai débat sur le cyclisme, méritaient plus de clémence. Même le tribunal arbitral du sport n'a pas voulu en tenir compte. Pourtant je pensais que ces juristes m'avaient écouté et compris lorsque je m'étais présenté devant eux, à Lausanne, pour me défendre [1].

« À Lille j'avais décidé de tout mettre sur la table. Mon avocat, maître Hemmerdinger, a parlé d'une vérité qui s'était engouffrée dans l'entonnoir et qui avait du mal à sortir. C'est exactement cela. J'ai vécu des heures terribles, toujours tenaillé par ce cruel dilemme : soit je parlais et je me voyais condamné par les instances sportives, parce que dans notre milieu la loi en vigueur est bien celle-là : "si tu parles on t'exécute [2]", soit je me taisais et là c'était pire, je me plaçais sous la menace d'une sanction pénale, ce qui m'horrifiais, sous prétexte que j'aurais incité les autres à se doper, ce qui était faux, bien évidemment.

1. Le tribunal arbitral du sport (TAS) représenté par trois arbitres, Gérard Rasquin, juriste luxembourgeois, le président, Luc Argand, et Olivier Carrard, avocat suisse, n'a pas diminué la suspension de neuf mois ni prononcé de sursis, comme l'espérait Richard Virenque, lui faisant payer, en quelque sorte, ses aveux tardifs.

2. Jérôme Chiotti qui a avoué s'être dopé a été suspendu un an avec sursis par la FFC dès le 11 juillet 2000. L'UCI avait fait appel de cette décision devant le tribunal arbitral du sport et demandait une suspension ferme. Finalement le TAS a suspendu Chiotti durant six mois dont trois avec sursis.

« Le soir du premier jour du procès, à Lille, j'étais effondré. Je ruminais ces deux issues : avouer et me faire suspendre, me taire et me voir condamner ? Je les ressassais inlassablement. Je me suis dit : C'est le moment, je vais parler, demain je déballe tout, de toute façon je n'ai rien fait de plus que les autres. Pour moi c'était cet aspect-là qui comptait plus que tout, je n'étais pas un tricheur. Voilà, je leur expliquerai que dans le milieu on s'efforçait de respecter le taux d'hématocrite de 50. Nous étions tous ou presque à 48. On le savait, c'était comme ça. Et on s'y tenait. Les tricheurs c'étaient ceux qui dépassaient cette barre fatidique de 50. Moi, je n'ai jamais dépassé le taux, j'ai toujours respecté la règle du milieu [1], par rapport aux autres je n'ai rien fait de plus et je suis accusé comme le grand dopé. On en revient toujours à la même règle : avouer correspond à un contrôle antidopage positif... et à une autopunition !

« J'ai pris neuf mois alors que je n'ai jamais dépassé ces fameux 50 % de taux d'hématocrite. Si demain un coureur se fait prendre à un contrôle sanguin avec un taux de 52 %, la preuve quasi évidente qu'il a pris de l'EPO, on lui collera seulement un arrêt de travail de quinze jours. C'est le règlement. Mais ce règlement je ne l'accepte pas, il cautionne l'hypocrisie générale. »

---

1. Marco Pantani, qui continue de nier, a été acquitté par la cour d'appel de Bologne. Mais il avait fait l'objet d'une condamnation, par le tribunal de Forli, à trois mois de prison avec sursis pour fraude sportive et à six mois d'interdiction de compétition avec sursis, en raison d'un taux d'hématocrite trop élevé, après sa chute dans Milan-Turin 1995.

« Demain je vais parler... » Richard ruminait, il se rabâchait la réalité, il cherchait de l'aide. Il se trouvait au pied d'un mur, devant une impasse. Il fallait sauter l'obstacle et cette perspective le plongeait dans un profond désarroi. « Réfléchir, c'est nier ce que l'on croit », formulait le philosophe Alain. Il y avait tant cru, Richard, au vélo...

« Oui, j'étais à bout. J'ai pris le téléphone, j'ai appelé Lionel, mon frère, je lui ai dit que j'allais parler. Puis j'ai joint mon épouse. Elle, elle savait certaines choses, elle m'a toujours compris, on n'en parlait pas souvent, elle acceptait la règle du jeu, comprenant que nous étions tous embarqués dans la même galère. Elle a été un immense réconfort, sans cesse à mes côtés. Très tard, j'ai appelé mes parents. Ils ne savaient pas. J'étais comme un enfant avouant une faute. Ces moments-là sont pénibles, on a peur de les décevoir, peur d'être incompris. Mais j'étais soulagé de me confier. Je pense qu'ils s'en doutaient, mais ils ne m'en ont jamais parlé. Ils ont été révoltés par l'ampleur que prenait toute cette affaire. Et puis, je peux le dire maintenant, ils ont aussi trinqué. Ma mère n'a jamais retrouvé d'emploi dans la restauration et mon père galère aussi. Ce soir-là je me suis dit que l'important, justement, c'était d'évoquer ma décision avec l'homme qui dirige le cyclisme mondial, M. Hein Verbruggen, président de l'UCI. Nous avions déjà eu plusieurs conversations, je crois qu'il m'appréciait. Il m'avait confié son numéro de portable, en signe d'amitié, pour que je puisse l'appeler à tout moment et évoquer mes tourments. Il était tard, ma tête explosait, j'avais besoin de parler, de m'entendre dire que ma décision était la bonne. Je mesurais tout le tintamarre qu'elle allait provoquer. La tempête annoncée. J'ai composé son numéro.

« – Monsieur Verbruggen, je suis à bout. Je ne peux plus tenir. Je vais parler.

« M. Verbruggen m'a compris. Moi, je savais que je serais sanctionné sportivement et sans doute relaxé pénalement.

« J'ai mal dormi, mais au lever ma décision était prise. J'ai quitté l'hôtel Alliance, où j'avais installé mon quartier de base, avec cette idée en tête. Comme tous les matins le même chauffeur de taxi est venu me chercher. Il m'avait fait un forfait pour les trois semaines du procès ! Matin, midi et soir je n'avais qu'à l'appeler et il accourait. J'avais aussi sympathisé avec un policier, Didier, qui m'accueillait chaque matin pour entrer au tribunal et m'accompagnait pour en sortir. Le soir nous nous retrouvions quelquefois pour aller boire un pot en ville. On parlait de tout et de rien. Je ne le connaissais pas, il était venu bavarder alors que je traversais des moments très durs et cela m'avait réconforté. Je n'avais pas voulu que Stéphanie me rejoigne avec Clara et Dario. Un hôtel comme antichambre du tribunal ce n'était pas la place de ma famille. Didier, comme le chauffeur de taxi, comme le patron de l'hôtel et le personnel, aux petits soins pour moi, m'ont permis d'oublier momentanément les tensions du procès. Cela me donnait confiance d'évoluer dans le même entourage. Mais je ne me cachais pas. Je me promenais le soir dans les rues de Lille, j'avais même le plaisir de rencontrer des supporters qui me reconnaissaient et m'adressaient quelques mots d'encouragements et de soutien.

« Au tribunal, peu avant que l'audience débute, Mes Éric Hemmerdinger et Vincent Speder m'ont adressé ces mots : "Tu es prêt." Je savais bien ce que cela signifiait : "Est-ce que tu vas parler ?" J'ai répondu : "Oui, je suis prêt, mais je ne sais pas si j'y arriverai." J'entends encore la voix de mes avocats amis me dire : "Ne t'en fais pas, on va t'aider." J'ai vu maître Hemmerdinger se diriger vers le président du tribunal de la septième chambre correctionnelle, Daniel Delegove, un homme profondément humain qui avait tout compris avant même que le procès Festina débute. Cet ex-professeur d'histoire et géographie s'est concentré sur la préparation du procès pendant deux mois sans traiter un autre dossier. Il avait beaucoup lu et déjà très bien cerné la réalité du problème du dopage !

« – Monsieur le président, M. Virenque veut être entendu.

« Le président sourit, il avait saisi le message. J'étais terrifié, je sentais que les mots cognaient dans ma tête, ils s'empêtraient douloureusement dans mon esprit, comme un boxeur pris dans les cordes. »

Dans le silence grave d'un jour de deuil, vêtu d'un costume anthracite, seul coureur à la barre, face au président, face à sa vérité, Richard cherche péniblement les mots de sa confession.

« Depuis 1998, si je parlais, j'étais le mouton noir du peloton... »

Le président l'écoute, mais il sent bien que Richard tourne autour de sa vérité. « Je n'arrivais pas à me lancer. Je ne pouvais pas tout déballer comme cela de but en blanc. Il fallait qu'on m'aide. Je crois que le président en a eu l'intuition. Il m'a posé des questions, je me suis laissé guider, j'ai répondu comme un automate, dans un état presque second, effrayé par les paroles fortes qui allaient sortir de ma bouche, par toutes les conséquences qu'elles provoqueraient dans le milieu cycliste. Il m'a interrogé : "Vous saviez que vous preniez des produits dopants ?" Et moi, timidement, j'ai répondu "oui". Dans ma tête je me disais : Merde tu as dit "oui" au lieu de dire "non", maintenant c'est parti il va falloir continuer et raconter... »

Il était 9 h 16. Le président ajouta : « Vous vous grandissez monsieur Virenque. »

Ce « oui » lâché timidement le délivra. Richard, enhardi par ses premiers aveux, commença par fournir des bribes d'explications : « Vous ne pouvez pas comprendre, vous n'êtes pas du milieu. Si on me sortait du troupeau j'étais fini. Je n'ai pas voulu sauter du train en marche... » La salle écoutait dans un silence obsédant. Une pesante émotion collective planait au-dessus de l'audience. « Ce n'est pas le procès de Richard Virenque », avait prévenu le président quelques instants auparavant, mais quelque part cela y ressemblait beaucoup.

D'une voix chevrotante, Richard poursuivit sa lente réhabilitation : « Je peux me regarder dans une glace, je n'ai pas triché par rapport à mon milieu. Mon premier Tour je l'ai accompli à l'eau claire. J'ai fini 25e. J'étais comme Christophe Bassons [1]. Chez Festina il y avait une organisation, les règles étaient déjà établies avant que j'arrive. J'étais un coureur, j'ai fait comme les autres. Mais quand on a mis des limites au dopage, en fixant les règles de l'UCI, j'ai eu des résultats, ce n'est pas le doping qui m'a fait avancer.

« Le président me défiait, il tentait de me provoquer avec ses questions : "Ça veut dire que tous vos maillots à pois ont été arrachés avec l'EPO ?"

« – Si vous croyez qu'il suffit de se mettre des piqûres dans le cul pour avancer... J'ai osé dire cela au président du tribunal ! j'étais révolté. J'ai même haussé le ton. Avec le recul je mesure combien j'étais écorché.

« – Vous allez vous taire ! Le président Delegove s'est dressé pour me faire remarquer que dans un tribunal on devait s'exprimer correctement.

« – Cela fait deux ans et demi que je n'ai pas eu l'occasion de m'exprimer sur ce sujet et maintenant vous voulez que je me taise.

« La salle sourit dans un murmure compatissant. »

« Virenque se rachète » titrait *France-Soir* dans sa nouvelle formule [2]. « Un aveu qui change tout », indiquait en bandeau *L'Équipe* [3]. Richard venait de tracer la voie, derrière d'autres allaient s'engouffrer.

---

1. Christophe Bassons, alors sous les couleurs de l'équipe La Française des jeux, effectua le Tour 1999 en dénonçant le dopage. Ses propos maladroits, sa chronique quotidienne dans « Aujourd'hui en France » le marginalisèrent au sein du peloton et même de son équipe. Il a arrêté la compétition en juillet 2001.

2. *France-Soir* du 25 octobre 2000.

3. *L'Équipe* du 25 octobre 2000.

Luc Leblanc, remonté contre les instances dirigeantes [1] – « C'est le système du vélo qui est en cause, je pense encore aux dirigeants, ils devraient avoir honte [2] » –, reconnut : « On était obligé de prendre des choses, pas pour être plus fort mais pour rester à son niveau. J'ai accepté d'en prendre mais pas longtemps. »

« J'aurais avoué avant si tout le monde l'avait fait et pas seulement les neuf couillons de Festina qui se sont fait pincer », ironisa Pascal Hervé [3].

À l'hôtel Alliance, un ancien couvent posé sur le quai Wault, les trois ex-compères de Festina s'étaient retrouvés un soir pour dîner ensemble. Cette dénonciation de l'hypocrisie générale, ce sentiment de payer pour les autres les unissaient davantage. « Nous sommes seulement neuf coureurs à encourir des peines de suspension [4] alors qu'il a été démontré que le dopage organisé concernait toute l'équipe. Et les autres ? Nous étions vingt-deux coureurs et sur les vingt-deux au moins dix-neuf prenaient de l'EPO. [Christophe Bassons, Laurent

1. Le procès Festina a clairement établi que le dopage touchait de très nombreuses équipes et quelquefois ses dirigeants et cela depuis longtemps. On retiendra cette anecdote, tirée de l'audience, et rapportée par Guy Roger dans *L'Équipe* du 26 octobre 2000 à propos de l'interrogatoire de Jean Dalibot, ancien soigneur dans l'équipe Castorama. « Dans cette équipe la réputation de consommation de corticoïdes était très forte. Est-ce vrai que lorsqu'un coureur de Castorama arrivait chez Festina le docteur disait : “ Il faut le décastoramiser parce qu'il était bourré de corticoïdes ? – Oui. – Qui était le médecin de l'équipe ? – Armand Mégret, actuellement médecin de la fédération française. ” »

2. *L'Humanité* du 25 octobre 2000.

3. *L'Humanité* du 26 octobre 2000.

4. Richard Virenque, Alex Zülle, Armin Meier, Laurent Dufaux, Laurent Brochard, Christophe Moreau, Didier Rous, Pascal Hervé et Neil Stephens.

Lefèvre et Patrice Halgand n'en utilisaient pas.] D'autres coureurs ont fait des aveux à la police, je le sais parce que j'avais accès aux dossiers en qualité de partie civile, mais là le sujet n'est pas assez médiatique et les instances laissent faire. »

Après celle de Richard Virenque qui creva l'abcès, les déclarations se poursuivirent durant tout le procès, les plus significatives furent celles de Jeff D'Hont, soigneur à La Française des jeux, mis en examen pour « administration et incitation à l'usage de substances vénéneuses », qui travailla quatre années durant chez Telekom. « C'est là, dit-il, que j'ai entendu parler pour la première fois d'EPO [1]. » Erwan Menthéour, auteur d'un ouvrage sulfureux, *Secret Défonce*, premier cycliste français suspendu pour un taux d'hématocrite anormal lors du Paris-Nice en 1997, se présenta également à la barre : « Tous les coureurs rêvaient d'aller chez Festina car le dopage était contrôlé par les médecins pour protéger les coureurs demandeurs. À La Française des jeux il n'y avait pas de médecin. Les coureurs étaient livrés à eux-mêmes... [2] ! »

« Le cyclisme passe aux aveux », résumait *L'Humanité* [3] et c'était bien le procès du vélo, dans son impénétrable complexité moderne – coureur, victoire, argent, sponsor, notoriété –, et ses ancestrales pratiques secrètes, qui s'étalait au grand jour et captiva les médias durant trois semaines à Lille. Au point de justifier un million de francs de travaux pour aménager les salles et de provoquer la colère des avocats du barreau de Lille choqués

1. *L'Équipe* du mercredi 25 octobre 2000.
2. *Libération* du 27 octobre 2000.
3. *L'Humanité* du 25 octobre 2000.

par la disproportion des moyens [1] et d'occulter – tout de même ! – le procès des assises de Saint-Omer qui se déroulait au même moment et où l'on jugeait Jean-Michel Jourdain et son frère Jean-Louis, accusés d'avoir tué quatre adolescentes sur une plage du Pas-de-Calais en février 1997.

Le procès du cyclisme ? Il y a quelques mois, Francesco Moser, aujourd'hui conseiller auprès de la *Gazzetta dello sport* dans l'organisation du Tour d'Italie, déclarait à Philippe Brunel, journaliste à *L'Équipe* : « Il va falloir vivre avec le dopage. Le cyclisme pur c'est une illusion. Ou l'on est capable de mettre au point un contrôle infaillible et dans ce cas celui qui triche paie, ou il faut tout arrêter, ou continuer avec une autre compréhension des choses [2]. » *France-Soir* rebondissait sur ce sujet brûlant avec cette une : « Les maillots jaunes dans la seringue [3] », une accroche évocatrice rappelant celle du 15 juillet 1998 : « Ils sont tous dopés », qui avait scandalisé de nombreux suiveurs. On y soupçonnait de dopage la plupart des grands champions et même Miguel Indurain, à la suite des propos de Thomas Davy, ex-équipier de l'Espagnol chez Banesto qui avait déclaré à l'audience : « C'est là que j'ai découvert l'EPO avec un système suivi par un docteur pour tous les coureurs [4]. »

Par ses aveux, « Virenque le banni » se réhabilitait et posait les vrais questions. « Depuis 98, j'ai réfléchi et analysé le milieu. J'ai disputé les Tours 99 [il se classe

1. Dépêche AFP du 19 octobre.
2. *L'Équipe* du vendredi 9 avril 1999.
3. *France-Soir* du samedi 28 et dimanche 29 octobre 2000.
4. *L'Équipe* du 27 octobre 2000.

premier Français et enlève le maillot de meilleur grimpeur pour la cinquième fois] et 2000 [vainqueur à Morzine] sans EPO. Ma valeur, les supporters l'ont bien compris, n'a rien à voir avec les doses d'EPO. Mais depuis 98 je raisonne autrement. J'ai terminé le Tour 1999 avec un taux d'hématocrite de 38, bien loin des 50 autorisés, et en l'an 2000 je finis avec à peine 40 %. C'est bien la preuve que l'on peut terminer un Tour fatigué, mais sans EPO. La seule différence c'est que sur trois semaines on ne peut frapper qu'un grand coup, sinon on prend le risque de se vider de toutes ses forces. Désormais je ne me suis plus mis dans la tête que celui qui est à 48 d'hématocrite, au lieu de son taux normal, n'est pas positif. Je pense tout simplement que celui qui prend de l'EPO est dopé. Mais à l'époque je n'avais pas le choix. Je faisais comme les autres pour être sur le même pied d'égalité. Aujourd'hui tout dépend des contrôles. Si l'on est assuré que les laboratoires parviennent à déceler tous les produits, la peur que l'autre soit dopé (et donc meilleur que soi) s'estompera. Sinon le procès de Lille n'aura servi à rien. Moi j'ai pensé à provoquer une table ronde avec les vingt meilleurs cyclistes mondiaux, par exemple au siège de l'UCI à Lausanne. On s'enferme et on discute entre nous. J'imagine la décision : on arrête de se bousiller avec les produits interdits. On passe l'éponge, ce n'est pas la peine de punir les uns et pas les autres puisque c'était comme ça. Tout le monde tomberait d'accord sur l'arrêt des produits interdits et l'on tirerait un trait sur le passé. Illusion ?

« Aujourd'hui chaque coureur se protège, tout le monde a peur et se dit : Pourvu qu'une affaire ne me tombe pas dessus, ou : Si je parle je vais être puni. Je les comprends. Moi aussi j'aurais pu provoquer les choses, motiver les coureurs pour qu'on mette tout à plat, mais je n'ai pas eu le courage de le faire. À l'époque j'ai agi comme tout le monde. Mais aujourd'hui avec mes aveux, avec toutes les affaires qui éclatent, le contexte est différent. C'est le moment de repartir de zéro.

« Le seul avantage de cette table ronde c'est qu'en sortant j'aurais été innocenté et réintégré immédiatement dans le peloton ! »

Cette table ronde, n'était-ce pas aux instances internationales de l'imaginer ?

Après la décision du tribunal de Lille qui l'a relaxé, Richard s'est défendu devant la Fédération suisse de cyclisme (dont il dépend) qui statua sur son sort en le suspendant pour neuf mois. « Je leur ai dit, pour montrer ma bonne foi, prenez mes urines congelées sur le Tour 2000 [1], je vous autorise à les analyser et vous verrez si je suis un tricheur. Mais ils s'en foutent... J'ai compris qu'ils ne pouvaient pas admettre que le dopage à cette époque était généralisé, car ils le savaient, et tenir en même temps un raisonnement ferme en punissant les coureurs. Ce serait incohérent. Alors ils jouent aux ignorants pour pouvoir nous sanctionner. »

---

1. À l'issue du Tour 2000, 91 échantillons urinaires, de la plupart des coureurs du Tour, dont Virenque, ont été conservés au laboratoire de Châtenay-Malabry dans l'attente d'une validation de la méthode française de détection de l'EPO. À la suite des soupçons qui pèsent sur l'équipe américaine US Postal la justice française a autorisé l'analyse des urines de Lance Armstrong.

Même *L'Équipe* trouva la suspension un peu lourde avec ce titre : « Plein tarif pour Virenque [1] » et *France-Soir* constatait : « On achève bien Virenque [2] ».

À Lille comme à Berne, Richard avait martelé cette phrase : « Mon premier Tour je l'ai accompli à l'eau claire. J'y ai pris le maillot jaune, le maillot vert et le maillot de meilleur grimpeur. » Pour comprendre son histoire, il faut effectivement remonter à ce jour de gloire de juillet 1992. Le début d'un rêve... qui a tourné au cauchemar en juillet 1998. L'histoire d'un jeune champion tout simplement.

1. *L'Équipe* du 30 décembre 2000.
2. *France-Soir* du 30 décembre 2000.

2

Poker en jaune

« Tu porteras le dossard 38. » Jacques Michaud, directeur sportif de l'équipe RMO-Mavic-Onet, vient d'appeler Richard, quatre jours avant le départ du Tour 1992 à Saint-Sébastien. « C'était un mercredi. Lorsque j'ai entendu sa voix j'ai été très surpris, moi je m'apprêtais à partir en vacances. "Tu fais le Tour, tiens-toi prêt." Le lendemain jeudi, je lui donnais ma réponse. C'était OK, bien sûr ! »

Un moment Richard se trouva en balance avec Jean-Philippe Dojwa, Mauro Ribeiro et Michel Vermote, mais finalement le choix se porta sur lui. En fait il avait décroché sa sélection à la suite du championnat de France disputé à Avize, sous une chaleur caniculaire. Ce jour-là Luc Leblanc s'était extirpé au dernier tour dans la cité du Mesnil-sur-Oger, laissant sur place Fignon et quelques autres pour rattraper son équipier Gérard Rué, alors seul en tête, et l'emporter. Ce qui provoqua par la suite une belle polémique. Et Richard ? Il était là, avec les meilleurs, terminant l'épreuve à la 6e place. « Je veux des Virenque au Tour », avait alors déclaré le « boss » de l'équipe, Marc Braillon, enthousiasmé et impressionné par sa course.

Autour de Charly Mottet, leader de l'équipe [1], Richard découvrit le Tour pour la première fois, à vingt-deux ans et demi. Il n'avait pas l'intention de rester dans les rangs. « Au départ il était prévu que je ne dispute que la première semaine de course, ou les dix premiers jours. Ensuite je devais rentrer à la maison. Michaud estimait que j'étais encore jeune et que je ne devais pas me brûler. Il avait certainement raison. »

Mais Richard n'abdiqua pas, il finit le Tour bien placé puisque pour sa première participation il se classa finalement 25e, à 46'1" de Miguel Indurain (Banesto), juste derrière Laurent Fignon (Gatorade), 23e à 41'51" ce qui était très encourageant pour la suite.

« Je ne voulais surtout pas passer inaperçu. Il fallait que je me montre, que je réalise quelque chose au cours de cette première semaine. J'avais une envie folle d'attaquer. Je ne me rendais pas compte de la difficulté. Nous étions sur le Tour, pas au grand prix d'Ollioules ! Mais j'avais été tellement déçu par mon prologue où je finissais 156e sur 197 partants. En 8 km, Miguel Indurain, qui s'était imposé devant Alex Zülle (Once), 2e à 2" et Thierry Marie (Castorama) à 3", m'avait déjà mis 52" dans la vue ! J'étais catastrophé. Ce résultat qui me reléguait dans les profondeurs, si loin des meilleurs au classement général, et dès le premier jour, m'avait démoralisé. J'étais frustré ! »

Le lendemain, sur un circuit tracé autour de Saint-Sébastien, il se classa 6e, pour la première étape. Son

1. L'équipe était composée de Charly Mottet, Éric Caritoux, Thierry Laurent, Pascal Lino, Christophe Manin, Ronan Pensec, Dante Rezze, Marcel Wust et Richard Virenque.

moral reprenait le dessus, et, surtout, il se « sentais très bien ». C'était bon signe pour la suite...

« Le troisième jour, deuxième étape Saint-Sébastien-Pau, j'ai planté une mine au bout de 20 km. Il fallait être un peu fou pour partir de si loin, mais j'avais vraiment décidé de passer la journée devant, de faire la course à bloc. Je ne l'avais dit à personne ! »

Richard n'a pas choisi la facilité ; c'est l'étape-marathon du Tour, disputée sous la pluie, la plus longue, avec ses 255 km et ses cinq cols au menu : l'Alto de Aritxulegi (3e catégorie), l'Alto de Agina (3e catégorie), le col d'Ispeguy (2e catégorie), le col d'Osquich (3e catégorie) et enfin le col de Marie-Blanque (1re catégorie). Mais il a du culot, le môme ! Le voici seul sous l'orage qui gronde et arrose copieusement son défilé suicidaire. Derrière, Chiappucci secoue le peloton, mais Richard poursuit sa route. Depuis le 20e km il conduit la danse. Au bout de 50 km son équipier Dante Rezze et Javier Murguialday (Amaya) le rejoignent.

À trois, la fuite en avant devient plus facile. Après 100 km de course, au pied du col d'Ispeguy, les trois fuyards comptent déjà 22' d'avance sur le peloton qui n'est pas décidé, pour l'heure, à lancer la chasse. Virtuellement Richard est déjà maillot jaune. Il se sent des ailes. « C'était vraiment une grande chevauchée fantastique. J'avalais les cols les uns après les autres. Dans Marie-Blanque – un col déniché par Jean Bobet –, à 45 km de l'arrivée, je n'y croyais toujours pas. »

Rezze décrocha, puis Murguialday. Richard termina l'ascension seul en tête mais décida d'attendre l'Espagnol dans la descente. « L'arrivée était encore trop loin, je savais que j'avais besoin de lui. On a donc continué ensemble et à Pau je l'ai laissé remporter l'étape. Je trouvais cela normal d'autant que moi je prenais les trois maillots : le jaune, le vert et le paletot à pois de meilleur grimpeur. J'avais réussi mon pari fou, cette échappée si souvent rêvée, que j'avais lancée après une vingtaine de kilomètres, aboutissait. J'avais réussi. J'endossais le maillot jaune pour mon premier Tour ! Je me répétais : C'est le plus beau jour de ma vie. Je hurlais de bonheur, ma voix était brisée par l'émotion. Mon rêve de gosse se réalisait soudainement, je n'arrivais pas à y croire. C'est pas possible, tant de réussite pour un premier essai : il y a une étoile au-dessus de ma tête ! »

Effectivement, Richard venait d'acquérir ses galons de coureur du Tour, de fantassin de la montagne, de pirate des cols. De grosses larmes coulaient sur son visage, des pépites de joie brillaient dans ses yeux humides. Un vrai bonheur d'enfant, authentique, spontané. Un bonheur communicatif que la France contemplait, séduite par ce visage de gamin qui vient de réussir une bonne farce. On ne le soupçonnait pas encore mais, ce jour-là, à Saint-Sébastien, un phénomène nouveau prenait vie, bientôt baptisé la virenquemania...

Sonnez trompettes de la renommée, battez tambours de l'offensive, ce freluquet dégaine facilement, il saute à la gorge des leaders, étrangle les préjugés.

Virenque est un hors-la-loi, l'Arsène Lupin du maillot jaune !

À Pau, il mettait 5' dans la vue à Bugno (Gatorade), le plus rapide du petit groupe des favoris, accompagné de Chiappucci (Carrera-Tassoni), Mottet (RMO) et Indurain (Banesto). Zülle (Once) avait craqué et termina à plus de 12'. Miguel, le grand de Navarre, dauphin du roi Richard ! Miguel relégué au général à 1'34" !

255 km en montagne – l'étape la plus longue du Tour ! – gobés par un insolent, le Gavroche du peloton.

Comment s'appelle ce jeune Français qui boxe en pédalant ? questionne le peloton.

Vi-ren-que ! Comme victoire, comme rentre-dedans, comme attaque !

« Les journalistes me suivaient jusqu'à l'hôtel, ils voulaient tout savoir sur mes débuts. Je comprenais que je venais de réaliser quelque chose. Les copains de l'équipe sont venus me féliciter. J'étais sur un nuage. Ensuite, le soir, on m'a mis dans la chambre avec Charly Mottet. Ça c'était l'honneur suprême, partager ce bonheur avec le leader de l'équipe, moi le néo-pro. Jusqu'alors je n'avais jamais eu ce privilège, la veille je dormais avec Dante Rezze. J'avais suspendu le maillot sur une chaise et dans la nuit je l'ai souvent regardé. Je songeais au lendemain, j'allais passer une journée du Tour habillé en jaune ! C'était assez irréel, je vivais un début de Tour complètement magique. »

Hélas, entre Pau et Bordeaux, après une centaine de kilomètres de course, dix hommes se firent la belle [1] et Pascal Lino, représentant l'équipe RMO, accrocha le

1. Il s'agit de Rob Harmeling (TVM), qui remporta l'étape, et de Sammy Moreels (Lotto), Massimo Ghirotto (Carrera-Tassoni), Jérôme Simon (vêtements Z), Noël Segers (Buckler), Martien Kokkelkoren (Buckler) Gerrit De Vries (Buckler), Allan Peiper (Tulip Computers), Eric Van Lancker (Panasonic-Sportlife) et Pascal Lino (RMO).

bon wagon. Les fuyards s'entendaient à merveille, derrière les jambes lourdes invitaient à laisser faire. L'avance crût rapidement (7' à l'arrivée sur le peloton) et Lino, le mieux placé au classement général, ravit le maillot jaune à Richard en le devançant d'1'54". « Le matin, au moment du briefing, Michaud nous avait dit qu'il fallait nous immiscer dans toutes les tentatives. Puisque c'est Lino qui était devant, nous n'avons pas roulé pour revenir sur les échappés. Mon maillot on ne l'a pas défendu, pourtant je pensais bien le conserver plusieurs jours. Mais j'étais le jeune débutant, je n'avais qu'à fermer ma gueule et écouter les consignes. Je n'étais pas là pour gagner le Tour et puis Pascal roulait très bien contre la montre. Le soir à Bordeaux je me suis retrouvé deuxième au général à 1'54" de Lino. Il a gardé le maillot jaune pendant dix jours, jusqu'à Sestrières où Indurain l'a repris. »

À Bordeaux, Richard endossait le maillot... vert ! Lui, le grimpeur, se parait de la tunique réservée aux sprinters. « Au début je ne voulais pas le porter ce maillot, j'estimais qu'il ne correspondait pas à mes qualités, mais le règlement m'obligeait à le faire. J'ai vécu ainsi la journée du contre-la-montre par équipe, à Libourne, et l'étape Nogent-sur-Oise-Wasquehal habillé en vert. Enfin, le vendredi 10 juillet 1992, pour la première fois de ma carrière, entre Roubaix et Bruxelles, j'ai pédalé vêtu du maillot à pois de meilleur grimpeur, classement dont j'occupais la tête depuis le deuxième jour du Tour. Une longue histoire d'amour commençait entre ce maillot à pois et moi... »

Le Tour qu'il découvrait pour la première fois le comblait. Il y était bien. La communion avec le public, ses encouragements, l'engouement qu'il provoquait, déjà, sur son passage soufflaient un vent de fraîcheur, un parfum de naïveté et d'espièglerie.

On l'aimait.

3

Chacun pour soi

L'homme, quoi qu'on dise, est le maître de son destin. De ce qu'on lui a donné il peut toujours faire quelque chose.

JEAN GRENIER

Maillot jaune dès son premier Tour ! L'enfant champion rayonnait au départ des courses, sa disponibilité enchantait les journalistes, sa gentillesse séduisait le public. Sa joie de vivre et d'exercer son métier éclaboussait de fraîches promesses son avenir cycliste. Cette tunique or lui rappelait le sable doré de la plage de Dahomé. D'ailleurs l'étoile de son enfance scintille toujours dans son regard. Sa voix chaleureuse s'enflamme, son débit s'accélère, joyeusement soulevé par des flots de souvenirs ensoleillés, lorsqu'il évoque ses jeunes années. Richard vécut son enfance familiale au Maroc, à Casablanca, dans le quartier cossu d'Aïn-Essebaa, d'où il conserve de douces images de cartes postales, des bonheurs simples, accumulés au rythme insouciant du temps, mais à jamais ancrés dans sa mémoire.

Lorsqu'il dut surmonter des moments terribles au cours de l'affaire Festina il s'évadait souvent sur cette île aux trésors où ses jeunes années accostèrent. Elles le bercent encore d'une tendresse particulière : de là, sa générosité, ses éclats de rire de galopin et son caractère bien trempé. La mer, le ciel, le soleil, les copains et l'école.

Des images chaudes, nonchalantes, rythmant la vie d'un petit garçon épris de liberté, de longues journées durant en communion avec la nature. Ce ne fut pas une enfance ordinaire, il eut la chance de vivre à Casablanca, dans une superbe villa blanche, où sa famille bénéficia d'un confort de grand standing grâce au travail de son père, lequel occupait un poste à responsabilité à l'usine Kléber. Jardinier, nounou, service agréable... « C'était un avenir pour nous, évoque Richard. J'aimais ce coin, la nature assez sauvage. On s'ingéniait à imaginer des aventures, nous étions heureux. Nous avions la chance de disposer d'une jolie maison avec un jardin. Nous nous amusions à en faire le tour avec nos voitures à pédales. On se poursuivait, comme des fous, moi au volant d'une Chaparral et Lionel rivé sur sa Lotus. »

Deux superbes autos déposées au pied du sapin de Noël. Là-bas, autour de son père Jacques – né dans ce pays accueillant où, déjà, son père avait travaillé et dirigé la construction de barrages –, en compagnie de sa mère Bérangère, de son frère Lionel, de sa sœur Nathalie, il s'amusait, grandissait, gambadait, et prenait un malin plaisir à multiplier ses exploits de petit garnement !

« J'attendais avec impatience le vendredi soir. Nous sortions de l'école, et mon père et ma mère nous emmenaient, embarqués dans la DS – et plus tard dans la Renault 12 –, camper à cinquante kilomètres plus loin, sur la plage de Dahomé, où nous avions un terrain rien que pour nous. J'en garde un souvenir merveilleux : avec mon frère nous pêchions des soles à marée basse. Je les repérais facilement, elles se glissaient dans le sable et nous les capturions à l'aide de perches, j'appelais ça des "fouines", que nous avions nous-mêmes taillées en forme de harpons. On s'aventurait quelquefois un peu trop loin, sur un Zodiac, équipés d'un masque et d'un tuba, mais nous avions l'habitude. L'océan était tout de même assez dangereux et on savait qu'il y avait eu des accidents à cet endroit-là.

« Nous dormions sur la plage, sous une tente. Il y en avait deux autres, l'une servait de cuisine, l'autre d'entrepôt. Je voyais tout cela en grand, c'était tout un monde, c'était mon île. » Tel Robinson Crusoé, l'enfant Virenque apprit très tôt le plaisir des échappées solitaires. Il s'affranchissait, se débrouillait, jouait à la castagne. « J'aimais beaucoup taquiner mon frère aîné. Nous avions un puching-ball. On s'acharnait dessus avant de se bagarrer entre nous. Je jouais souvent avec un arc fabriqué avec des branches d'arbres et je lui tirais dessus. Une fois la flèche est partie et je l'ai atteint en plein visage ! Lui, il me surveillait, il me protégeait et ne se plaignait jamais. Ensemble nous nous amusions à chasser les rats, on plaçait méticuleusement des pièges dans les endroits que nous avions repérés. »

Dans cette ambiance de vacances quasi permanentes, Richard fut également dorloté par Zina, aux bras si réconfortants, surtout lorsqu'il venait de faire une bêtise.

Officiellement c'était la personne de maison, la bonne. Mais pour Richard, pour son frère et sa sœur, pour toute la famille, Zina c'était bien plus que ça, évidemment. Une mamie, une grand-mère dont il a toujours gardé un tendre souvenir. Zina et ses makroutes, Zina et ses gestes d'Africaine, son accent, sa gentillesse.

Ils étaient tellement vrais ces moments de bonheur en famille ; Zina la nourrice le protégeait si tendrement, il parlait si bien d'elle, Richard, que Stéphanie, son épouse, eut l'« idée géniale » de l'inviter. « Au moment de l'affaire Festina, alors que j'étais en pleine déprime, dans un profond désarroi, et que toutes les portes des équipes se refermaient sous mon nez, j'ai eu la délicieuse surprise de revoir Zina. Ce fut mon plus beau Noël ! ».

Il embrassa celle qu'il n'avait plus revue depuis dix-neuf ans. Loin des regards indiscrets, loin du tumulte incessant, il vivait son « avis de recherche » à lui, manigancé, arrangé, programmé par Stéphanie. « Elle avait tout prévu : les billets, le transport, le séjour d'une dizaine de jours, tout cela dans le plus grand secret, offrant à son mari blessé la joie de replonger en enfance. Nous lui avons fait visiter la région, elle n'était jamais venue en France, n'avait jamais pris l'avion. Elle a tout découvert, le téléphone portable, les volets électriques, elle se montrait follement heureuse, c'était rigolo et ça m'a fait immensément plaisir... »

« Enfant j'étais toujours très fougueux, très vif. Je montais sur le toit, j'étais un peu casse-cou. Un jour, je ne l'ai jamais oublié, je me hissais sur la toiture et, là, j'ai poussé un énorme cri : les tuiles étaient toutes recouvertes de cafards. Elles avaient viré au noir, c'était très impressionnant. J'ai compris plus tard qu'ils avaient été attirés par des fourmis rouges.

« Il y avait Lapineau, un lapin acheté à un type qui vendait des carottes sur le marché, et surtout le chat, autant de peluches vivantes que j'aimais caresser. Plus tard nous avons eu un chien berger, Rolf. Mes parents l'avaient acheté après un cambriolage. Malheureusement il a été tué par des voleurs. »

« On se donne des souvenirs quand on se quitte », a joliment écrit Marcel Achard. Richard se souvient de l'instant douloureux du départ vers la France, de l'indispensable passeport qu'il fallut obtenir pour emmener également le chat dans les bagages. Mais le petit vélo vert était resté de l'autre côté. Il n'y avait pas de place. Sur ce petit vélo vert qu'il avait maintes fois démonté, Richard faisait grimper les filles et freinait tout simplement avec les chaussures, la semelle appuyée sur le pneu arrière !

1979. Du bout de ses neuf ans Richard débarque en France, dans le petit village de Valcros, à sept kilomètres de La Londe, où ses parents s'installent dans un charmant lotissement, au n° 13, pour démarrer une nouvelle vie.

Ce petit vélo lui trottait dans la tête. Au premier Noël de Valcros, il découvrit un engin tout neuf. Mais ce n'était pas encore le début de sa vocation.

Puis ce fut une nouvelle étape pour Richard, celle de l'adolescence, du collège et des études qui le rebutent. « Je ne travaillais pas, mes devoirs je les faisais le matin juste avant de me rendre à l'école. L'un de mes amusements favoris, en entrant en classe, c'était de jouer avec quelques amis à celui qui se ferait virer le premier pour sortir de la classe et errer dans la cour. Je préférais cette punition, l'air libre, que des lignes à recopier. J'avais horreur des lignes. Je me souviens que dès qu'un prof avait le dos tourné on s'amusait à envoyer l'éponge sur le tableau. Quelquefois pendant qu'il écrivait je faisais l'arbre droit au fond de la classe. » Richard sourit en décrivant cette désinvolture. Il n'aimait pas l'école, ni la formation qu'il suivit après la quatrième pour décrocher son CAP de plombier. Mais aujourd'hui dans son métier il se montre très exigeant, ouvert au monde extérieur, avide d'apprendre et de toujours progresser. Il lui fallait tout simplement trouver sa voie, prendre la bonne roue. Cela n'allait pas tarder.

« Moi, j'étais seulement épanoui le mercredi lorsque je me promenais dans le golf qui s'étendait à deux pas. J'avais envie de m'acheter des choses, d'avoir un peu d'argent de poche sans être obligé, chaque fois, de le demander à mes parents. J'ai eu très tôt le goût de l'indépendance. J'avais trouvé l'idée d'exercer des petits métiers. Comme j'adorais le jardinage, je proposais mes services à des amis qui habitaient les villas voisines. J'arrachais les mauvaises herbes, je tondais la pelouse, j'arrosais les plantes, j'entretenais leur jardin. Mais attention ce n'était pas un boulot facile, parce que dans le Var en plein mois d'août il ne faut pas craindre la chaleur. Moi, cela me plaisait bien, je n'avais pas peur de mouiller mon maillot et je me faisais quatre sous de cette façon. J'ai compris très vite l'importance du système D. »

Entre treize et quinze ans, Richard développa sur le continent cet art de la débrouillardise qu'il avait si facilement découvert sur la plage de Dahomé. « Je travaillais également au golf. J'aimais tirer le chariot des joueurs pendant des heures en échange d'un pourboire. Je ramassais les balles perdues et ensuite j'allais les revendre pour me faire un peu d'argent de poche. Finalement j'ai pu acheter les pièces que je voulais et transformer ma mobylette. Nous trafiquions le moteur avec du matériel acheté en Italie et on se tirait la bourre à 110 km/h dans le quartier, dans un bruit assourdissant parce que nous avions un échappement libre. J'utilisais une Motobécane 51 cm^3 qui appartenait à mon frère, j'adorais jouer les mécaniciens. Un moteur n'a pas de secret pour moi. Dans le garage où j'aimais bricoler durant des heures je le remontais très vite. Ce cyclo trafiqué répondait aux accélérations, bien plus qu'un 80 cm^3 ! On fonçait, c'était à celui qui monterait l'aiguille du compteur le plus haut. J'aimais déjà la vitesse. » Plus tard il plongera avec une redoutable assurance vers la vallée depuis le sommet du col du Glandon avec la même détermination qu'adolescent, mais cette fois-ci pour lâcher Ullrich...

Dieu merci, Richard s'éloigna du golf, il aurait pu s'en amouracher et ne jamais pédaler ! « Moi, au golf ? J'ai essayé. Mais j'estimais que ce n'était pas assez pénible. Lorsque je travaillais dans la colline, sous le cagnard, occupé à ratisser, à piocher des sols meubles, à bêcher, je ressentais un immense bonheur. J'adorais me défoncer de cette façon, porter des sacs lourds, surtout sur des terrains abrupts. En fait, là, j'évoluais dans mon élément... »

Comment ne pas imaginer que dans ces heures d'efforts, sous la canicule, il puisa l'énergie précieuse qui plus tard le propulsera à l'assaut des montagnes. Il cultiva dans ces travaux pénibles son exceptionnelle endurance. Elle lui procure aujourd'hui un avantage considérable lors de la troisième semaine de course d'un grand Tour. C'est à ce moment-là qu'il éprouve les meilleures sensations. Il y a dans ses envolées solitaires le coup de pédale d'un revanchard. L'enfance de Richard Virenque gicle dans ses démarrages.

Il mena l'existence d'un adolescent avant que le vélo n'occupât une trop grande partie de sa vie. La musique se dansait au rythme endiablée et robotisé du hip-hop. Cette danse lui plaisait – comme toutes les danses –, surtout lorsque Sydney l'animateur TV décortiquait les exercices sur le petit écran. « Avec un copain de Valcros, Yannick, on s'enfermait dans ma chambre, on poussait la stéréo à fond et on s'amusait à danser le smurf, sur le dos, dans un style très saccadé. C'était génial. On ressortait assez fatigué. Mon père me mettait en garde devant nos figures de plus en plus acrobatiques : "Tu vas te coincer à force de faire le fou..." »

Effectivement cela arriva ! Richard enfourcha son vélo, au lendemain d'une séance de défoulement et, d'un seul coup, il sentit une forte douleur. « J'étais bloqué ! J'avais tellement mal qu'une voiture s'est arrêtée, ses occupants ont prévenu l'hôpital et on m'a transporté en ambulance... » Il conserve de cette belle époque le goût de la fête : « Je ne suis pas celui qui reste dans son coin et regarde les autres danser. Sur une piste j'adore être au milieu et m'éclater. Il m'est arrivé d'avaler, rarement, un peu trop de verres et de me prendre une sacrée "boîte", c'est-à-dire une belle cuite, au point d'être allongé et de voir les gens passer. Mais en étant jeune et en faisant du sport cela passait vite ! »

Son premier vélo de course portait le nom de Lucien Aimar, dont le magasin de cycles à Hyères constituait le rendez-vous de tous les coureurs. « C'était un vélo de course, tout gris, équipé d'un double plateau et de trois pignons à l'arrière. À cette époque mon frère Lionel, passionné de cyclisme, lecteur assidu de *Miroir du cyclisme*, s'entraînait sérieusement pour préparer ses compétitions du dimanche. Je le suivais. Sur le bord de la route je le guettais, l'encourageais, vibrais au déroulement de la course. Dans les circuits je courais à ses côtés pour hurler mon enthousiasme. » Quand la compétition de Lionel se termine des idées dansent dans la tête de Richard : il aimerait bien l'imiter !

Il prend sa première licence au Vélo sport club londais et s'initie aux « lois de l'équilibre », c'est ainsi que le père de Jacques Anquetil parle des débuts de son fils. Il exécute une quantité d'exercices qui lui procurent aujourd'hui encore cette adresse si indispensable en descente. Déjà il taquine les plus grands dans les côtes et adore les provoquer lors de chaque montée. Ensuite il signe au Vélo sport hyérois à treize ans, jusqu'à quinze ans, avant d'adhérer au Vélo club de La Garde, parce que le départ de Lionel, qui marchait très fort, pour Cannes-Mandelieu [1], n'avait pas été apprécié par les dirigeants hyérois. Lionel Virenque, qui aujourd'hui protège, entoure et conseille son champion de frère avec une dévotion exemplaire, détient encore le record de la

1. L'Étoile sportive de Cannes deviendra plus tard le Mimosa sport Mandelieu.

course de côte du mont Faron. Il était doué pour le vélo – lui aussi aurait pu faire un bon professionnel – et c'est lui bien sûr qui a transmis le virus à Richard !

À présent Richard délaisse les cours, « jette son cartable dans le fossé, prend le car uniquement pour aller manger à la cantine à midi » et va retrouver son vélo, « un cadre Bertin équipé Shimano pour partir rouler, quelquefois en compagnie de Lionel. Ensemble on se mesurait comme deux frères ennemis. Ces échappées furent rapidement découvertes par le chef d'établissement qui convoqua mes parents, inquiet de ne plus me voir depuis plus d'un mois. Il me croyait disparu ! J'inventais des mots d'excuses, je ne voulais plus aller à l'école. À dix-sept ans j'ai tout arrêté ».

Richard n'était pas un cancre. « Mais à la différence de tous mes petits copains qui se moquaient de moi lorsque je séchais les cours pour monter sur le vélo, j'ai su très tôt le chemin à prendre. Les profs disaient à mes parents : "Mais qu'est-ce que vous allez faire de lui ?" Moi, je savais que la vie n'était pas facile et qu'il fallait que je m'en sorte ».

Aujourd'hui ils ont la réponse : un champion !

« Sans le vélo j'aurais pu mal tourner. Ça a été ma chance. Je pense souvent à ces années lorsque je rencontre des jeunes qui m'admirent. Je me dis que j'ai eu ma chance et je me mets à leur place. Tout ce que j'ai, c'est grâce au vélo et à la volonté. Je n'étais pas fainéant. Mais j'aurais pu rester un type sans avenir si j'avais été célibataire. J'ai voulu fonder une famille, j'ai construit ma vie, je me suis battu avec mes armes dans le domaine qui me convient. J'ai voulu bâtir cette réussite pour les miens, à la pédale. C'est ma façon d'effacer mon échec scolaire. »

Et dire qu'il deviendra plus tard, dans son milieu, le maître des cols...

Le vélo l'a certainement aidé, comme son frère Lionel, à compenser le chagrin qu'il ressentait à cette époque-là, à cause du divorce de ses parents. Il en parle très librement, mais dépose chaque mot concernant son père et sa mère sur un coussin de tendresse gonflé d'énormes regrets. L'enfant de Dahomé n'a rien oublié, cependant son histoire il l'a construite suivant son chemin sans jamais désespérer de son étoile.

« Lorsque mes parents se sont séparés on s'était organisé. Ma sœur est allée vivre avec ma mère, mon frère connaissait sa future femme, et moi je suis resté avec mon père. Aujourd'hui j'ai la joie de côtoyer plus souvent ma sœur, je la découvre sur le tard [1]. Avec mon père, il s'est tissé quelque chose de fort durant cette année commune. Je l'aidais dans les travaux qu'il accomplissait, sur les chantiers qu'il surveillait. Je sais ce que signifie faire une gâchée et remplir la bétonnière. Il se levait très tôt pour me préparer des pâtes avant le départ d'une course. Nous étions ensemble, nous partagions la même passion. Nous étions vraiment complices. Depuis mes débuts dans le vélo, jusqu'au moment où je suis monté à Paris, il était toujours là, il me suivait dans chaque compétition. J'ai comme cela des clins d'œil paternels enfouis au fond de ma mémoire. Lors d'un

---

1. Richard dit : « J'en profite plus », en parlant de sa sœur parce que dans le Midi on mesure et exprime ainsi l'attachement à l'autre et la félicité de pouvoir le rencontrer souvent.

championnat régional disputé sur un circuit je lui avais donné l'appareil photo pour qu'il prenne quelques clichés. Il l'avait posé sur un arbre en attendant mon passage. Au tour d'après je n'étais plus dans le peloton, j'avais eu un problème technique. Il avait couru en sens inverse sur le circuit pour me retrouver... abandonnant l'appareil photo ! »

Plus tard Richard se rapprocha de sa mère qui dirigeait un restaurant à La Londe, le Claridge. « Je n'étais pas seul, nous étions trois enfants et je dois dire que cela s'est très bien passé. Mais j'ai mal vécu la séparation de mes parents. J'aurais aimé qu'ils se remettent ensemble, c'est le souhait de tous les enfants que de ne pas assister à la cassure familiale. » On comprend que Richard ait tout fait pour sauver son couple, si solide, affecté par les soubresauts de l'affaire Festina.

Déjà il s'affirmait comme un sérieux candidat au tour de la région, une épreuve disputée sur plusieurs courses, organisée par l'ex-champion marseillais Raoul Rémy [1]. La première fois, en junior première année (dix-sept ans), il enleva le maillot de la montagne et le titre de meilleur jeune. L'année suivante sous les couleurs de Mandelieu il gagna cinq étapes sur six et bien sûr le classement de la montagne. Dans une étape, au départ de Gap, il démarra dans le col Bayard et effectua seul les

1. Il fut professionnel dans les années d'après-guerre, au temps de Coppi, remporta deux étapes du Tour, en 1948 à Bordeaux et en 1952 à Aix-en-Provence, et devint ensuite directeur sportif de l'équipe Margnat-Paloma où il dirigea Federico Bahamontès.

130 km de la course. À l'arrivée il avait écœuré tous ses adversaires [1] ! Son destin était lancé.

Avec son frère Lionel, emmenés par leur père, ils ne vivaient alors pratiquement que pour le vélo. « Il n'était pas rare qu'à la maison des coureurs ou des dirigeants de club – nous étions licenciés à Mandelieu – s'attablent à nos côtés pour partager le repas. Lionel avait son bac, il fit le choix des études. Moi je voulais tout miser sur le vélo et être indépendant. Je n'avais pas d'autre alternative : il fallait que je me débrouille, que je m'assume grâce à l'école de la vie, ce que j'avais compris très tôt. Alors, j'ai préféré devancer l'appel et partir à l'armée en 1989. J'ai fait un stage de sélection au bataillon de Joinville pendant une semaine. Nous étions une quarantaine. À la fin ils en prenaient quatre. Je suis resté à Paris. »

Le statut de facteur le matin, celui de cycliste l'après-midi ! Ce mode de vie, assez privilégié, réservé aux sportifs de haut niveau, Richard avait réussi à l'obtenir en signant à l'ASPTT Paris. Au lendemain de son service militaire il était toujours amateur et percevait environ quatre mille cinq cents francs par mois versés par le service public. Cet aménagement de son temps de travail lui procurait l'immense avantage de s'entraîner plus facilement pour se présenter au départ des grandes courses. Il s'imposait ainsi une discipline de vie assez dure : lever tôt, déjeuner frugal et vélo. Jamais Richard n'avait espéré passer professionnel durant ses jeunes années de minime et cadet, mais cette fois-ci il était bien décidé à

1. Richard conserve tous ses maillots de leader et tous ses trophées depuis ses courses amateurs et aménage actuellement une pièce dans le sous-sol de sa maison pour les exposer.

tout tenter, tout donner pour y parvenir. Il partageait cette vie parisienne avec un Breton, Jean-Cyril Robin. Il lui arrivait même de passer son week-end avec lui, dans sa famille à Nantes, afin d'éviter un trop long déplacement jusqu'à Hyères. Il s'affirmait encore et toujours comme un batailleur, un fonceur, un gagneur qui s'exprimait pleinement dans les courses à étapes. Il remporta entre autres le Tour de la vallée d'Aoste, le Circuit de la vallée du Bédat, de nombreuses étapes notamment au Tour du Nivernais-Morvanet, aux Boucles roquevairoises et collectionna les places d'honneur. Ce qui ne l'empêchait pas, fidèle à son état d'esprit, de savoir profiter de la vie. « Avec mon salaire et mes primes de courses j'avais réussi à contracter un crédit important, pratiquement cent mille francs, pour me payer une 205 GTI 1,9 litre. C'était de la folie ! »

Huitième de la Route de France, remportée par Jean-Philippe Dojwa, qu'il allait côtoyer chez RMO, il n'avait alors qu'une ambition : passer professionnel. Et là encore poussé par sa passion, son profond désir de s'en sortir il effectua lui-même les démarches nécessaires en envoyant un... curriculum vitae, par l'intermédiaire d'un ami travaillant à RMO et connaissant Marc Braillon, le patron de l'équipe, comme s'il recherchait une place dans une entreprise [1] !

Sa chance il la saisit lors des championnats du monde amateurs, disputés au Japon, à Utsunomiya, en 1990. En se classant 8e à 3'29" du vainqueur, l'Italien Mirko Giualdi, mais surtout en réalisant un final

1. Il avait eu la chance de rencontrer Roger Zannier, PDG de l'équipe Z, dans le restaurant de sa mère. Mais ce contact n'avait pas abouti.

éblouissant, à sa manière, sous les yeux de... Marc Braillon qui avait effectué le voyage et n'avait pas oublié le CV ! Il loupa la bonne échappée mais revint très fort sur la fin de course. Braillon fut séduit, une fois de plus, par le tempérament de ce jeune chien fou dont Philippe Bouvet écrivait dans *Vélo* [1], en évoquant également Jean-Philippe Dojwa (3e du Mondial) et Jean-Cyril Robin, 31e : « Ils sont la relève du cyclisme français. Virenque fut certainement celui qui acheva le plus fort la difficile course d'Utsunomiya. »

Déjà au grand prix de Plouay, avant les championnats du monde, Richard ne manqua pas une occasion de mettre le feu sans arrêt à chaque ascension. Seul amateur au milieu de treize professionnels il avait été houspillé par les anciens qui n'appréciaient pas sa fougue et ses incessants coups de pique. Mais lui voulait se faire remarquer, convaincre le sélectionneur national Michel Theze et gagner sa sélection en équipe de France [2].

« Dans l'avion qui nous ramenait du Japon, j'ai signé mon premier contrat professionnel pour quinze mille francs. Là, j'ai vraiment voulu mon indépendance. Ça tombait bien, en novembre je rencontrai Stéphanie. Je l'avais remarquée lors du bal du ski à la salle des fêtes de La Londe. Elle n'avait que quatorze ans et demi, elle était bien plus jeune que moi qui allait vers mes vingt ans, mais je l'avais repérée ! Elle passait devant

---

1. N° 258, septembre 1990, page 14.
2. À la fin de la course Yves Hézard et Bernard Vallet (respectivement ancien et nouveau directeur sportif de Toshiba) envisageaient de l'embaucher.

moi, à deux ou trois mètres... Je l'ai abordée, c'était le 17 novembre 1990. Plus tard nous emménagions au 18, rue d'Alger à La Londe. » Ce couple très uni saura s'épauler lors des moments difficiles de l'été 1998.

Les débuts de Richard chez RMO ne furent pas faciles. « Les vieux nous chambraient tout le temps. Ils n'arrêtaient pas de nous critiquer à table, on se prenait des réflexions à longueur de journée. À l'entraînement ils n'hésitaient pas à nous balancer dans la bordure, parce qu'ils n'aimaient pas qu'un jeune vienne les chatouiller. Souvent Thierry Claveyrolat me poussait amicalement dans le fossé, parce qu'il ne supportait pas que dans les côtes je puisse le battre ! Tout ce que l'on faisait c'était mal fait. Je ne suis pas passé pro dans le coton, ça c'est sûr. J'ai galéré. Je partageais ma chambre avec Jean-Philippe Dojwa qui était néo-pro comme moi. On se serrait les coudes parce que les anciens nous menaient la vie dure, même en course. Ils ne nous ont pas accueillis à bras ouverts, mais jamais je ne me suis découragé. Au contraire je sentais que je progressais. Maintenant, fort heureusement, la mentalité a changé. En tout cas si je devais côtoyer des jeunes néo-pros je n'adopterais pas cette attitude, j'essayerais de leur prodiguer de bons conseils. »

Cette formation RMO dirigée par Jacques Michaud comprenait les vieux loups comme Thierry Claveyrolat, Éric Caritoux, Yvon et Marc Madiot – ce dernier allait remporter son deuxième Paris-Roubaix en avril – et

Charly Mottet [1]. Les débuts de Richard furent très prometteurs [2]. Il rata d'un cheveu sa première victoire chez les professionnels dès ses premiers mois de compétition. En effet il se classa 2e de la 4e étape du Tour méditerranéen, Six-Fours-Antibes, non loin de chez lui, au cours de laquelle il offrit aux suiveurs un spectacle étourdissant en plongeant sur les pentes du Tanneron pour rallier l'arrivée derrière Philippe Bouvatier, son équipier. Quelques jours plus tard Richard se classait encore 10e du Tour du Haut-Var remporté par Éric Caritoux. On le vit à l'œuvre également aux 4 Jours de Dunkerque où il contribua à la victoire finale de Charly Mottet, privant Laurent Jalabert d'un succès espéré. « Sur les pentes du mont Cassel, Charly était dans ma roue et dans celle d'Yvon [Madiot], nous avions tout fait péter. » Trois vélos verts Libéria conduisaient le bal. Pour un néo-pro, Virenque attaquait fort ! Sur sa lancée Mottet remporta également la Classique des Alpes. « On me voyait souvent aux avant-postes. Jacques Michaud me manifestait son estime, je sentais qu'il me prenait sous son aile et cela m'encourageait. Pour moi c'était important. À la fin de l'année 1991 il a fait un geste pour me signifier qu'il était content de moi et il m'a augmenté de deux mille

1. L'équipe comprenait également Philippe Bouvatier, Frédéric Brun, Philippe Chevallier, Jean-Luc Jonrond, Thierry Laurent, Pascal Lino, Christophe Manin, Dante Rezze, le Brésilien Mauro Ribeiro, l'Australien Clayton Stevenson, le Belge Michel Vermote et l'Allemand Marcel Wüst.

2. Il disputa sa première course professionnelle le 3 février 1991, à la Ronde des Pyrénées méditerranéennes. Le Belge Wilfried Peeters avait remporté l'épreuve et Yvon Madiot, équipier de Richard, s'était illustré en prenant la cinquième place.

francs, alors que j'avais un contrat de deux ans. J'étais heureux. »

L'année suivante, en 1992, toujours chez RMO [1], Richard confirma ses excellentes dispositions. « Il y avait de très bons coureurs dans l'équipe et nous les jeunes nous bouchions les trous. On ne nous faisait pas trop confiance, je marchais fort, mais souvent le manager préférait prendre un ancien. J'ai été sélectionné au dernier moment pour courir Paris-Nice parce que Lino souffrait d'une bronchite. J'ai terminé 16e au général, meilleur jeune, en me classant 7e dans l'étape du mont Faron, enlevée par Tony Rominger. »

Il bénéficia d'une autre opportunité pour Milan-San Remo, *sa* première grande classique. Ce jour-là Richard ne se démonta pas et disputa le sprint pour la première place où finalement Sean Kelly (Festina Lotus) battait Moreno Argentin (Ceramiche Arostea). Il se classait 18e. Il échoua encore, de peu, dans le difficile Trophée des grimpeurs, battu par Marc Madiot « à cause de ma manette de dérailleur qui ne tenait plus ».

Puis arriva son jour de grâce sur le Tour 1992 où il endossa le maillot jaune et confirma son destin précoce... avant d'apprendre que RMO déposait son bilan. « Sur ce Tour, que j'achevais sur les rotules, nous n'avions pas

---

1. Cette année-là l'équipe était composée de : Éric Caritoux, Jean-Philippe Dojwa, Hervé Garel, Stéphane Heulot, Thierry Laurent, Pascal Lino, Christophe Manin, Charly Mottet, Ronan Pensec, Dante Rezze, Frédéric Vichot, et des quatre mêmes étrangers que l'année précédente – Ribeiro, Stevenson, Vermote et Wüst.

été mis au courant. D'un seul coup nous étions interdis de courir à partir du mois d'août. C'était triste [1]. »

Richard découvrait les tracas du coureur, la fragilité d'une équipe, le poids d'un sponsor. Il songeait à ce beau maillot jaune, au paletot à pois porté pour la première fois dans ce Tour. Entre son rêve en jaune et le cauchemar de la fin d'une équipe quelques souvenirs aigres-doux lui revenaient. Il se remémorait ce contre-la-montre par équipe (Hyères-Pierrefeu, 17,4 km remporté par les Panasonic devant... RMO) dans le Tour méditerranéen 1992, avec ses équipiers de RMO. La belle machine collective glissait sur l'asphalte conduisant à Pierrefeu, Richard marchait très fort. « J'ai pris un relais un peu trop appuyé au bout de 5 km et ils n'ont pas apprécié. Ils se sont mis à bloc pour me le faire payer. J'ai perdu 1 m, puis 2 m et j'ai décroché du wagon. Je n'ai jamais pu reprendre les roues. Mes équipiers m'avaient fait péter du contre-la-montre ! Ce jour-là j'ai compris que dans le cyclisme c'était aussi chacun pour soi. Cette règle je ne l'oublierai jamais ! »

---

1. Jacques Michaud est ensuite devenu directeur sportif de l'équipe. La fin de RMO avait été marquée par l'emprisonnement de Marc Braillon, lequel affirma avoir été trompé par un escroc, un soi-disant émir qui lui avait promis de reprendre l'équipe avant que l'on découvre en réalité un important détournement d'argent.

4

Willy, Bruno, Erik et le milieu

« Si tu n'acceptes pas de suivre des cures d'EPO, tu ne pourras pas être compétitif et rivaliser avec les autres coureurs. »

Richard en était à sa troisième année de professionnel. Cette saison-là, il fut confronté au dopage, même si, à cette époque, on préférait employer l'expression « faire le métier ».

« J'avais mûri, je progressais, au sein de l'équipe on m'a fait comprendre qu'il serait bien que... et on m'a aiguillé alors vers "autre chose" pour mieux récupérer, vers la personne qui peut nous aider et nous conseiller, nous les coureurs, c'est-à-dire le docteur de l'équipe. L'évolution s'effectue en douceur : le docteur vous explique les mécanismes du corps humain soumis au rythme de la compétition, il nous invite à mieux récupérer. En fait tout se déroule comme une visite normale lorsque vous êtes malade. Le médecin vous délivre une ordonnance avec un traitement adapté à votre cas pour mieux récupérer. La confiance forcément s'installe d'autant que tous les coureurs pratiquent le même suivi médical.

« C'est un engrenage. Au début on débarque dans un

milieu que l'on connaît mal et on découvre les habitudes des coureurs au fil des compétitions. Pendant les deux premières années, le directeur sportif vous "met dans le frigo", c'est-à-dire qu'il vous laisse de côté, vous épargne les aspects de la préparation médicale. Vous n'avez pas de collaboration étroite avec le docteur. Je peux affirmer que durant mes deux premières années de néo-professionnel je n'ai jamais eu recours à un produit interdit. Christophe Bassons clame son intégrité mais des Bassons en néo-professionnel il y en a dans toutes les équipes ! Quand l'affaire Festina a éclaté, il connaissait bien les pratiques du milieu, et il s'est mis en avant en affirmant qu'il ne prenait rien. C'est trop facile. C'est vrai qu'il a eu le mérite, ensuite, de garder sa position, mais à l'époque tous les débutants étaient comme lui. Moi aussi j'aurais pu être Bassons pendant ces deux premières années. Dans le Tour 1992, que j'ai disputé sans prendre un seul produit, j'étais vidé. Le soir j'étais mort, à table j'avais à peine la force de manger, mais le lendemain je retrouvais l'envie de me montrer, de me battre. Moi aussi en néo-professionnel, durant mes deux premières années, j'avais des convictions et vous ne m'auriez rien fait avaler. D'ailleurs l'équipe vous préserve de ce danger. On vous dit : "Tu es jeune, tu dois encore tout apprendre."

« Nous avons hérité des années 90. Mais je sais, pour en avoir discuté avec les anciens coureurs, que c'était le même raisonnement dans les années 80, ou 70, même s'ils consommaient d'autres produits [1]. Une chose est sûre :

1. Dans *l'Équipe* du mardi 31 octobre 2000 l'ancien professionnel Maurice Moucheraud, entendu comme témoin de moralité de Bruno Roussel, patron de l'équipe Festina quand le scandale éclata, a expliqué qu'à la fin

avant 1998 si tu ne prenais pas d'EPO pour lutter contre la fatigue tu devais arrêter le vélo. Tu ne pouvais pas rivaliser avec les autres [1]. Là encore je veux préciser les effets de l'EPO : ils sont essentiellement basés sur la récupération. Sur une course d'un jour cela ne sert à rien, mais durant un grand tour elle permet de mieux surmonter l'épuisement. Disons qu'avec l'EPO on finissait bien physiquement alors que sans EPO on terminait crevé, vidé, lessivé. Mais, de grâce, un peu de respect, personne ne pédale à notre place, personne n'accomplit 40 000 km par an, sous la canicule, le froid ou la pluie, et les victoires que j'ai arrachées, elles l'ont été à l'énergie et au courage, cela ne change rien.

« La plupart du temps c'est Ryckaert lui-même qui me faisait les injections, la dernière le soir, contenant tous les produits de récupération. Quelquefois Willy Voet le

---

des années 50 le dopage était déjà généralisé. Jean-Pierre Bidet relate ces propos : « À cette époque tout le monde tapait dans la marmite. [...] On n'était pas encadré par des toubibs. [...] On avait affaire à des charlatans, à des soigneurs qui quand ils voyaient un môme qui pédalait un peu avaient des tas de choses à vendre. [...] Il n'y a que les noms des produits et des hommes qui changent, c'est tout. »

1. L'ex-champion Peter Winnen, vainqueur notamment au sommet de L'Alpe-d'Huez en 1981 et 1983, a révélé à la télévision néerlandaise dans l'émission Reporter qu'il se dopait et que ces pratiques étaient courantes dans les années 80-90. Dans *Libération* (9 janvier 2000) il justifiait la prise de produits interdits pour se soigner et récupérer en ces termes : « On est entouré par une équipe de soigneurs avec lesquels on a une relation de confiance. On ne va pas leur demander chaque fois : "Qu'est-ce que c'est ça ?" À l'époque les anabolisants étaient un produit courant. Plus tard j'ai pris d'autres hormones, comme de la testostérone, des produits de récupération. D'autres produits circulaient comme la cortisone, les amphétamines, toutes sortes d'anti-douleurs. Il s'agissait d'une longue liste dont tout le monde parlait. Mais personne ne pouvait vraiment en saisir la portée, ni les risques. »

remplaçait et prenait "la pompe" [1]. Contrairement aux autres coureurs qui se piquaient eux-mêmes, moi je n'avais pas à le faire. D'ailleurs dans les moments difficiles, lorsque je me sentais mal, j'ai souvent laissé la seringue posée sur la table de nuit. Ça n'aurait servi à rien...

« Bien sûr que l'on se pose des questions, mais il y a tellement d'enjeux, de pression, d'exigences de résultats que l'on considère la collaboration avec le docteur comme une évolution normale de notre métier.

« Le médecin nous assistait, mais il n'était pas là pour nous dire : "Attention, dans dix ans tu vas avoir des problèmes." À Lille lorsque les experts ont décrit les effets secondaires de l'EPO j'ai été saisi d'une grande crainte. Je ne sais pas s'ils ont exagéré pour nous faire peur, d'autant que j'étais le seul coureur à la barre, mais leurs propos m'ont atterré. J'ai bien l'intention de profiter de mes enfants et de la vie encore longtemps. On ne pensait pas à tout ça, pour moi Ryckaert c'était un médecin de famille [2], et je lui garderai toujours ma confiance. D'ailleurs le procès Festina a clairement établi que sa méthode s'appuyait sur une surveillance médicale. Dans d'autres équipes, certains coureurs, ne disposant pas d'un médecin, pouvaient prendre et faire n'importe quoi. Nous, nous nous sentions médicalement en sécurité.

« Ryckaert nous avait tout de même avertis sur les risques médicaux liés à la coagulation du sang, en cas de

---

1. La seringue dans le jargon cycliste.

2. Le Dr Ryckaert est décédé le 26 janvier 2001, atteint d'un cancer. Richard assistait à ses obsèques.

trop grandes prises. Là, j'ai compris que d'autres coureurs exagéraient et montaient leur taux jusqu'à 60. Moi j'ai un taux naturel de 45. J'avais eu l'occasion de participer à une réunion dirigée par l'UCI, en compagnie d'autres coureurs, pour évaluer le taux d'hématocrite à mettre en place. Je me souviens d'avoir proposé un taux de 47, mais finalement l'UCI a opté pour 50 [1]. » Chez Festina l'hématocrite était à la limite de 50 %.

« Il était de 62 %, voire 64 % chez les autres, affirma Willy Voet lors du procès de Lille, car Ryckaert était prudent [2]. » À Lille toujours, Bruno Roussel expliqua à son tour : « Le cyclisme dans lequel j'ai eu des responsabilités était pleinement touché par le dopage. C'était pratiquement le cas pour tout le monde. L'institutionnalisation du dopage, pour moi, c'était d'abord un souci sanitaire [3]. »

C'est durant l'année 1991 – il courait alors sous les couleurs de l'équipe RMO – que Richard rencontra pour la première fois Willy Voet.

« Willy s'occupait essentiellement des coureurs de renommée, moi j'étais surtout massé par Louis Chalmel », aujourd'hui assistant technique chez Cofidis.

1. Hein Verbruggen se défend d'avoir favorisé la prise d'EPO en plaçant la limite du taux d'hématocrite à 50 et parle de la pression des équipes professionnelles. En effet de nombreux coureurs ont un taux naturel de 50 sans avoir consommé de l'EPO. Dans une interview à Véloland.com le patron de l'UCI confie qu'il avait même envisagé de monter le taux jusqu'à 52, afin d'éviter que des coureurs « sains » soient considérés comme dopés.

2. *Libération* du 24 octobre 2000.

3. *L'Humanité* du 25 octobre 2000.

Dans cette formation RMO dirigée par Jacques Michaud [1], Bruno Roussel, qui avait quitté l'équipe Helvetia de Paul Koechli, occupait le poste de directeur sportif secondé par Christrian Rumeau. « Roussel démarrait dans le milieu, il ne faisait pas de bruit, Michaud, qui avait déjà un passé élogieux, exerçait les pleins pouvoirs, c'était le coach. »

L'année suivante, en 1992, toujours chez RMO, Bruno Roussel et Willy Voet étaient encore là, Richard aussi.

En 1993, après la faillite de RMO, plusieurs formations françaises lui proposèrent de venir grossir leurs rangs, mais Richard préféra signer chez Festina, « parce que je voulais bâtir quelque chose, construire une équipe de copains avec Pascal Lino et Jean-Philippe Dojwa. J'avais été contacté par Joël Chabiron, chargé des relations extérieures auprès de l'équipe Festina qui recherchait des coureurs français. Je suis allé à Andorre, où s'élève le siège de la société, rencontrer le grand patron, Miguel Rodriguez. J'ai conclu mon premier contrat, pour un an, chez Festina directement après l'entrevue avec M. Rodriguez, dans une chambre d'hôtel. C'était un véritable marchandage, il nous prenait l'un après l'autre, et l'on discutait tous les points à bloc. Cela avait été très dur à supporter. J'ai signé à trois heures du matin ». Point positif : son salaire avait été doublé !

Finalement Richard restera chez Festina durant six ans. Jusqu'à la fin 1998...

Le petit groupe de coureurs français, avec à sa tête Pascal Lino et Richard, désirait s'entourer d'hommes de

1. Cette équipe RMO comprenait de vieux loups comme Pascal Lino, Thierry Claveyrolat, Éric Caritoux, Yvon et Marc Madiot – ce dernier allait remporter son deuxième Paris-Roubaix en avril – et Charly Mottet.

confiance. Il avait demandé à Bruno Roussel, qui était de la même région que Lino, de les rejoindre chez Festina en qualité de directeur sportif aux côtés de l'Espagnol Miguel Moreno Cachinero. Une partie de l'encadrement RMO se trouvait alors sur la touche et cherchait du travail. Willy Voet, qui massait Pascal Lino, les rejoignit également. « À partir de là Willy s'occupait également de moi. C'est vrai que j'avais des affinités avec lui, parce qu'on se connaissait depuis quelques années, mais ce n'était pas mon masseur attitré, comme on l'a écrit avec insistance. Ce n'est pas moi qui le rémunérais, c'est l'équipe qui le payait. Lorsqu'il était avec nous sur les courses Willy avait la charge de trois coureurs – cela dépendait des jours – dont moi. Mais en son absence c'est un autre masseur qui s'occupait de moi, comme Christine Rebetez ou Laurent Gros – le fils de Michel Gros actuellement directeur sportif de l'équipe Jean Delatour –, et d'autres masseurs engagés à mi-temps. »

Cette année-là Richard rencontra également pour la première fois le Dr Erik Ryckaert [1], médecin de l'équipe. « Ryckaert venait de l'équipe PDM et avait rejoint Festina en compagnie des Hollandais Steven Rooks (ex Buckler), Jean-Paul Van Poppel (ex PDM) et

---

1. Le Dr Ryckaert, condamné à une amende de 600 000 francs belges par le tribunal correctionnel de Gand pour infraction à la loi sur le dopage, a justifié ses méthodes dans un livre *De Zaak Festina* (*L'Affaire Festina*) où l'on peut lire notamment : « On exige beaucoup trop des organismes. Un Tour de France n'est plus un jeu, mais un événement industriel. (...) Dans certains cas je plaide pour l'EPO qui, lorsqu'elle est utilisée de manière responsable, n'est pas nocive. La cortisone, par contre, cause des dégâts à l'organisme » (in dépêche AFP du 30 mars 2000).

du directeur sportif Jan Giesbers. J'avais de très bons rapports avec lui, c'est une personne pour laquelle j'avais beaucoup d'estime. »

Plus tard, après « l'affaire Festina », lorsqu'il apprit que le Dr Ryckaert était atteint d'un cancer, Richard souffrit en silence de ne pas pouvoir l'appeler à cause de sa mise en examen. « Moi, je n'ai jamais eu de docteur personnel comme certains peuvent en avoir, c'est le docteur de l'équipe qui me soignait comme il s'occupait de tous les autres coureurs. Ce que je souhaitais c'était de ne pas tomber malade et surtout de ne pas être positif, je n'ai jamais dépassé le taux de 50. S'il y avait eu un contrôle positif chez Festina j'aurais été très contrarié. Je n'ai jamais eu d'entraîneur ou de préparateur, qui me dictent au doigt et à l'œil mon programme. Je marche aux sensations. » L'entraîneur officiel de l'équipe s'appelait Antoine Vayer [1].

« Je me suis aperçu très vite qu'il n'était pas compétent et je ne lui ai pas accordé ma confiance. Mais cela a été la même chose pour Pascal Hervé et Laurent Brochard. Je voyais bien le "menu" que Vayer proposait à certains coureurs : il s'occupait bien de les griller. Il n'y avait jamais de plage de récupération dans ses plans d'entraînement ou pas suffisamment. Dans une équipe cycliste, lorsque le directeur sportif donne trop de pouvoir à l'entraîneur et que celui-ci n'est pas bon, il y a forcément une scission. C'est ce qui a fait dire de nous, les "barons", que nous étions au-dessus de Roussel. En fait je décidais seulement mon programme de course avec Bruno Roussel et m'entraînais comme je le voulais,

1. Antoine Vayer fut notamment l'entraîneur de Christophe Bassons.

en fonction de ma forme, de mes objectifs, de mes sensations. Je n'ai jamais noté sur un ordinateur ou un calepin les kilomètres effectués ou les variations de mon poids. Je suis très rigoureux dans mon régime alimentaire, je ne m'autorise pratiquement aucun écart et j'effectue souvent de très longues sorties. C'est ma façon, toute simple, de me préparer. »

Sa première saison sous le maillot de l'horloger andorran n'inspira pas Richard. Il y avait trente-cinq coureurs dans cette formation cosmopolite qui abritait également des vététistes. Parmi eux des grands noms du vélo [1] parmi lesquels il était difficile de se faire une place. En effet l'équipe était composée notamment de l'Irlandais Sean Kelly, des Suisses Thomas Vegmuller et Mauro Gianetti, des Belges Eric Van Lancker, Michel Vermote, des Français Thierry Marie, Pascal Lino, Jean-Philippe Dojwa et Francisque Teyssier.

« Ce fut véritablement le bordel pendant une année. Jan Giesbers dirigeait l'équipe mais sans conviction. On ne le voyait pratiquement pas, il ne s'occupait de rien, en début de saison les vélos n'étaient pas arrivés, les équipements également, je perdais mes repères. En plein Giro, Giesbers fut renvoyé par le grand patron qui lui reprocha sa contribution active (et rémunérée) auprès de l'équipe de Miguel Indurain, vainqueur de l'épreuve.

1. Festina 93 comprenait également Jos Van Aert, Jans Koerts, Gert Jacobs, Martin Earley, les Espagnols Luis Perez Garcia, Torres Roberto, Romes Gainetdinov, Pinero Fernando, Juan Valbuena Roset, Manuel Martinez Costa, Gonzales Arriea Ramon, l'Autrichien Harald Maier, l'Allemand Falk Boden et le Russe Youri Manouylov.

Roussel devint, à ce moment-là, le patron de la formation Festina et créa sa société, Prosport SA [1]. »

Pourtant, c'est cette année-là que Virenque décrocha son premier bouquet chez les professionnels. Dans le Tour du Limousin remporté par Charly Mottet, alors passé dans l'équipe Novemail, qu'il terminera 2e du général, il s'offrit en effet l'étape de Guéret. C'était le 17 août 1993. « Nous avions attaqué à six coureurs, dont Mottet et Claveyrolat, à 3 km de l'arrivée et je gagne au sprint. »

Festina connut l'année suivante, en 1994, quelques problèmes avec l'UCI, en raison de salaires antécédents qui n'avaient pas été versés. Elle fut menacée de ne plus pouvoir courir, comme la veille de Milan-San Remo, avant que la situation ne soit réglée in extremis. Ce n'était pas la joie. Cette affaire confirma cependant la force de caractère de Richard qui s'efforça de dynamiser le moral des troupes. Il confirma cet état d'esprit offensif en enlevant l'étape au sommet de Guzet-Neige dans la Route du Sud, quelques jours avant le Tour. L'équipe s'était étoffée. En 1994, Luc Leblanc, Stephen Hodge, Jean-Claude Bagot, Stéphane Goubert, Pascal Hervé avaient en effet renforcé Festina. L'année suivante, en 1995, Laurent Brochard, Laurent Dufaux, Jean-Cyril Robin et Christophe Moreau les rejoignaient.

Une bande de copains s'annonçait, prête à mettre le feu. Richard s'imposait progressivement comme le lea-

1. Jan Giesbers et les coureurs licenciés lors du Giro ont porté plainte auprès de l'UCI, contestant leur licenciement au sein de Festina. La Fédération internationale imposait comme ultimatum à l'équipe Festina de régler cet imbroglio si elle voulait prendre le départ de Milan-San Remo. L'affaire traîna plusieurs années.

der, participait au choix des équipiers et s'apprêtait à écrire quelques belles pages d'exploits, qu'il avait déjà colorées, sous le maillot RMO, en jaune.

Il y eut Luz-Ardiden, Cauterets, Courchevel, et puis ce fatidique 17 juillet 1998, veille de la présentation des équipes du Tour...

Ce fut comme un tremblement de terre qui ébranla la planète cycliste.

5

Les larmes de Luz-Ardiden

« Allez Richard ! » Depuis le sommet du Tourmalet la foule l'acclame, le public scande généreusement son nom. « Allez Richard ! », ils brandissent tous l'encouragement comme un drapeau national, l'appuient d'un poing puissant fendant l'air sur son passage. Certains s'abaissent pour crier leurs louanges à la hauteur de son visage de jeune loup. Ce petit Français à la gueule d'ange leur plaît, il a du culot, de l'énergie à revendre, du courage et un sacré tempérament.

Il vient d'appuyer sur la gâchette de l'offensive, le voici seul échappé dans le Tourmalet... Il l'avait dit la veille : « Ce maillot à pois je le veux, il me le faut. » Alors que ce Tour 1994 s'offrait un jour de repos, un 14 juillet – ce n'était pas très habituel – lui, il nourrissait des idées belliqueuses. 29e au classement général, à 15'38" d'Indurain, au soir de l'étape de Lourdes-Hautacam, remportée par Luc Leblanc, son équipier, il s'était confié à Pascal Hervé avec qui il partageait la chambre : « Cette étape de Luz-Ardiden peut me rapporter un maximum de points si je m'y prends bien. »

« J'avais décidé le matin en me levant de passer la journée devant. Je visais le maillot à pois, pas encore la victoire d'étape. Mais ce maillot à pois rouges je le voulais à tout prix. »

Le menu proposé est copieux : le col de Peyresourde, le col d'Aspin, le col du Tourmalet et la montée inédite vers Luz-Ardiden. Cette grande étape pyrénéenne l'inspire. Richard va mettre son plan à exécution. Tout seul.

« Après deux heures et demie de course j'avais donc décidé de sortir de ma réserve et j'ai rejoint, au pied de la première grande difficulté du jour, un groupe de cinq coureurs composé de Udo Bolts (Telekom), Laudelino Cubino (Kelme), Nelson Rodriguez (ZG Mobili), Oscar Pellicioli (Polti) et Laurent Dufaux (Once). J'avais des jambes excellentes, je le savais depuis la première semaine du Tour, depuis mon prologue plutôt réussi, (40e à 46" du vainqueur Chris Boardman). » Il le savait depuis ces petites côtes montées avec facilité en Angleterre où le Tour s'offrit une escapade. Les sensations étaient bonnes et son premier démarrage dans Peyresourde confirmait sa belle 4e place en haut d'Hautacam l'avant-veille, derrière Leblanc, Indurain et Pantani. Richard occupait la 6e place, seulement, du classement du meilleur grimpeur, mais pas très loin du leader provisoire Peter De Clerq (Lotto) – à 32 points exactement –, lequel n'avait cumulé les précieux points que sur de petites bosses dérisoires. Désormais les grimpeurs s'exprimaient sur leur terrain, en haute montagne, et pour son 3e Tour il voulait décrocher la lune, cette tunique à pois rouges.

La descente vers Sainte-Marie-de-Campan conforta leur avantage de 5'20" sur le maillot jaune Indurain alors que se dressaient les premières rampes du Tourmalet. Cette fois-ci c'était son heure : Richard s'extirpa du groupe de ses compagnons sans ruser. Alors qu'il assurait le tempo, il accéléra, debout sur les pédales, jeta un coup d'œil sur ses adversaires pour évaluer leur fraîcheur et s'aperçut qu'ils ne réagissaient pas. Il en rajouta encore un peu et très vite s'en alla. Cubino parvint à le rejoindre et tous deux escaladèrent une partie du Tourmalet ensemble. Une partie seulement parce que Richard était impatient, il devinait que la journée allait se terminer en apothéose.

« J'étais calé dans la roue de Laudelino Cubino. Je m'inquiétais du rythme imposé par l'Espagnol. Je me disais, s'il continue encore à cette vitesse pendant 2 ou 3 km je vais exploser. Alors je suis monté à sa hauteur pour jeter un coup d'œil sur son sport-testeur. Là, je me suis aperçu qu'il était au taquet. Le compteur affichait 180 pulsations-minute. J'ai compris que Cubino ne tiendrait pas longtemps. Cela m'a donné du moral parce que je me sentais assez bien. Je l'ai bluffé. Je l'ai dépassé, j'ai joué celui qui pédale facile, j'ai accéléré, et lui il s'est fait lâcher comme cela. En fait il était au bout. »

La route s'élevait au-dessus de La Mongie, là où Bernard Thévenet sortit du brouillard en 1970, et Richard évoluait maintenant tout seul. Il avait posé ses lunettes sur ses cheveux, il se battait avec sa monture, tirait fortement sur ses bras pour se hisser au sommet du géant des Pyrénées. De temps en temps il levait la tête et portait un regard d'enfant interrogatif, la bouche à la recherche du précieux oxygène, vers les derniers lacets, il évaluait ainsi l'effort restant à accomplir, il savait qu'à cet instant précis il réalisait quelque chose de grand qui laisserait des traces. Il entendait la musique joyeuse des « allez Richard » monter crescendo et saluer sa progression sur les lacets du Tourmalet. C'est drôle, mais on crut que dans l'effort il souriait... Au sommet il bascula avec une avance de plus de 2'30" sur Cubino et 8'30" sur Indurain. Dans la descente il s'appliqua à négocier les courbes le plus adroitement possible. « Dans ma tête je ne pensais plus qu'à la victoire, je me disais, celle-là, il faut que tu la gagnes », et il se présenta en bas de la montée de Luz-Ardiden avec un avantage de plus de 3'30" sur ses poursuivants immédiats, dont Marco Pantani qui était sorti du peloton et s'était lancé seul à l'assaut du Tourmalet.

Sur son long cheminement l'exaltation de ses supporters le pousse. Sa bouche grande ouverte veut leur témoigner son frisson, sa tête, d'un mouvement saccadé, suit les oscillations de ses épaules, ses jambes, à l'ouvrage, expriment toute sa détermination de grimpeur. Richard généreux dans l'effort, Richard au cœur de lion taille sa victoire à l'énergie, s'inspire du mineur de fond et creuse l'écart au milieu d'une galerie humaine. Sur ce chemin de croix, il lutte isolé, sa tête et son corps concentrés sur l'intensité de l'effort à fournir, sur la précision des gestes, menacé par l'anéantissement, toujours possible, de ses dernières forces. Il regarde ce public l'exhorter et appuie plus fortement sur les pédales, avale la pente, déchaîné, lancé à la poursuite de son rêve, la quête du maillot à pois.

Entre deux haies de spectateurs « qui me faisaient tellement craindre de tomber que je serrais très fort mon guidon pour m'accrocher à mon vélo », il force son passage, fonce comme un taureau encerclé par les picadors.

« Pantani ne doit pas revenir sur moi, je dois tenir. » Dans la bataille son maillot ouvert découvre son poitrail caressé par l'air chaud et les mains moites de ses aficionados. Son vélo relève les *ikurrina*, ces drapeaux basques brandis en son honneur. Il va décrocher la première victoire d'étape de sa jeune carrière, après 110 km d'échappée dont une quarantaine en solitaire. À vingt-cinq ans !

Maintenant il n'entend plus la foule hurler son nom, il sanglote de bonheur sur son vélo, ressent toute l'énergie déployée, il sait qu'il va gagner : « Mon arrivée à Luz a été un moment magique, j'ai eu le temps de savourer ma victoire. J'y ai cru à 4 km du sommet. Sous la flamme rouge, libéré des tensions et incertitudes de la course, j'ai compris soudainement la grandeur de mon échappée. Je me relevais, saluais le public à plusieurs reprises d'un geste rageur, le poing fermé, je reprenais mon guidon, puis je saluais de nouveau la foule. Je touchais au bonheur suprême, je rayonnais. » On devinait des larmes d'émotion sur son visage d'adolescent et ses yeux pétillants.

L'enfant terrible s'offrait une étape à la manière des grimpeurs d'antan, un maillot à pois et une 3e place au général (pour 89 centièmes la 2e place détenue par Tony Rominger lui échappait). Incrédule il balança sa tête entre ses épaules, de gauche à droite, spasmodiquement, pour dissiper son étonnement, leva les bras au ciel à trois reprises et tomba dans les bras de son père, coiffé d'une casquette du supporter-club de Virenque [1] qui l'attendait sur la ligne d'arrivée.

1. Son père avait occupé une partie de la nuit à badigeonner les routes d'inscriptions pour encourager son champion de fils, en compagnie d'autres supporters.

Des années de sacrifices et de complicité s'étreignaient ainsi dans un incommensurable bonheur : « C'est génial, fabuleux... » Il mit du temps à surmonter son émotion, son bouleversement. Depuis ce jour-là, les « allez Richard » ont continué, son image de guerrier de la montagne a embelli : c'était le début d'une destinée, d'un accomplissement.

« Entrez dans l'Histoire », titrait le matin de ce samedi 16 juillet 1994 le quotidien *L'Équipe*. Ce titre prémonitoire coiffait deux prestigieux footballeurs, à gauche Roberto Baggio, à droite Romario : acteurs principaux de la 15e finale de Coupe du monde entre le Brésil et l'Italie.

Mais ce jour-là, ce n'est pas le foot qui marqua les esprits, plutôt un chérubin aux cheveux encore bouclés, moulé dans un maillot bleu (Festina) comme les vagues de La Londe où il s'est installé. Ce jour-là Virenque entrait dans l'histoire du Tour, à sa façon. C'est-à-dire de manière spectaculaire.

6

À saute-mouton vers Cauterets

« Ce maillot à pois, pour me le reprendre, il faudra qu'on vienne me l'arracher. » L'année suivante, en 1995, Richard s'imposait le même challenge : le maillot à pois et une étape. Mais cette fois-ci les données n'étaient plus les mêmes. « On m'attendait dans la montagne et il me serait plus difficile, de fausser compagnie aux meilleurs. D'autant que j'avais été contrarié depuis le début du Tour par une bronchite. Le bus de l'équipe disposait de la climatisation et elle était réglée sur une température glaciale ! Chaque fois je râlais mais je ne pouvais pas dire grand-chose par rapport aux autres coureurs. En fait, je ne suis revenu à mon niveau que lors de la troisième semaine, ce qui explique que je termine seulement 9e du Tour. Mais j'avais réussi tout de même à enlever une étape, à Cauterets. En réalité l'avant-veille du championnat de France, quelques jours avant le départ du Tour, disputé à La Cluse-et-Mijoux, j'avais passé un long moment à suivre les réglages de mon vélo en compagnie du mécanicien. Nous étions en plein courant d'air et j'ai certainement attrapé là un bon refroidissement. Puis sur le Tour, avec la climatisation du bus cela s'est aggravé. Je toussais beaucoup, je n'arrivais pas à monter en régime et à dépasser les 160 pulsations. D'ailleurs cette année-là je n'avais pas eu de chance. Juste avant le Tour, alors que je préparais le championnat de France en m'entraînant chez moi, je suis tombé. C'était en arrivant au village de Rayol-de-Canadel, entre Le Lavandou et Cavalaire. Un chien a débouché sous mes roues alors que je roulais à 35 km/h environ, il s'était engouffré entre deux voitures et je n'ai pas pu l'éviter. J'ai chuté lourdement et j'ai été évacué en ambulance sur l'hôpital d'Hyères. Je souffrais de nombreuses contusions mais fort heureusement rien de cassé. Ce jour-là je suis resté pendant quatre heures, en cuissard et maillot, alors que j'avais abondamment transpiré. J'ai dû m'attraper un rhume. »

Dans les Alpes Richard, déjà vêtu du maillot de meilleur grimpeur, évoluait donc un ton en dessous de ses capacités. Il avait même anticipé la montée de L'Alpe-d'Huez échappé avec un groupe de treize hommes afin de rallier le pied de la « montagne des Hollandais » avec de l'avance. Pantani y réalisa son numéro et lui s'était tiré d'affaire en se classant 8e au sommet.

Il attendait les Pyrénées pour resurgir en meilleure condition. Il craignait Marco Pantani, grimpeur tout en souplesse, déjà vainqueur de l'étape de L'Alpe-d'Huez (et bientôt de Guzet-Neige) dont le public découvrait avec stupéfaction l'étrange position dans les descentes, couché sur son vélo, le cul au-dessus de la roue arrière ! La veille de l'étape Saint-Girons-Cauterets, le Tour bénéficiait d'un jour de repos et Richard avait accompli deux heures et demie d'entraînement, loin de l'excitation et des sollicitations de la ville-étape.

Le lendemain matin il était décidé à passer à l'attaque pour consolider son maillot et remporter *son* étape, laquelle empruntait l'itinéraire qui lui avait si bien réussi l'année précédente avec les cols de Portet-d'Aspet, de Menté-Le Mourtis, de Peyresourde, d'Aspin, du Tourmalet et pour finir la montée vers Cauterets. Un remake, en quelque sorte, de l'étape de Luz-Ardiden, cela lui plaisait bien ! Il portait le dossard 51, celui des grands vainqueurs du Tour [1], et il pensait secrètement que ce signe du destin allait bien lui porter chance d'ici la fin du Tour. Il avait raison.

« Je me suis offert une échappée royale de 121 km, seul contre tous, franchissant les cols les uns après les autres toujours en tête, en résistant à mes poursuivants. Avant de me lancer dans cette folle chevauchée j'avais, déjà, passé le sommet des cols de Portet-d'Aspet et de Menté en tête mais simplement pour “faire” le grand prix de la montagne. Puis j'ai décidé de m'en aller dans le col de Peyresourde en lâchant mes compagnons, Claudio Chiappucci (Carrera Jeans Tassoni), Hernan Buenahora (Kelme-Avianca) et Fernando Escartin [2], bientôt pointés à 1'8" au sommet. Je plongeais vers Loudenvielle – là où en 1997 mon copain Laurent Brochard enlèvera une étape superbe, un 14 juillet –, j'affrontais le vent de face dans la vallée d'Arreau avant d'attaquer les premières rampes du col d'Aspin. Sur le plat le trio des poursuivants intensifiait ses efforts mais jamais il ne réussit à me

1. Thévenet, Merckx, Ocaña et bien d'autres ont remporté le Tour avec le dossard 51, devenu mythique et porte-bonheur.

2. Escartin évoluait alors au sein de l'équipe Mapei-GB avec Tony Rominger, Johan Museeuw et Andréa Tafi. Dans le Tour 1999 Escartin réalisa un formidable exploit athlétique en remportant l'étape de Piau-Engaly après 65 km d'échappée. Il termina le Tour à la 3e place sous les couleurs de l'équipe Kelme, laquelle fêtait ses trente ans de Tour de France.

rejoindre. Je gérais mon avance et ma dépense d'énergie avec une grande maîtrise, j'étais superconfiant. »

Richard Cœur de Lion retrouvait ses sensations, son coup de pédale, l'envie de voler sur les sommets pyrénéens. Oubliée la bronchite...

Après Peyresourde, après Aspin, Richard escalada le Tourmalet – le col de ses exploits – avec une avance réduite à 48" sur Escartin-Chiappucci-Buenahora tandis que derrière Indurain et Zülle pointaient à plus de 3'.

Tiendrait-il encore seul dans la descente vers Barèges, vers Luz-Saint-Sauveur, avant d'attaquer la dernière ascension de la journée, la crête du Lys conduisant à Cauterets (16,5 km à 5,1 %) ? Son entêtement, sa ténacité enflammaient une fois encore le public. Virenque accomplissait son numéro avec panache. « Ma fierté, c'est d'avoir réussi à tenir tête à tout le monde, tout au long des quatre cols, dans une étape où l'on m'attendait. Chaque fois que j'étais dans la vallée je me disais, bientôt les premières rampes du prochain col, là je vais encore tenir. »

Pendant 121 km Richard joua à saute-mouton sur les cols suivi par Bruno Roussel, son directeur sportif, émerveillé mais inquiet face à une telle débauche d'efforts. Au sommet du Tourmalet avec seulement 48" en poche il se jeta à corps perdu dans la descente pour augmenter son avance d'une trentaine de secondes. Au pied de la crête du Lys, au bas de Cauterets, sa dernière rampe vers l'apothéose il décida de tout donner. Tout fonctionnait comme il l'avait programmé depuis qu'il s'employait à résister. Son plan de vol lui commandait désormais la mise à feu des derniers réacteurs. À l'énergie, au courage, il gravissait la pente, recherchant le meilleur pourcentage pour y creuser la différence avec ses poursuivants. Sa montée fut époustouflante, libératrice, splendide : il franchit le sommet avec 1'17" d'avance sur Chiappucci, 2e. Il n'avait pas seulement résisté à ses poursuivants, il leur avait pris du temps.

Une tape dans la main de Bruno Roussel, venu à ses côtés dans les derniers kilomètres, et Richard savourait enfin le bonheur de la victoire dans une totale allégresse. Il envoyait un baiser au ciel, levait les bras les poings serrés, on lisait sur son visage radieux, à travers son sourire angélique, toute la satisfaction du travail accompli et bien fait. Sur le podium Richard continuait de manifester sa joie, « jusqu'au moment où l'un des responsables est venu me dire : "Calme ta joie, Casartelli est mort [1]?" J'ai été surpris, peiné, je ne voulais pas y croire. On ne m'avait rien dit. Personne n'avait été au courant sauf le groupe des largués ».

Le soir Richard alla se recueillir dans la chapelle ardente. La fête était gâchée. Il arrive que les risques du métier, cruellement, laminent une vie. Source d'évasion de l'enfance, d'insouciance, le vélo cache quelquefois la froideur irréversible du destin.

---

1. Fabio Casartelli, vingt-cinq ans, fut ce jour-là victime d'une chute mortelle dans la descente du Portet-d'Aspet. Les coureurs en tête de la course l'ignoraient. Aujourd'hui une stèle rend hommage à ce coureur qui fut champion olympique sur route à Barcelone en 1992.

7

Le salut de Courchevel

« Demain on fait tout exploser ! Votre course se terminera en haut du premier col, en haut du Glandon. Après c'est moi qui prendrai le relais. » Dans sa chambre à l'hôtel Christina, au soir de l'étape de L'Alpe-d'Huez 97, Richard a réuni ses équipiers pour leur donner son mot d'ordre. Il était en colère, surtout contre lui, et il n'avait rien trouvé de mieux, comme réponse à son dépit, que de songer à passer à l'attaque.

L'Alpe-d'Huez ! Sur son terrain favori Marco Pantani venait de réaliser une ascension fulgurante, pulvérisant le record de la montée en 37'35". Richard avait soudain coincé un court instant, à 10 km du sommet, contraint de se laisser lâcher par Pantani et Ullrich. Il avait accusé le coup : 3e de l'étape à 1'27" de Pantani, le vainqueur, mais à 40" d'Ullrich, 2e.

« Je ne sais pas ce que j'ai eu, mais, à un moment donné, en plein effort, j'ai craqué mentalement. Ce n'était pas physiquement. Non j'ai craqué moralement, pendant quelques secondes seulement, mais dans une ascension comme L'Alpe-d'Huez où tous les intérêts se conjuguent, ces secondes coûtent cher. J'ai ressenti un coup de faiblesse, une crainte, j'ai subitement douté et je me suis relevé. Je n'étais pas en dépression, mais presque. Ensuite deux kilomètres plus loin je me suis repris. J'ai terminé à bloc, et j'ai regretté mon court instant de faiblesse. Je me disais, qu'est-ce que tu es nul, pourquoi as-tu subitement perdu confiance. Je m'en voulais terriblement. Il fallait effacer cet échec. Et puis, je m'étais aperçu sur la route de L'Alpe qu'Ullrich n'allait pas très bien, malgré sa belle performance. L'Allemand souffrait d'une forte diarrhée, il avait même placé sa casquette à l'intérieur de son cuissard ! C'était le bon moment pour l'attaquer ! »

Avec ses équipiers le plan de bataille fut donc mis en place pour le lendemain, dans l'étape Bourg-d'Oisans-Courchevel, laquelle allait entrer dans la légende alors que la célèbre station de ski savoyarde accueillait le Tour pour la première fois.

« Demain on fait tout exploser », avait ordonné Richard. Ce fut la seule fois où il y eut vraiment une stratégie d'équipe. Elle était simple. D'entrée ses équipiers allumèrent la mèche, dès le premier col de la journée, dans le Glandon, comme prévu. Sept Festina étirèrent le petit groupe d'une vingtaine de coureurs qui s'était très vite constitué. Derrière ce fut la débandade ! « Je voulais que presque tous mes équipiers basculent en haut du col en tête. Ils ont tout donné. Je crois que c'était là le meilleur moyen d'annoncer la couleur, d'écraser la course et d'impressionner tout le monde. »

Richard franchit le Glandon en tête avec Dufaux, Hervé, Brochard et bascula à fond dans la descente. « La guerre mondiale » avait commencé ! C'est ainsi qu'il aime qualifier ces étapes de montagne escaladées cape au vent, une serpe dans une main, une lame blanche dans l'autre. Il fallait provoquer l'Allemand : dans la descente Ullrich perdit pied, Richard ouvrait la voie, accompagné de ses trois équipiers et de Francesco Casagrande. Il jouait à l'équilibriste, il coupait les virages, taillait la bordure. Il adore cet exercice de style.

« J'aime prendre des risques, j'aime beaucoup la vitesse, les descentes sinueuses, sur une petite route dessinée par de nombreux lacets, au revêtement irrégulier, lorsque le vélo "saute". Là, le coureur doit montrer toute sa connaissance, sa technicité. Moi d'un coup d'œil j'apprécie le bitume, je sais si le virage peut se négocier à vive allure, si l'asphalte est gravillonneux, s'il glisse ou s'il accroche. Qu'elle soit mouillée ou sèche, la descente est un grand plaisir [1]... » La plongée vers la vallée, en bas du Glandon, l'inspira. C'est l'une des descentes qu'il préfère. Ullrich accusait maintenant un retard de 1'55" sur Virenque.

Voici que le Tour bascule, ses supporters chavirent. C'est le Tour de Richard...

Ullrich est seul dans la vallée conduisant vers les premières rampes du col de la Madeleine. Il se retourne. Il s'affole. Il cherche Riis, son équipier. Ullrich est nerveux. Le maillot jaune affiche des signes d'inquiétude et décide d'attendre Riis et Olano. Il a raison. Maintenant, face au vent, Riis et Ullrich (Telekom) organisent la

1. À la façon de Gastone Nencini, de Lucien Aimar, de Marinus Wagmants, Richard est capable de combler un retard de plus d'une minute dans une descente. Dans le Dauphiné, il avait basculé en haut de l'Izoard derrière Indurain et Madouas, à plus d'une minute, « parce que je n'avais pas pu les suivre, je n'étais pas très bien », et les dépassa avant le bas du col.

chasse aidés par deux gros rouleurs, l'Autrichien Georg Totschnig (Telekom) et l'Allemand Udo Bolts (Telekom).

« Lorsque Riis et Ullrich se sont rapprochés j'ai dit à Laurent [Dufaux] que je partais seul devant. Je voulais les obliger à rouler afin de les "user" ! » Il franchit seul le sommet de la Madeleine avec plus que 22" sur Riis-Ullrich-Escartin, mais ne ralentit pas. Voilà Richard en tête, isolé, dans la vallée. Trop loin encore de l'arrivée. « Je décidai de me relever. Ce n'était pas encore mon heure. »

Sur la portion plate conduisant aux premiers lacets de Courchevel, les trois chasseurs, Riis, Ullrich, Escartin, maintenant complétés par Dufaux, rejoignirent Richard qui n'avait pu se ravitailler correctement.

« J'ai alors fait croire aux deux Telekom que j'avais la fringale, que je n'étais pas très bien. Riis m'a attaqué plusieurs fois. Je faisais un peu le mort. On se livrait une belle guerre psychologique. Ensuite au pied de Courchevel, à 16 km de l'arrivée, j'ai déterré la hache de guerre. » Une tache jaune, impénétrable, une autre blanche à pois rouges, insolente, colorent la montée de Courchevel. Le duel souhaité, le mano à mano si attendu, l'explication entre hommes, entre Ullrich et Virenque, démarrait là. Le rouleau compresseur contre la boule de feu.

À 21 km du sommet, Courchevel retient son souffle. La pente, à 6 % en moyenne, étouffe. La pente monte, toujours plus raide. Ça sent le règlement de compte, le hold-up de la banque, le fer rouge.

Virenque attaque. Ullrich répond.

Puis le bourdon jaune s'envole. Et la coccinelle revient.

Le scénario recommence plusieurs fois. Mais à quoi jouent-ils tous les deux ? Au chat et à la souris, au ping-pong, au poker menteur, à celui qui craquera le premier. La course à l'intox, au bluff, le bras de fer impitoyable rythme leur ascension. Richard vise la victoire, mais il veut plus encore. Les cartes du Tour se distribuent dans ce combat.

Et si Ullrich craquait ?

Si cet Allemand au gabarit colossal, dépouillé de la finesse aérienne et de la fluidité des grimpeurs, sombrait ? Courchevel l'appelle, l'acclame, lui souffle sa chanson de geste. « Cours, chevalier Richard, hisse-toi là-haut, sur ton destrier blanc, empare-toi de la résidence des chefs d'État ! Vas-y, le soleil incandescent aiguise tes lames huilées, rythmant ta pédalée, mets le feu Richard, le maillot jaune, cours l'achever... »

Il se tourne vers Jan, il lui parle. Dans ce corps à corps sans pitié les deux lutteurs s'adressent quelques mots. Mais que peuvent-ils se dire ? « Je lui demandais de collaborer, de me relayer. Je voulais qu'il produise des efforts plus intenses, qu'il se fatigue. Je me sentais fort et prêt à l'attaquer. » L'Allemand, bien calé sur sa selle, invoque un argument implacable : « Riis est derrière, Riis c'est mon équipier de luxe, je n'ai pas le droit de favoriser sa perte. »

La route grimpe toujours. La foule exulte, salue ces deux cerfs-volants colorés s'élevant vers le sommet.

Ils se séparent, se rapprochent, se rejoignent.

Aucun des deux ne cède. Richard impose le rythme, Jan suit. Qui tire les ficelles ? « Il n'a pas assuré un relais jusqu'avant le dernier kilomètre du sommet. Lorsqu'il est passé devant, je me suis calé dans sa roue pour récupérer rapidement. Au sprint j'étais sûr de mon coup, certain de m'imposer. Lorsque je visionne les cassettes j'ai l'impression que sur ma dernière attaque, si j'insiste encore, Ullrich peut craquer. J'aurais pu mentalement me faire mal pendant cent mètres de plus, peut-être aurait-il lâché ? Je l'ai toujours battu dans un sprint. Même lorsqu'il nous est arrivé de finir avec lui et Pantani il ne m'a jamais mis une roue devant... »

Sous l'azur de Courchevel, Richard dressa son bras droit en l'air, l'index pointé vers le ciel, le visage radieux, éclairé par une lumière intérieure qui rayonnait sur tout son être : il s'imposait pour la première fois dans les Alpes ! Richard a gagné ! Contrat rempli. Par ce doigt élevé à la manière des empereurs romains, par ce geste rageur crevant le ciel, il marqua son passage, il signa l'œuvre accomplie. Ce serait désormais son logo, sa prière publique, comme plus tard sur le Giro 99. Le signe du rebelle.

« Ce doigt symbolisait beaucoup de chose pour moi. Le geste m'est venu instinctivement, j'y plaçais ma revanche sur L'Alpe-d'Huez, sur mon instant de faiblesse. C'était l'aboutissement de ma rage de vaincre, de ma détermination, le point d'orgueil terminant le travail parfaitement accompli de toute l'équipe. Il effaçait le mécontentement de la veille. »

Dans le *Figaro* du lundi 21 juillet, Jean-Yves Donor écrivait : « Tant qu'il y aura des Virenque, le vélo sera un sport de cape et d'épée. Rien ne l'arrête. Il saute sur la moindre occasion pour ferrailler à tout va. »

Quatre-vingt-treize coureurs, composant le gruppetto, terminèrent hors délais – fixés à 12 % –, ce qui n'avait encore jamais été vu. Fort heureusement les commissaires décidèrent de les repêcher, sinon l'équipe Gan aurait été éliminée, ses huit coureurs se trouvant largués au sein de l'autobus. « Monumental », titra sur huit colonnes *L'Équipe* [1].

Le matin, dans la poche de son maillot, Richard avait placé un trèfle à quatre feuilles qu'une mamie remit à son frère Lionel le soir de L'Alpe-d'Huez. On ne joue pas avec la chance ! Richard avait saisi le trèfle porte-bonheur des mains de Lionel et l'avait glissé dans son maillot. Il désirait forcer son destin, stimuler son mental. Il avait également toujours conservé au fond de son maillot un billet de cinquante francs, un talisman de plus, offert par une supportrice au départ du Tour. Avec ça il était paré contre le sort !

« Je ne regrette qu'une seule chose, c'est que le pourcentage de la côte n'était pas assez fort. La montée vers Courchevel était dure mais trop roulante. Chaque fois que je l'attaquais j'avais l'impression de donner un coup d'épée dans l'eau. »

Courchevel, où il reçut une roue de Beaufort offerte par la coopérative laitière ainsi que 65 kg de camembert Cœur de Lion récompensant le coureur le plus combatif, murmura également à Richard une musique allegro : « Tu peux gagner le Tour. » Deuxième au classement général, à 6'22" d'Ullrich, sa progression logique l'invitait à conquérir la plus haute marche. Toutes les occasions étaient bonnes à saisir.

1. *L'Équipe* du lundi 21 juillet 1997.

Le lendemain Richard s'offrit un dernier plaisir dans la descente du col de Joux-Plane. À plusieurs reprises il mit Ullrich dans le rouge, il lui fit peur, lui prit quelques dizaines de mètres d'avance. Il jouait son dernier va-tout, il savait qu'Ullrich négociait mal les courbes. À la peine, l'Allemand réussissait à revenir dans les lignes droites, mais reperdait encore du terrain à chaque virage. Finalement en haut de Morzine la dernière ascension sérieuse de ce Tour, où Pantani remporta son deuxième succès d'étape, après celui de L'Alpe-d'Huez, Richard décrochait la deuxième place avec le sentiment d'avoir résisté jusqu'au bout. Deuxième du Tour [1], après une dernière semaine époustouflante, il nourrissait de beaux espoirs pour 1998.

Le soir, dans sa chambre, il fouilla les poches de son maillot. Le trêfle était fané, flétri, tout noir. Il aurait voulu le coller sur une feuille de papier et le conserver jusqu'à la fin du Tour...

---

1. Richard se classait 2e à Loudenvielle, 3e en haut de la montée d'Andorre-Arcalis, 2e du contre-la-montre (vallonné) de Saint-Étienne, 3e à L'Alpe-d'Huez, 1er à Courchevel, et 2e à Morzine.

8

Trente heures de garde à vue

Il faut être l'homme de la pluie et l'enfant du beau temps.

RENÉ CHAR

Il y eut Luz-Ardiden, Cauterets, Courchevel et puis ce fatidique 17 juillet 1998, veille de la présentation des équipes du Tour... Ce fut comme un tremblement de terre qui ébranla la planète cycliste.

Sur le mur il y a des glycines. Une magnifique bâtisse du XIIIe siècle, recouverte de grappes bleues comme le maillot des Festina. Un vrai château pour contes de fées Mais le rêve s'achève. Out, l'équipe de copains ! Dehors la bande à Virenque, déterminée à remporter le Tour, qu'il avait terminé deuxième l'année précédente. Exclue ! Le Tour s'arrête pour Richard et ses équipiers logés à Varetz, au domaine luxuriant et isolé de Castel Novel, en pleine Corrèze. Ce palais gourmet aux plafonds peints à l'italienne, étape de fraîcheur à 5 km seulement de Brive, offre un havre de paix réconfortant, invite à la douceur de vivre, au plaisir de la cuisine de terroir, raffinée et parfumée : foie gras et truffes, veau de lait du Limousin et vins de la région. Ici, dans cette demeure à la façade en pierre rose, Colette, qui n'aimait pas beaucoup les efforts inutiles des coureurs du Tour, animés « du goût démoniaque de la vitesse, (de) l'imbécile et invincible envie d'être le premier », s'initia quelque temps au charme de la vie de châtelaine. Mais l'équipe de Virenque, elle, casse ses rêves de château en Espagne et remballe ses affaires. Par la faute d'une voiture au logo de Festina et du Tour, bourrée de produits interdits, interceptée à la frontière franco-belge, le 8 juillet, à Neuville-en-Ferrain, alors que la Grande Boucle débutait, avec 235 doses d'EPO, 82 doses d'hormones de croissance, 60 doses de testostérone, 8 vaccins contre l'hépatite, des corticoïdes et des amphétamines. Trop pour une seule équipe ?

Déjà lors de la présentation des différentes formations, alors que le Tour s'installait en Irlande, aussi chaleureuse que verte, la rumeur, gênante, avait troublé l'ordre des choses. « J'ai vite compris, en découvrant l'ampleur de l'information et la quantité des produits saisis, que sur le Tour tout cela allait éclater et se savoir très rapidement d'autant que Willy était proche de moi. Nous les coureurs nous étions inquiets pour Willy, on se demandait comment tout cela allait se terminer. »

Mal. Quelques jours plus tard Bruno Roussel évoqua un dopage organisé et le patron du Tour, Jean-Marie Leblanc, prit tardivement, vers 23 heures, la décision pénible de renvoyer les Festina chez eux. La veille du contre-la-montre de Meyrignac-l'Église où, justement, l'équipe Festina avait loué une maison afin de mettre toutes les chances de son côté.

« C'était calculé de nous éliminer le jour du contre-la-montre, où toutes les équipes étaient éclatées et éloignées les unes des autres. Dans ces conditions on n'a pas pu bénéficier de la solidarité des autres coureurs. Si nous avions été au départ d'une étape en ligne j'aurais pu leur parler, nous aurions fait bloc, on aurait peut-être tout mis à plat. »

À la porte la formation andorrane, venue sur le Tour pour remettre les pendules à l'heure et propulser Richard sur la plus haute marche du podium ! Mise hors course sur les paroles de l'avocat de Bruno Roussel, Me Thibault de Montbrial : « M. Roussel a expliqué aux enquêteurs, lesquels avaient les éléments, les conditions dans lesquelles une gestion concertée de l'approvisionnement des coureurs en produits dopants s'est organisée entre la direction, les soigneurs, les médecins et les coureurs. »

Le rêve de juillet s'écroulait, brisé par la découverte de la cargaison de Willy Voet, après une Coupe du monde phénoménale, le jour où *L'Équipe* titra sur toute sa une : « Vive le foot ! » Personne ne s'en doutait encore mais ce jour-là le cyclisme courait à sa perte... à cause de sa mauvaise foi. Bruno Roussel, le directeur sportif, affirma avec un aplomb suicidaire qu'« aucune voiture et aucun chauffeur ne manque dans l'équipe ». Le comportement de certains directeurs sportifs, tirant à boulets rouges sur Festina, en jouant les vierges effarouchées, cachait déjà les futures dénonciations et affaires de dopage en cascades, même dans le VTT. Excédé, Richard lâchait un début de vérité : « On sait avec qui on travaille, on ne sait pas ce qu'ils trafiquent. De toute façon ce qui est sur nos têtes est aussi sur tout le peloton français. » Une vision maladroite, mais prémonitoire. L'annonce, un an avant, de ce qui allait éclater dans le milieu cycliste. Le tremblement de terre ne faisait que commencer.

Pour l'UCI, les coureurs n'étaient, pour l'heure, pas (encore) à sanctionner.

Cependant le patron du Tour, soumis à une pression médiatique infernale – l'affaire était d'autant plus délicate que Festina est l'un des principaux sponsors du Tour et assurait le chronométrage officiel –, garant de l'éthique de la plus grande épreuve cycliste du monde, appliqua l'article 29 du règlement : « La direction se réserve le droit d'exclure tout coureur ou tout membre de la course convaincu d'avoir enfreint les principes généraux de l'épreuve... » Voici ce qu'il déclarait à chaud à *L'Équipe* [1], dans une interview accordée à Philippe Brunel. « La décision a été très dure à prendre. Il m'en reste un sentiment de soulagement gêné car je ne suis pas certain que les coureurs de Festina soient coupables de s'être dopés tous les neuf, malgré la révélation de Roussel qui nous dit que ce dopage était organisé. Je suis très sensible à l'habeas corpus, à la présomption d'innocence, au bénéfice du doute. Je ne suis pas certain non plus, j'arrête là pour le moment, que les coureurs de Festina soient les seuls qui méritaient d'être sortis du Tour... »

Richard avait terminé 37e de la 6e étape, La Châtre-Brive-la-Gaillarde remportée au sprint par Cipollini (Saeco). Il occupait la 30e place au classement général, à

1. Dimanche 19 juillet 1999.

7" d'Ullrich (Telekom), 22e. Pantani (Mercatone Uno) pointait à la 141e place du classement général à 2'5" du maillot jaune provisoire Stuart O' Grady (Gan). À 36" de Richard. Le Tour s'annonçait bien pour lui d'autant qu'il avait réussi un excellent prologue en se classant 14e à 12" seulement du vainqueur Chris Boardman (Gan). Son Tour, il en rêvait depuis juillet 1997, lorsqu'il saluait la foule sur le podium parisien, mais sur la deuxième marche. Il avait espéré sa revanche contre Ullrich. Et puis soudain, tout se bousculait dans sa tête en apprenant la « terrible nouvelle ».

C'était son meilleur prologue, il avait tout misé sur le Tour, accompli tant de kilomètres, tant de sacrifices et on voulait le priver de son jouet. On voulait l'exclure ! Richard, à bout de nerfs, terriblement marqué, à cran, ne l'entendait pas de cette oreille.

« On repart, je vous dis que l'on repart, ce contre-la-montre on va le courir », s'adressa-t-il à ses équipiers.

Les chênes centenaires du Castel Novel ne bougeaient pas : il n'y avait pas un brin d'air et la touffeur de cette journée estivale pesait davantage sur les têtes des neuf Festina. Qu'allaient-ils réellement pouvoir faire pour se défendre ? « Nous ne voulions pas être mis dehors sans preuve. Moi, je désirais que Jean-Marie Leblanc me fasse une lettre et qu'il écrive qu'il envisageait de nous sortir. Nous ne voulions pas partir de notre plein gré. »

Le Castel Novel et sa douceur de vivre habituelle cédaient la place à une ruche bourdonnante, une meute de journalistes, photographes, cameramen, en short, torse nu, la plupart suant de grosses gouttes, s'interpellant en anglais, en italien, en allemand, en flamand ou en français. Ils investissaient maintenant les abords de l'hôtel, comme une armée prend possession d'un nouveau territoire, en déroulant tout leur matériel. Et même les pièces intérieures de l'hôtel ! Une table dressée à la hâte fut prise d'assaut par les plus rapides pour y installer leurs ordinateurs portables et écrire ainsi *live*. D'autres travaillaient carrément assis à même le sol à l'ombre d'un arbre. Dès qu'un membre de l'équipe Festina montrait le bout de son nez toute la meute, dans un même mouvement chorégraphique improvisé, se rapprochait, se bousculait, formait un énorme tas encerclant la personne, mitraillée, coiffée de perches tendues, de micros assoiffés.

« Messieurs, je vous en prie, tentait d'expliquer le propriétaire, restez au pied de l'escalier, ne barrez pas l'entrée, j'ai d'autres clients que les coureurs cyclistes. » Mais l'escalier fut sans cesse fermé par la faute d'une maladie qui frappe tous les journalistes : le saut de puce. Le voisin avance d'un demi-pas, l'autre fait de même, personne ne veut céder sa place, une once d'une partie du territoire qu'il occupe. Et ainsi de suite jusqu'à ce qu'une voix s'élève pour intimer l'ordre de redescendre. Ce petit jeu a au moins l'avantage de faire passer le temps !

Dans cette ambiance survoltée, Richard insista. « On repart, on se rend au contre-la-montre. – Écoute, lui répondit Pascal Hervé, son fidèle équipier, moi, j'arrête, mais si tu nous dis de repartir on t'accompagne [1]. »

---

1. Pascal Hervé qui pensait arrêter la compétition en 1999 rejoignit Richard au sein du team Polti pour la saison 2000.

Richard savait bien qu'il s'agissait d'une tentative désespérée, que dans l'équipe, depuis le matin, tous voulaient arrêter. « Il n'y avait vraiment que moi qui voulais poursuivre. Ils avaient décidé de décrocher leur dossard, mais comme j'étais déterminé ils m'ont suivi. »

Il ne pouvait pas admettre d'être viré du Tour comme un malpropre, un tricheur, alors qu'aucun contrôle positif ne le condamnait. À ce moment-là le patron de l'équipe, Miguel Rodriguez, leur laissait le libre choix : « Seuls les coureurs décideront. » Son père, venu le rejoindre, le trouva épuisé : « Il n'a pas dormi. S'il se rend au départ il court droit à la contre-performance. Alors on dira qu'il n'a pas marché parce qu'il n'a rien pris. Ce serait absurde d'en arriver là... »

En maillot et cuissard, un sac en bandoulière, Richard et ses potes quittèrent le relais et château et ses tourelles dominatrices pour se rendre au départ du contre-la-montre. Mais Jean-Marie Leblanc était opposé à ce rendez-vous et à l'éventuel scandale qu'il pouvait causer sur la ligne de départ, il appela Richard sur son portable pour lui proposer une entrevue. « Rendez-vous au café Gilou, tout près de la ligne d'arrivée à Saint-Priest-de-Gimel, près de Corrèze-Gare. »

Certains ont imaginé que Jacques Chirac aurait été l'auteur de ce coup de fil. « Non, répond Richard. Peut-être est-il intervenu auprès de Jean-Marie Leblanc pour que le rendez-vous ait lieu ailleurs et qu'il n'y ait pas de scandale chez lui. En tout cas il n'est pas intervenu en ma faveur. Parce que s'il avait voulu je n'aurais pas été exclu... »

Baigné de soleil, au moment de la grande affluence et à l'heure du déjeuner le café Gilou, perdu en bordure de route, en plein bled, grouille de monde, on dirait une fourmilière. Détendus, les clients assis aux tables dressées sur la terrasse, à quelques mètres du départ, virent débouler une procession de voitures qui s'arrêtèrent nerveusement sur les bas-côtés de la route. Virenque et ses équipiers, Zülle, très marqué, Brochard, Hervé, Dufaux, Meier, Moreau, au total sept Festina et Lionel Virenque s'engouffrèrent dans l'estaminet, à la surprise générale, et pénétrèrent dans une petite pièce au fond du tabac. Quelques journalistes seulement étaient arrivés avec eux et montèrent la garde devant la porte fermée. Plus tard Jean-Marie Leblanc, accompagné notamment de son directeur de l'information, John Lelang, et suivi par une armada de photographes-cameramen, rejoignit l'équipe Festina au pas de charge. Les tables furent bousculées par la meute, quelques assiettes et verres renversés, les serveurs hurlaient pour se frayer un passage dans cette atmosphère suffocante et tentaient de servir les clients serrés comme des merguez sur un barbecue !

Que se disaient-ils dans la pièce fermée à clef et pas plus grande que la caravane du contrôle antidoping ?

« Jean-Marie Leblanc m'a donné cette lettre que je réclamais signée également par le commissaire international. Il m'a dit textuellement : "Je suis obligé d'agir ainsi, je suis désolé (moi j'étais plus que désolé) mais entraîne-toi et l'an prochain le Tour sera pour toi." C'était une façon de me réconforter. J'ai vu Jean-Marie Leblanc pleurer. L'instant était pathétique car lui et moi nous estimons vraiment. Je venais avec l'intention d'enflammer le Tour et j'étais viré. Il y a eu une accolade et nous nous sommes séparés. L'ambiance était tendue, difficile à vivre. On a admis sa position et l'on s'est quitté. »

Soudain un bruit de chaises déplacées sur le carrelage. La meute à l'affût de la porte secrète se dressa sur ses talons pour voir Jean-Marie Leblanc sortir, les yeux humides : « Je suis venu dire au revoir aux coureurs de Festina. » Le directeur du Tour n'en dira pas plus. Pendant ce temps-là, la petite pièce fut envahie par quelques journalistes pour une conférence de presse improvisée. Assis derrière une table, entouré de ses équipiers, Richard fut au cœur de la cible. Il parla. Mais cette fois-ci sa voix vacilla. Il fondit en larmes, soutenu par Pascal Hervé.

La caméra d'Antenne 2 s'attarda un peu trop sur le visage juvénile de l'enfant grimpeur en pleine détresse. « Allez, ça suffit », ordonna Pascal Hervé tandis que d'autres équipiers essuyèrent une larme. Les rares témoins de la scène se montraient gênés par l'impudeur qui régnait. « On voudrait revenir à la page où l'on aime et la page où l'on meurt est déjà sous nos doigts », constatait Alphonse de Lamartine...

Le soir tomba. Le Castel Novel respirait. Peu à peu il retrouva sa douce quiétude. La nuit estivale inspirait à la réflexion et à la détente. Autour d'une bière Michel Gros, le directeur sportif adjoint, tentait de comprendre et d'évaluer la portée des derniers événements en confiant son désarroi à quelques journalistes privilégiés en compagnie de Lucien Aimar, l'ex-vainqueur du Tour 66, qui refaisait son apparition sur le Tour.

« Les gars sont déboussolés, confiait Michel Gros, ils évoluent dans un monde irréel. » Il montra les chambres encore illuminées à cette heure tardive de la nuit. « Ils n'ont pas réalisé. Tu comprends toute l'année ils sont adulés, encouragés, protégés, on les guide, on les soigne, et là subitement le ciel leur tombe sur la tête. » Silence. Il avala une gorgée, fixa d'un regard interrogatif ses auditeurs : « C'est tout le problème du cyclisme qu'il faut revoir, sinon notre exclusion ne servira à rien. » Nouveau silence. Une autre gorgée. « Ce qui est sûr c'est que, vu les quantités, la marchandise saisie dans la voiture n'était pas que pour nous. »

Tout le reste de l'encadrement s'apprêtait à quitter le Tour, mais les coureurs voulaient au moins une dernière fois se retrouver unis, soudés. « On ne va pas se quitter comme ça », se dirent-ils, persuadés que l'onde de choc qui touchait leur équipe se propagerait très vite dans tout le peloton. Ce fut une soirée hallucinante, un repas d'adieux éblouissant, où les quelques rares « étrangers » qui assistèrent à ces bacchanales cyclistes (Henri Sannier et Agnès Pierret, alors directrice administrative de la Société du Tour) se demandèrent s'ils n'avaient pas la berlue. Les coureurs, en plein décalage avec la réalité qui les désignait du doigt comme des bannis, festoyèrent dans l'allégresse, consommèrent un nombre incroyable de bouteilles de vin et de champagne. Ce soir-là Richard découvrit la belle paire de chaussures... jaunes que son sponsor avait spécialement fait fabriquer !

« Il n'y a pas d'explication rationnelle à cette soirée. On pensait que c'était la fin du Tour et l'on a voulu s'éclater. À cet instant nous étions tous soudés, dans ces moments difficiles nous formions un même groupe. Une équipe... » La nuit fut courte. En ouvrant ses volets

Richard s'interrogea : « C'est pas possible ! Je croyais avoir fait un mauvais rêve, mais lorsque je vis les photographes perchés dans les arbres qui m'attendaient avec leurs objectifs j'ai vite compris que le cauchemar continuait. Je ne voulais surtout pas rester sur place plus longtemps. Il ne s'agissait pas de fuir, mais de quitter cet endroit où j'étais mal. Je n'imaginais pas le voyage retour en voiture jusqu'à Carqueiranne, où se trouvait Stéphanie. Six heures de trajet, au moins, à travers les routes sinueuses du centre de la France, c'était trop long. J'ai demandé à l'hôtel s'il y avait une société de transport par hélicoptère et nous sommes rentrés par la voie des airs avec mon frère Lionel qui m'avait rejoint et Dominique, un copain avec qui je m'entraîne de temps en temps. Je croyais avoir passé le plus dur. Mais le plus dur était encore à venir... »

« On va te descendre dans ta cellule. » L'ordre claqua comme les drapeaux basques coiffant sa chevauchée lumineuse dans la montée de Luz-Ardiden. Mais l'instant n'est plus à la gloire : on dégrade le quadruple meilleur grimpeur du Tour, l'homme aux pois rouges. Le voilà à poil, nu devant ses bourreaux qui dressent l'inventaire de ses affaires en lui confisquant sa montre, sa bague, son alliance, sa ceinture, sa chaîne, ses chaussures.

Mais qu'a donc fait Richard Virenque pour mériter un tel traitement ? Le voici obligé d'effectuer des flexions, nu comme aux premiers temps de la création, afin de prouver aux autres qu'il n'a rien caché entre ses fesses. Oh ! douloureuse humiliation ! Acte gratuit qui « donne à l'autre le sentiment de son infériorité, de son impuissance ».

Le roi de la montagne est au fond de son trou : une cellule aux murs ocre, de quatre mètres carrés, pas plus, d'où monte une odeur infecte. Et dans cette tombe, dans ces profondeurs où l'esprit soudainement s'abandonne, Richard pleure.

Comme dans *Les Choses de la vie*, l'insoutenable roman de Paul Guimard, les images les plus chères défilent dans sa tête. Il pense à Clara, à Stéphanie, à Lionel, à son père, le compagnon de ses débuts, à sa mère. Aux sacrifices consentis pour en arriver là. Il pense à beaucoup de choses. À ce coup de fil de Michel Gros, le directeur sportif adjoint, qui l'avait prévenu : « Vous êtes tous convoqués jeudi à Lyon pour être entendus par la police. – Je n'ai pas reçu de convocation, mais j'irai », avait-il répondu.

Son frère Lionel lui avait conseillé de prendre un avocat. Il l'avait choisi, comme lui, médiatique et du Sud. La renommée et le professionnalisme de Me Collard sont unanimement reconnus, il était persuadé d'avoir fait le bon choix.

Avant de partir en voiture accompagné de son avocat réputé, il avait embrassé Stéphanie et Clara : « Ne vous faites pas de soucis, vous savez je vais rester là-bas plusieurs jours. Pour eux Virenque chez les flics ce sera la cerise sur le gâteau. Ils vont se régaler, c'est comme ça. Mais tout ira bien. Je penserai très fort à vous et puis je suis confiant. » Richard songeait à la conversation téléphonique que Michel Gros avait eu avec Daniel Baal, le président de la Fédération française de cyclisme, pour lui demander quelles seraient les conséquences de leurs éventuels aveux. « Vous serez sanctionnés », lui avait-il répondu. Richard avait été révolté par ces propos, alors qu'il venait d'apprendre à Daniel Baal que « tous les coureurs ou presque s'efforçaient d'approcher la limite du taux d'hématocrite de 50 décidé par l'UCI. Baal pensait encore que chez Festina nous étions les seuls fautifs. Dès lors je me suis promis de tout nier, se répétait Richard. Je ne voulais pas payer pour tout le monde ».

Sur la route plusieurs pensées l'avaient tourmenté : qu'est-ce qui l'attendait à Lyon ? Il se doutait bien que les policiers useraient de leur pouvoir. Mais jusqu'où seraient-ils capables d'aller ? « Me mettre en prison ? Bah ! Ils feront leur métier. Et moi je veux rester confiant. » Il resta au total trente heures en garde à vue.

13 h 30 à l'hôtel de police de Lyon, rue Marius-Berliet : les neuf coureurs de Festina sont ponctuels au rendez-vous, droits comme des « i », alignés comme pour la présentation de l'équipe sur le podium du Tour. Le commissaire Romuald Muller les informe : « Il est 14 heures, messieurs, à partir de maintenant vous êtes en garde à vue. Toutes les 24 heures vous pourrez bénéficier de la visite d'un médecin qui vérifiera si tout va bien. Votre séjour peut se prolonger de 24 heures en 24 heures. »

Les neuf coureurs s'étaient regardés éberlués. Une chape de plomb s'abattait sur eux. Le choc fut plus rude qu'une chute sur le macadam en pleine course. Autour d'eux une quarantaine de policiers les observaient. « Pourquoi sont-ils donc si nombreux ? » s'était demandé Richard. Il avait vite compris. Par groupes de trois les policiers choisirent un coureur pour débuter leur interrogatoire dans un bureau fermé. Richard avait suivi une femme et deux hommes « qui s'appelaient par leur prénom ». Il ignorait encore leur identité mais il se souviendrait toujours de leur visage.

Du début de l'après-midi jusqu'à 20 heures ou 21 heures, il ne se souvient plus exactement, il subit le feu incessant des questions des policiers. « Quelquefois ils s'énervaient, élevaient la voix, cherchaient à me pousser à la faute. Moi je rétorquais, je m'énervais également, je savais gueuler aussi fort qu'eux. » Un vrai match de boxe. « Avoue que tu te dopes. Tu sais tout. Tu as bien vu tes copains le faire aussi. Ils ont tout reconnu. Ton nom est sur le carnet de Willy Voet. Tu es cuit. Allez, avoue. »

« Les policiers voulaient que je fasse comme les autres, que je raconte ce que j'avais vu sur mes copains. Ils croyaient que le vélo c'était, pour les pros, l'occasion de se réunir dans une chambre, tous ensemble et de se piquer, de prendre des produits magiques et de pédaler. Mais le vélo, je leur ai dit, je leur ai expliqué, ce n'est pas ça : c'est très exigeant, chacun travaille avec un docteur, c'est très personnel. »

« Ils me disaient que j'avais commandé des produits, moi je répondais toujours la même chose, fatigué de me répéter inlassablement. Eux ils revenaient à la charge, inépuisablement. Je leur martelais : “On verra bien le résultat des analyses”, mais ils insistaient toujours... »

Dans ces moments pénibles, Me Collard n'était pas là pour souffler les réponses à Richard. Contrairement à ce qui a été dit, écrit et répété, c'est Richard seul qui a pris la responsabilité de répondre par la négative. D'ailleurs il n'avait jamais eu l'impression de se doper, il avait recours « à la récupération », comme les autres coureurs. Me Collard avait la charge, à ce moment-là, de trois coureurs de Festina : Richard, bien sûr, mais également Pascal Hervé et Laurent Brochard. Sur ses trois clients deux ont toujours nié jusqu'au procès Festina en octobre 2000, Richard et Hervé, et Brochard a avoué s'être dopé devant les policiers. Jamais Me Collard n'est intervenu dans cette stratégie, c'est là le seul choix des coureurs. Dès le premier jour Richard Virenque avait délibérément pris cette position. Au moment où Me Thibault de Montbrial, l'avocat choisi par Bruno Roussel, l'appela sur son portable, avant l'exclusion, et lui dit : « Vous n'avez pas le choix. Vous ne pouvez plus gagner. Il faut quitter le Tour dans la dignité et vous préparer à être entendu par la police », Richard eut cette réponse : « Mais j'ai jamais rien pris [1] ! »

« Avoue, les autres sont dehors, libres, ils ont tout balancé. »

Par moments les deux hommes et la femme qui l'interrogeaient lui témoignèrent une certaine admiration, du respect pour son métier, de l'estime pour ce qu'il représentait. D'autres fois, « ils me traitaient comme n'importe quel criminel. Je pense qu'il s'agissait

1. L'anecdote est reprise dans le *Dossier Festina*, un livre écrit par Nicolas Guillon et Jean-François Quénet, éditions Solar, pourtant pas tendre envers Virenque !

d'une tactique pour m'impressionner, pour mieux me faire craquer. Moi je n'avais qu'une idée · en finir au plus vite... ».

Le chaud et le froid. Le rouge et le noir, Richard lui se souvenait des ascensions et des descentes. C'était un peu pareil...

Dans sa cellule il revoit les ciseaux du policier qui lui a coupé des mèches, « par poignées, sans se soucier de la coiffure », pour le besoin d'examens capillaires. Il sent l'aiguille lui piquer la veine pour retirer la contenance d'un grand verre de sang, toujours pour des examens complémentaires. Cheveux, sang... Il a également uriné pour se soumettre à tous les contrôles souhaités par la police et la justice. Il lui semble qu'un peu de lui-même lui échappe, qu'il ne s'appartient plus : on le vide !

Il fait chaud. Très chaud. Le béton de ce cube irrespirable est trop dur. Pas facile de s'allonger pour tenter de sommeiller un peu. Richard frappe à la porte de sa cellule et demande une couverture. Il l'étend sur la dalle inconfortable et se couche. Au plafond une lumière aveuglante le maintient éveillé, relayée par le bruit insupportable de la ventilation. Tout est conçu pour stimuler, pour empêcher le repos réparateur.

La cellule grignote les dernières énergies de son hôte.

Combien de temps le leader des Festina s'est-il assoupi ? Deux heures, trois ? Il ne sait pas exactement. « Le plus dur c'était, peut-être, de ne pas avoir de montre et d'ignorer l'heure. On perd la notion du temps. » Soudain, en pleine nuit, la porte s'ouvre. L'inspecteur de police qui l'a interrogé est à nouveau face à lui et le questionne : « Vous avez changé d'avis ? Les autres sont sortis et ont avoué. Si vous faites la même chose vous sortez tout de suite... – Non, je maintiens mes dépositions. »

La porte se referme. La nuit est encore longue. Une nuit cauchemardesque. Les images du café Gilou, de ses espoirs envolés, de sa famille, encore et toujours défilent. Richard est bien seul. À sa façon il prie. « Dans ces moments très difficiles on essaie de s'accrocher à tout ce que l'on croit ou que l'on pense bon. »

Quelle heure peut-il être exactement ? 6 heures du matin ? Richard fixe la lumière, épie les quatre murs qui l'enferment dans ce box irréel, coupé du monde, écoute le souffle infernal du ventilateur et tape à la porte pour demander un verre d'eau. « Quelle heure est-il ? – 4 heures du matin. » La porte se referme froidement. « Je n'avais qu'une hâte, qu'un désir, celui de reprendre au plus vite l'interrogatoire et d'en finir. Partir de là. »

À nouveau la porte s'ouvre. Cette fois-ci Richard comprend qu'il se passe quelque chose. Les hommes en uniforme présentent un visage chiffonné, mafflu. Ils lui font part de leur dégoût, de leur honte, ils ne sont pas d'accord avec le traitement qu'il subit comme un violeur d'enfant, un tueur de grand-mère, lui, que les jeunes et les mamies, habituellement, applaudissent, à qui ils racontent leur vie dans des lettres câlines. « Je les voyais face à moi, je les sentais mal dans leur peau, mais ils ne pouvaient rien faire pour améliorer mon séjour. Simplement me manifester ces quelques secondes d'estime. Je ne leur en veux pas. Ils ont fait leur métier. Moi je ne pensais qu'à une seule chose : que le jour se lève bien vite, que l'interrogatoire reprenne. » Et la porte claque.

Le lendemain matin les deux policiers qui cuisinent Richard viennent le chercher. Ils le conduisent à la cafétéria, où ils lui offrent un café et un croissant. « C'était sympa, il y avait là tous les inspecteurs qui se retrouvaient avant de commencer leur journée. Je crois qu'ils voulaient montrer à leurs copains que c'étaient eux qui m'interrogeaient. » Puis le trio prend la direction du bureau et le supplice reprend, du matin jusqu'à 15 h 30 environ. Un feu de questions non-stop, une avalanche de suppositions, un bombardement d'accusations. Richard répond, répète, reprend, se défend. Il nie toujours s'être dopé. Il ne veut pas reconnaître l'évidence. Au fond de lui-même il sait que le jour de ses aveux viendra. Mais en attendant il s'accroche à cette idée que jamais il ne voulut tricher, que ce n'était pas sa démarche, sa conception du vélo. Comment l'expliquer ? La délivrance le libérera tardivement, le jour du procès.

Pascal Hervé arpente déjà les allées extérieures du commissariat. Tous les autres coureurs de Festina sont également libres. Mais Richard est seul face à ses trois policiers : toujours les deux hommes et la femme. « Si tu avoues tu sors. » Une nouvelle fois il reste sur sa position. « Ils m'auraient certainement encore interrogé pendant des heures jusqu'à ce que j'avoue mais à un moment la femme leur a expliqué que ça suffisait. Elle a eu pitié de moi. Elle les a raisonnés. Grâce à elle, les deux autres ont également admis mon discours et j'ai pu sortir. »

Dehors la meute des photographes attend l'apparition du champion. Ils font leur boulot et battent la semelle depuis des heures pour fixer sur la pellicule l'image de celui qui va bientôt symboliser à lui seul l'affaire Festina.

Mais Richard avait besoin de rentrer chez lui, où l'attendaient Stéphanie et Clara. Il avait hâte d'échapper à ce monde qui le traquait comme une bête blessée. Avec la complicité bienveillante des policiers il quitta l'hôtel de police à la dérobée et rejoignit sa voiture à l'aéroport de Satolas. Deux photographes qui avaient repéré sa voiture le guettaient. Un bruit répétitif, semblable à une décharge de mitraillette, l'atteignit en plein cœur. Il quitta Lyon tout seul pour foncer rejoindre sa famille. Pendant quelque temps encore le tir nourri des images volées résonne dans sa tête. Il était coureur cycliste. Il voulait le rester.

Clara lui manquait.

9

Verbruggen descend dans l'arène

Le Tour 98 poursuivait sa route, cahotant, comme un moteur tourne sur un seul cylindre. Il boitait. Allait-il vaciller ? Le Tour s'enfonçait, mais sans Richard. Il avait rejoint son domicile à Genève, et constatait, désemparé, l'ampleur des dégâts.

« Le Tour aux arrêts » : ce jeudi 30 juillet sur huit colonnes ce titre barrait la une de *L'Équipe*. On y voyait Rodolfo Massi [1] (pas encore mis en examen) aux côtés de Laurent Jalabert, ceint de son maillot de champion de France, avant de quitter définitivement le Tour. On ne le savait pas encore, mais on ne reverrait plus « Jaja » en France pour un long moment. Il était écœuré par l'attitude de la police et l'acharnement médiatique. On y voyait Bjarne Riis, lequel deviendrait le manager de Jalabert au sein de la nouvelle équipe danoise CSC World online en 2001, en grande discussion avec Jean-Marie Leblanc. Riis qui abandonna le cyclisme en l'an 2000, dans un climat de forte suspicion concernant sa

1. Coureur de l'équipe Casino, Rodolfo Massi portait le maillot du meilleur grimpeur et était 7e au classement général, à 12'15" de Marco Pantani.

victoire dans le Tour 96, après les révélations de la télévision danoise. On y voyait Ullrich assis sur la chaussée de Saint-Jorioz au kilomètre 33 d'une étape qui faillit sonner la fin du Tour. Assis comme les autres coureurs qui avaient décidé de manifester leur ras-le-bol devant les interrogatoires et les perquisitions.

Personne ne se doutait alors que l'enquête ne faisait que commencer, qu'un an plus tard rien ne serait réglé et que le juge Kieil en charge du dossier provoquerait encore de nombreux remous en plaçant le président de la Fédération française, Daniel Baal, et le président de la Ligue, Roger Legeay, en examen. Personne ne se doutait que dans le VTT également cela tournerait mal, comme l'affirmera plus tard Jérôme Chiotti [1]. Seul Jean-Marie Leblanc fut épargné, comme si le Tour devait ainsi être protégé. Même Hein Verbruggen, président de la puissante UCI (Union cycliste internationale), rencontra à son tour le juge. Pour lui expliquer...

Sur la une de *L'Équipe* on voyait également l'équipe TVM, fortement suspectée de dopage, franchir la ligne, le soir à Aix-les-Bains, en levant les bras en signe de victoire. Mais une victoire sur qui ? Sur quoi ? Une victoire sur le dopage ? Provocations ? TVM était dans le collimateur du juge tout comme Festina. Un an plus tard, en 1999, Jean-Marie Leblanc lui interdira de prendre le départ de la Flèche wallonne et du Tour. Mais en attendant TVM était toujours dans le Tour 98. Et si le cyclisme à deux vitesses avait commencé ce jour-là ?

1. Dans une interview au magazine *Vélo vert* de mai 2000, Jérôme Chiotti avait reconnu prendre de l'EPO.

Le jour de cette étape de la grogne et de la rancœur Richard s'était exprimé sur France 2, dans le journal de Daniel Billalian. « C'est triste ce qui est arrivé sur le Tour aujourd'hui mais ce que nous avons vécu il y a dix jours, c'était autre chose et personne ne s'en est soucié.

« – Vos équipiers ont avoué et vous non ? questionna Bilalian.

« – À ma connaissance vous n'étiez pas avec moi lors de mon interrogatoire. J'ai parlé. Si les policiers m'ont relâché c'est qu'ils avaient des indices. » Et il ajouta : « Que la police fasse parler les vingt-deux directeurs sportifs. Que tout le monde soit traité de la même manière et on verra le résultat... »

Son visage défait traduisait un profond malaise, une grande déception. « J'étais au bout du rouleau – pas totalement au bout puisque l'affaire a encore duré et j'ai pu y faire face – et les questions de Billalian étaient vraiment agressives. Il me rentrait dedans. C'est dans des moments comme cela que j'ai manqué de sang-froid pour éteindre l'incendie. »

Dans l'après-midi, il avait eu ces mots : « Que les instances de l'UCI, les directeurs sportifs, les coureurs établissent une table ronde et mettent tout à plat. Il faut que les règles soient claires, que les contrôles soient crédibles, cela ne me gêne pas. J'ai toujours eu le taux d'hématocrite inférieur à 50 % et je l'ai dit aux policiers. »

Plus de deux ans plus tard, lors du procès Festina à Lille, Richard tiendra à peu près les mêmes propos. Mais cette fois-ci il sera entendu... sans que les choses changent vraiment. Il n'avait pas attendu l'explosion de juillet 1998 pour s'exprimer sur le sujet. Dans *L'Équipe magazine* du 28 février 1998, en début de saison donc, il confiait à Philippe Brunel : « Depuis qu'il y a les contrôles j'ai progressé d'un ton. Je suis là dans les temps forts de la course. Il en faudrait davantage car plus ce sera sévère, mieux je me porterai, mais c'est une question de moyens financiers [1]. »

Comment expliquer que la suspicion, à cette époque, se soit exercée uniquement sur Virenque, alors que le cyclisme dans sa globalité cachait son jeu ? Feignait-on de l'ignorer ou l'ignorait-on vraiment ? Durant le procès Festina les instances cyclistes ont été visées, on leur a reproché leur passivité. Mais une certaine presse, souvent spécialisée, n'a-t-elle pas entretenu l'ignorance au lendemain de l'été 1998, et durant de longs mois, en focalisant son intérêt sur Virenque, en tirant sur le lampiste et sur lui seul ? Pantani aux prises avec les mêmes problèmes, exclu du Giro 1999 pour un taux d'hématocrite bien supérieur à 50 % (contrairement à Virenque), n'a pas provoqué le même défoulement dans les colonnes des journaux, alors que la justice italienne s'acharnait sur son cas, que les preuves l'accablaient depuis la révélation d'un taux d'hématocrite à 60,1 % découvert lors des examens médicaux effectués après son accident dans Milan-Turin le 18 octobre 1995.

Le pilonnage médiatique, quelquefois aveugle, fut orchestré par les marionnettes des Guignols sur Canal

---

1. Les contrôles antidoping sont financés par le ministère des Sports. Chaque flacon analysé par les laboratoires spécialisés est facturé 345,60 euros (2 267 francs) environ, indique le docteur Jean-Pierre de Mondenard. À titre indicatif, le budget de la lutte antidopage est passé de 3,5 millions de francs en 1987 à 125 millions de francs en 2002.

Plus. Chaque soir, comme dans un feuilleton TV de mauvais goût, Richard fut la cible des humoristes de la chaîne cryptée. Ils ne manquaient pas de talent, et certains sketches furent même excellents, mais la répétition, le matraquage quotidien devenaient injustes, inacceptables, surtout lorsque le sujet abordé ne concernait pas le cyclisme. Dans *Le Figaro littéraire* [1], Christophe Mercier s'insurgeait : « La France est le seul pays démocratique où les électeurs élisent une marionnette star et où une autre marionnette démolit l'image d'un des sportifs français les plus populaires. Il n'est pas séant qu'un sportif, un artiste, soient ridiculisés de façon systématique et mesquine sur des travers qui ne relèvent pas de leur métier. Ça relève de l'attaque *ad hominem*, façon Action française, et l'on avait toujours considéré jusque-là que ce n'était pas glorieux. »

Dans ce concert médiatique des attaques et fausses informations on n'avait pas encore tout vu. Mardi 1er septembre, 18 heures : le téléscripteur d'une agence de presse diffuse une dépêche ressentie comme une bombe dans le petit monde cycliste. « Virenque a avoué avoir absorbé des produits interdits. »

Immédiatement l'info est annoncée, répétée, commentée... Mais l'information est fausse ! Jamais Richard n'a tenu de tels propos. Il dut les démentir. Qui a faussement renseigné l'agence ?

« Je vis dans l'angoisse du lendemain, dans le souci des attaques qui vont me tomber dessus. Il y a plusieurs façon de retranscrire ce qui se passe et j'ai la crainte que cela soit fait à mon désavantage. »

1. Du jeudi 4 janvier 1999.

Un quotidien prétendit que Richard se trouvait à Monaco pour négocier son contrat avec Festina alors qu'il assistait chez lui dans le Var à l'assemblée générale de son club de supporters où la presse locale put le photographier au milieu de ses fans avec Stéphanie et Clara.

Dans *Mauvaises pensées et autres*, Paul Valéry résuma merveilleusement ce sentiment d'injustice qui habitait Richard : « Ceux qui voient les choses trop exactement ne les voient donc pas exactement. »

Le pilonnage médiatique se traduisait également par une énorme animosité, un ton très belliqueux dans certains articles. Les tirs se recentrèrent sur sa vie, sa famille et plus seulement sur l'affaire Festina. Dans un tissu de mauvaise foi Claude Droussent signa pour *L'Équipe magazine* [1] un papier, bien loin de l'esprit sportif, intitulé : « Docteur Richard et mystère Virenque » illustré par un dessin représentant Richard et son maillot Bêtina, sur lequel le nom de Sibille, sponsor du champion varois, devenait Debille. Seul Peugeot conservait son prestige. Et que lisait-on dans ce reportage au style de procureur ? Ceci : « Richard Virenque agit depuis comme s'il mélangeait tout, le vrai et le faux, l'essentiel et le superficiel, l'aspirine et l'EPO. [...] Il a négocié pied à pied avec les fournisseurs de son mariage. [...] Sa négation obstinée du dopage depuis juillet a-t-elle brisé l'idole du Tour ? »

Richard n'a pas digéré ce texte au vitriol. « Cela m'a fait mal, parce que l'on ne parlait pas de vélo, mais on me salissait. »

Pourtant un an avant, le 2 août 1997, ce même journaliste écrivait dans un éditorial titré : « Entre le cœur et la

1. Du 24 octobre 1998.

raison, Richard Virenque », ces lignes dignes du plus accroc de ses supporters : « Je vais écrire à Jacquet. Chez les Bleus, c'est les Festina qu'il lui faut, Virenque en numéro 10. »

Le tir nourri se poursuivra sur le même ton. Le magazine *VSD* lui décernera le gland d'or... Après Jacquet assassiné avant son triomphe, Virenque devenait la victime expiatoire sur l'autel du dopage et, surtout, une cible à la mode. Ainsi pour les journalistes écrire à contre-courant de cet acharnement, à cette époque, était passible d'incompétence ou de complaisance !

Comment ne pas évoquer ici ces confidences de Jean-Marie Leblanc [1] sur ce sujet : « Il n'existe pas une pression qui soit plus terrible que la pression de la presse. Contre elle, contre cette machine, contre cette puissance, les hommes perdent toujours ! Les politiques perdent, les coureurs perdent, et, bien sûr, les organisateurs perdent aussi ! [...] Il m'arrive encore de m'élever contre des critiques que je juge injustes, mensongères ou non fondées ! Mais je soulève là, sans doute, un trop long débat : qu'est-ce qu'un journaliste bien informé ? » Il dira encore : « Au moins dix fois, durant le Tour de France 98, j'ai pensé, en entendant certaines déclarations : Quel métier de salauds ! Pourquoi ? Parce que j'avais mal ! J'avais mal et je ne supportais plus les à-peu-près véhiculés par la presse. »

Quelques voix s'élevèrent dans la presse française, dans le domaine scientifique et chez les écrivains amoureux du vélo, pour dénoncer ce que Cyrano imageait

1. Dans *Jean-Marie Leblanc, gardien du Tour de France*, confidences faites à Christophe Pénot, éditions Cristel.

ainsi : « On peut être pendu sans corde. » Parmi ces défenseurs, le chevalier Christian Laborde dans une chronique pour *Top Vélo* écrit : « Des policiers aux donneurs de leçons, des douaniers aux humoristes, tous auront passé l'été et l'automne à chercher des poux dans vos cheveux jaunes, à ricaner tandis que les journaux vendaient du Virenque au tapis, comme ils avaient vendu, deux ans durant, du Virenque au firmament. Vous avez pris des coups, Richard ! Eux n'ont jamais cessé d'encaisser. Moi qui suis un ours traînant dans l'Aubisque avec mon stylo encre et mes roues Corima je vous dis : Bravo ! Bravo parce que vous avez tenu. Tenu dans Courchevel et tenu en garde à vue ! »

Les accusations répétées de Willy Voet, et de son avocat, déversaient systématiquement de l'huile sur le feu de l'affaire. « Ce qui me faisait mal, c'est qu'il se plaçait devant l'opinion publique et qu'il brandissait ses carnets pour me rentrer dedans. J'étais sa cible, le coureur le plus médiatique et je devais payer. D'un autre côté la presse voulait se servir de moi pour relancer des polémiques. Toute personne qui déblatérait sur moi devenait crédible, intéressante. Un grand magazine people a même proposé une somme d'argent faramineuse, plus d'un million et demi de francs, à mon frère afin qu'il raconte des choses sur moi. C'est inimaginable ! »

Ce déluge de mots, ce torrent boueux d'allusions et de perfidies brisa la digue protectrice de Richard ; touché au cœur il choisit désormais le silence et se renferma dans l'espoir que le cauchemar finisse bientôt. Il attendait secrètement le résultat de ses analyses. Elles le dédouaneraient.

« Le Tour aux arrêts. » En ce jeudi 30 juillet *L'Équipe* posa donc clairement la question dans sa page 3 sous la signature de Philippe Bouvet : « Qui veut tuer le Tour [1] ? » Et cette petite phrase, qui prend tout son sens, au moment d'évoquer les analyses de Richard : « Si la police a les moyens de démontrer sur une prise de sang ou une mèche de cheveux que quelqu'un s'est dopé pourquoi donc, alors, les contrôles antidopage sont-ils restés inefficaces depuis trente ans ? » Et Jean-Michel Rouet d'écrire fort justement : « Trop c'est trop. Aucune corporation n'aurait accepté de subir ce que les coureurs cyclistes endurent dans ce Tour. Souvenez-vous, par exemple, de l'émoi d'Aimé Jacquet et de ses futurs champions du monde après le contrôle antidopage pratiqué lors de leur rassemblement d'hiver à Tignes, une affaire pourtant insignifiante comparativement à celle-là. Comment accepter qu'Alex Zülle, Laurent Brochard ou Richard Virenque aient été traités comme des braqueurs de banque, mis à poil, humiliés ? »

Que peut réellement révéler une mèche de cheveux ? Pour le Dr Pascal Kintz, responsable du laboratoire de toxicologie de l'Institut de médecine légale de Strasbourg,

1. De nombreux journalistes ont eu la certitude que l'affaire Festina était en fait un règlement de comptes entre le gouvernement de gauche (et son ministre des Sports, qui voulait mettre en place la loi Buffet et lutter plus efficacement contre le dopage) et la société Amaury, actionnaire de *L'Équipe* et du Tour, qui avait soutenu Jacques Chirac lors de l'élection présidentielle de 1995. Une rumeur que confirme Bruno Roussel dans son livre *Tour de vices* (p. 113), ajoutant que c'était « une équipe au sponsor espagnol, dépourvue de tout appui politique pour avoir son siège en Andorre » (Hachette Littératures).

spécialisé dans ce genre de recherches, « il n'existe pas de procédé de détection dans le cheveu des substances hormonales comme l'EPO ou l'hormone de croissance [1] ». Dès lors l'utilité des prélèvements capillaires par les policiers restait à démontrer, alors qu'ils n'étaient pas en vigueur dans les contrôles antidopage du Tour.

Richard ne se posait pas ce genre de question en écoutant le juge Keil lui révéler les résultats de ses analyses effectuées lors de sa garde à vue. Il savourait chaque donnée : aucune trace de produit interdit, pas d'hormone de croissance, d'amphétamines, d'anabolisants, de corticoïdes, d'EPO ou de produits masquants. « Mon taux d'hématocrite normal est de 45, voire 46 ou 47, cela dépend si je suis en forme ou pas, ou 44 si je suis fatigué. Lorsqu'ils m'ont fait les analyses durant la garde à vue le taux était remonté à 49, tout simplement parce que lorsqu'on fournit des efforts pendant plusieurs jours et que l'on stoppe ensuite (comme c'était mon cas en quittant le Tour), le taux remonte avec la récupération. Moi j'étais à 47 quand j'ai quitté le Tour, cela est vérifiable puisque j'avais subi des analyses deux ou trois jours avant l'exclusion. Cinq jours plus tard j'avais un taux de 49 soit deux points de plus ce qui était normal. Cela tout scientifique, tout docteur peut facilement l'expliquer. »

Ces analyses, pensait-il, montraient clairement qu'il était bien en dessous du seuil d'hématocrite, fatal, de 50. Elles étaient conformes aux règles et exigences imposées par l'UCI, la grande institution qui régente le cyclisme mondial. Elles n'établissaient donc pas sa culpabilité. Virenque n'avait jamais eu l'impression de tricher en res-

1. Dépêche AFP.

pectant les normes, en total accord avec le médecin de l'équipe. Nous étions le vendredi 27 novembre 1998. Cinq mois plus tard, *L'Équipe* remettait le sujet sur le tapis avec un titre accrocheur : « Ce rapport qui accuse Virenque [1]. » Cette fois-ci c'en était trop et une plainte pour diffamation était directement envoyée !

Dans cet article on évoquait pourtant l'éventuelle possibilité d'un phénomène de *feed-back*, c'est-à-dire d'une prise antérieure d'EPO. Une vraie bataille d'experts. Sur ce point Richard se défendait, toujours avec obstination. « On a démontré scientifiquement qu'un taux de transfferine supérieur à 10 mg/l correspondait à une prise d'EPO et qu'un taux inférieur à 10 n'entraînait pas la conclusion de prise d'EPO. Moi j'avais 4,4 mg/l. Ces analyses que j'attendais impatiemment apparaissaient comme le premier rayon de soleil dans le tunnel sombre où l'on m'avait jeté. Et pourtant on a dit que j'avais payé pour qu'elles soient trafiquées. C'est à ce moment-là que toutes les équipes m'ont tourné le dos [2]. »

Richard s'engageait sur une mer de plus en plus démontée. Où diable a-t-il puisé tant de ressources, de force morale, d'énergie pour résister ? Il dit qu'il a mûri, il a tiré dans cette épreuve les motivations de son retour. « J'ai toujours pour habitude de penser aux mauvais moments pour faire mieux. Lors de mes entraînements je ne rêve pas à mes victoires sur le Tour mais plutôt aux contre-performances, aux domaines où je dois m'amélio-

1. *L'Équipe* du mardi 20 avril 1999.

2. Plus tard, Richard sera mis en examen par le juge Keil, non pas sur la teneur des analyses mais pour d'autres motifs purement juridiques évoqués dans le chapitre 11 : « Dans la tourmente du docteur Mabuse ».

rer. » Depuis il sélectionne ses interviews, choisit ses amis. Il a appris à se méfier. « Mûrir, mourir ; c'est presque le même mot », constatait Hugo.

« Puisque le Tour 98 l'a viré, il disputera la Vuelta ! » Lionel, le frère dévoué et compréhensif, préparait déjà la suite de la saison. Auprès de Richard il travaillait le terrain, tentait de lui présenter de nouveaux défis, pour le motiver. Avec tact. La Vuelta en septembre pour clore la saison 98 des courses à étapes, puis le Mondial de Valkenburg en octobre et son parcours plutôt vallonné, tombaient à pic. La revanche secrètement attendue, fortement souhaitée, se présentait alors même que le Tour 98, secoué par d'autres affaires, voguait à la dérive. Le bateau prenait l'eau de toute part, on avait retrouvé des seringues dans un champ de Corrèze, les fouilles se multipliaient, les coureurs mettaient pied à terre menaçant d'abandonner le Tour, et les équipes espagnoles quittaient le navire. On ne reverrait plus, en France, l'année suivante, Jalabert numéro 1 mondial.

La Vuelta, une seule fois Richard l'avait déjà disputée, en 1995, terminant 5e au classement général. « Je voulais finir la saison 98 en beauté. Je me sentais en parfaite condition physique. Jamais je n'avais été si bien à cette époque de l'année. »

Ça sentait la « faim » de saison...

Mais la Vuelta, poursuivie à son tour par les affaires, évolua sur des braises. C'est à ce moment que *France-Soir* [1] publia de larges extraits des auditions des coureurs

1. *France-Soir* du lundi 7 septembre 1999.

de Festina repris le lendemain par *L'Équipe* avec ce titre énorme : « Accablant [1] » au-dessus de la photo de Richard en pleine page. Pan dans le mille ! Le voici touché à nouveau en plein Tour d'Espagne, alors qu'à la lecture des fameuses « révélations » rien de nouveau n'apparaissait à son sujet.

« À partir de là, sur la Vuelta j'ai été quotidiennement harcelé. J'étais très tendu. J'avais voulu disputer ce Tour d'Espagne pour évacuer tout le stress de juillet, et tout était fait, une fois de plus, pour me déstabiliser. »

L'incendie reprenait, au seul nom de Virenque il redoublait de violence, s'étendait, comme attisé par un jet d'essence. Virenque sur le bûcher !

Ils l'espéraient au travers des titres enflammés, des commentaires le livrant à la vindicte publique. Au gibet le roi Richard, il devait payer, mourir sur la potence où il s'arc-bouta dans le contre-la-montre de Saint-Étienne, jusqu'à vider son corps de toute son énergie pour résister à Ullrich. On voulait le brûler, lui, le flambeur, le cramer, le cautériser... Cauteret ! Là-haut il avait aussi souffert de la fournaise, échappé aux lance-flammes des supporters de Miguel brandissant l'ikurrina, le drapeau basque, mais il volait, il dansait sur le goudron incandescent. Regardez-le fendant sa chevauchée vers Luz-Ardiden, Luz, la lumière et le gaz, il soufflait la braise. Virenque avait pris feu, il décollait, appuyait sur le turbo. Ce feu d'artifice il l'offrait à ses milliers de fans, Hautacam, Arcalis, L'Alpe-d'Huez. De ces hauts-fourneaux s'échappait un message indien favorable au grimpeur tatoué de pois rouges : « Laissez-le pédaler, c'est sa voie... »

1. *L'Équipe* du mardi 8 septembre 1998.

Une nouvelle fois on le stoppait net, en pleine Vuelta. L'UCI avait d'ailleurs voulu le priver de la Vuelta, avec ses équipiers. Mais au nom de quoi ? La grande dame qui règne sur le cyclisme mondial, s'exposant à une riposte judiciaire de la part des coureurs, renonça à cette punition. Plus tard, en juin 1999, les organisateurs du Tour franchirent le pas en déclarant qu'« il n'était pas le bienvenu »...

Hein Verbruggen, le patron du cyclisme mondial, décida de descendre dans l'arène. Il vint sur la Vuelta 1998 et approcha Richard. « Il voulait trouver une solution. Il a essayé de me raisonner, de me conseiller pour que le feu s'éteigne. Plus tard, lorsque j'ai été sans équipe, il a voulu m'aider pour qu'une formation me reprenne. Il pensait que je ne devais pas quitter le vélo et cela m'a touché. Mais j'étais toujours sans solution. »

Son frère Lionel et son agent, Didier Girard, avaient déjà rencontré Verbruggen à Lausanne au siège de l'UCI. Ils intervenaient alors en missionnaires, chargés d'ouvrir un dialogue avec les autorités, pour tenter d'apercevoir une mince lumière, éclaircir enfin le brouillard opaque d'une affaire dont ils ignoraient encore, à cette époque, qu'elle rebondirait comme un galet malmené sur les eaux d'un torrent, celui du dopage généralisé.

Mais que pouvait bien leur dire le président de l'UCI ? Sa position se limitait, explique Lionel, à un constat : « Sur une autoroute la vitesse est limitée à 130 km/h. Certains automobilistes sont pris au radar à 150 km/h, d'autres à 180 ou 200 km/h. Ce ne sont pas forcément les tricheurs qui roulent vite, mais la loi et la vie sont ainsi faites... » Festina avait été prise dans la tourmente. Un immense ressentiment s'emparait alors de Richard. Il ne pouvait pas accepter ces arguments. Il était seul contre tous. Cela, il l'avait saisi depuis le jour où « l'affaire » avait éclaté...

« Accablant » avait titré *L'Équipe* ! On y lisait notamment la déposition d'Alex Zülle. « Dans mon équipe [la Once] cette pratique de l'EPO s'opérait de la même manière sous le contrôle du Dr Terrados... »

Zülle, soudainement montré du doigt, occupait alors la 38e place au général. Car Zülle est sur la Vuelta 1998 aux côtés de Richard, lequel est entouré de Laurent Brochard, Pascal Hervé, Laurent Dufaux, Didier Rous, Marcel Wüst, le sprinter, Gianluca Bortolami, José Ramon Uriarte et Felix Garcia-Casas. L'équipe Festina reformée, « j'avais même l'impression que nous étions encore plus soudés », à l'avenir encore incertain, découvrait sur ce Tour d'Espagne son nouveau directeur sportif, Juan Fernandez, successeur de Bruno Roussel. Au Tour de Burgos, déjà, en août 1998 après l'exclusion du Tour, cette équipe de copains s'était retrouvée, toujours unie. Elle espérait prolonger cette atmosphère, revivre l'ambiance des jours heureux. Comme avant. Il n'était pas encore question de la future saison et du renouvellement des contrats, sabrés à la baisse pour Richard et ses potes alors que la société Festina annonça dans un communiqué que sa courte participation au Tour 98 lui avait tout de même rapporté gros [1].

1. Les dirigeants du groupe horloger expliquaient dans un communiqué que la « publicité avait été durant ce Tour plus positive que négative. Un succès sensationnel provoqué par un effet chic et choc... ».

Richard résistait. Il ne voulait occuper ses pensées qu'avec la Vuelta où il avait préparé les sprints pour Marcel Wüst (vainqueur de la 14e étape, Biescas-Saragosse, et de la 17e étape, Burgos-León) et s'était remis dans le bain. Il se rassura lors de l'étape de montagne de Laguna Nedra de Neila (5e derrière Jimenez, Jalabert, Escartin et Zülle). Il mit également toute son énergie dans le contre-la-montre de Fuenlabrada, sans doute l'un des meilleurs de sa carrière (4e derrière Zülle, Olano et Armstrong), qui passa pourtant assez inaperçu ! Il tentait de remonter la pente, d'échapper aux doutes.

Un climat malsain s'installait de jour en jour. Richard ignorait encore que huit mois plus tard, il prendrait le départ du Giro 99 bien plus abattu, anéanti par une succession d'auditions, démontrant par la suite un tempérament et un courage exceptionnels pour finir le Tour d'Italie à la 14e place. Il termina finalement la Vuelta à la 11e place (à 13'33" d'Olano). Elle s'était disputée dans une ambiance délétère et tendue. Jalabert avait même traité les commissaires de l'UCI de « vampires et de néonazis » ce qui lui valut l'interdiction de disputer le Mondial !

Le vent mauvais de l'interdiction de courir, qui avait déjà soufflé avant la Vuelta, se manifesta à nouveau dans le grand prix de Plouay remporté par Pascal Hervé, à quelques jours des championnats du monde. Avec Richard ils s'étaient donné une longue accolade, ils flirtaient à nouveau avec la victoire, dans une épreuve symbolique au cœur d'une terre berceau du cyclisme, acclamés comme s'il ne s'était jamais rien passé.

Le public comprenait-il à ce moment-là que les guerriers de Festina, vilipendés par les médias, formaient la cible à éliminer, derrière laquelle on tentait de préserver tout l'édifice du dopage qui s'écroulerait quelques mois plus tard ? En effet la rumeur, bientôt confirmée officiellement, privait les coureurs de Festina de participer au Mondial de Valkenburg. « C'était pourtant l'un de mes objectifs en raison du circuit très sélectif. Cette interdiction formulée par l'UCI s'appuyait sur un nouveau règlement qui excluait tout coureur sous le coup d'une procédure disciplinaire [1]. S'ils veulent sélectionner des brouettes, qu'ils le fassent ! J'avais lâché maladroitement cette phrase, sur un ton amer, face à la presse qui m'encerclait. Je m'étais emporté, et c'est dans des moments comme ceux-là que j'ai s'en doute commis des erreurs. Mais on nous traquait, on me fusillait. »

Festina exclue du Tour voyait ses petits Français interdits de Mondial pendant que l'équipe hollandaise plaçait dans ses rangs plusieurs coureurs de l'équipe TVM [2]. Cet illogisme inspira ce commentaire à Richard : « J'étais à ce moment-là partie civile et j'avais donc accès au dossier. Je savais ce que les autres équipes avaient déclaré, les témoignages avoués aux policiers, et je constatais que les seules sanctions qui tombaient

1. Daniele Pontoni, champion du monde de cyclo-cross en 1997, fut contrôlé positif le 11 janvier 1998 lors du championnat d'Italie. Il avait été autorisé, cependant, à disputer le championnat du monde, pour défendre son titre, à Middelfort au Danemark. Il avait été par la suite reconnu positif (à la cocaïne) et condamné à six mois de suspension. Afin d'éviter que de tels cas se reproduisent, l'UCI avait donc décidé que tout coureur faisant l'objet d'une procédure ne pouvait plus être retenu dans une sélection nationale.

2. Hoffman, Voskamp, Knaven, De Jongh, membres de l'équipe TVM au Tour, furent sélectionnés dans la formation hollandaise pour le Mondial.

concernaient l'équipe Festina. Rien n'a été soulevé chez les autres formations. Je ne comprenais pas, alors que les faits étaient les mêmes, pourquoi seule l'équipe Festina recevait sans cesse des bordées... »

La veille des championnats du monde interdits aux « bannis de Festina », Lionel Virenque et Didier Girard, l'agent de Richard, aujourd'hui devenu un ami, effectuèrent le voyage jusqu'à Valkenburg, « parce que MM. Baal, alors président de la Fédération française de cyclisme, et Verbruggen, président de l'Union cycliste internationale, désiraient s'entretenir avec nous, confie Lionel. Ils avaient terriblement peur de la pression médiatique et souhaitaient trouver une solution pour calmer le jeu. » Autour de la table se trouvaient également Me Verbiest, avocat de l'UCI, Me Mauriac, avocat de la Fédération française de cyclisme, et... Me Lavelot, lequel avait proposé ses services à Lionel sous le prétexte qu'il connaissait très bien les institutions fédérales, ses règlements et ses rouages. Plus tard, au printemps 1999 Lionel tombera des nues lorsqu'il verra débarquer la police dans le cabinet de l'avocat parisien où il venait relire les épreuves du premier livre sur Richard, *Ma vérité*, consacré aux événements de juillet 1998, et qui devait paraître quelques semaines plus tard [1].

La réunion de Valkenburg – jusqu'alors tenue sous silence – ressemblait à un début d'armistice, mais rien de vraiment concret n'en sortit. « Baal, raconte Lionel, souhaitait proposer une amnistie générale, en accusant tout

1. Éditions du Rocher, 1999. Au fond de lui-même, Richard ne souhaitait pas la sortie de cet ouvrage, qu'il ne revendique pas aujourd'hui.

un système et en repartant de zéro. Les coureurs accusés auraient été suspendus huit mois, une peine ramenée à sept mois par Hein Verbruggen, comme cela s'est avéré pour les coureurs suisses [1]. » Mais c'était quelque part reconnaître la faillite d'un système sur lequel veillait le grand patron de l'UCI et dont il n'était pas forcément le grand responsable. Lorsqu'on lui reprochait en effet d'avoir fixé la limite du taux d'hématocrite à 50 % et ainsi d'avoir légalisé la prise d'EPO, ce haut dirigeant avançait une réponse en béton : « À cette époque-là il n'existait aucun contrôle capable de détecter l'EPO. Ne rien faire signifiait laisser libre la montée des périls. En limitant à 50 % (la Fédération de ski avait mis la barre à 53 %) nous réduisions les risques pour la santé des coureurs. Ce n'était qu'une étape. »

Qui aujourd'hui pourrait reprocher à Hein Verbruggen cette initiative si décriée parce que mal expliquée et largement commentée ? « Lorsque je disais : Proposez-moi une autre solution, j'entendais des critiques mais aucune proposition... »

Le futur traité de Valkenburg ne convenait pas à Richard. « Pas question que je sois condamné », répétait-il, ulcéré par tout ce qu'il entendait à la télé et lisait dans les journaux. « Je ne me considère pas comme un coupable. »

« À plusieurs reprises, confie encore Lionel, Me Mauriac, l'avocat de la fédération, m'a relancé pour me pro-

1. Daniel Baal confirme dans *Droit dans le mur*, éditions Glénat, p. 74 : « Je lance pour la première fois l'idée d'une amnistie générale. Le président Hein Verbruggen me répond : "Il faut qu'on réfléchisse." Il ne ferme pas la porte mais je sens qu'il n'est pas enthousiasmé par la proposition. »

poser, effectivement, un aboutissement satisfaisant pour les deux parties. Il aurait voulu que Richard fasse comme Pascal Hervé, qu'il accepte de s'autosuspendre en observant une période d'inactivité correspondant à une pénitence. »

« Non, non, répétait Richard. Au nom de quoi ai-je enfreint la réglementation cycliste en vigueur. Pas question que je sois condamné, pas question que je paye pour les autres. » Pascal Hervé, son équipier qui comme lui avait nié, marqua en effet une interruption d'activité volontaire, en signe de solidarité avec ses camarades condamnés [1]. Verbruggen conseilla fortement à Richard de faire la même chose. Mais pour lui cette attitude aurait alors signifié un aveu. Et il ne le voulait pas.

Son avenir, il le pressentait, s'assombrissait alors que la fin de saison approchait. Et pourtant il n'avait jamais été aussi motivé, aussi remonté pour étaler son talent, montrer sa hargne. Sur la Vuelta, malgré les « révélations » de *France-Soir*, malgré le couperet du championnat du monde, il s'était efforcé de rester concentré. Il voulait se venger sur son vélo, mais on ne lui en donnait pas les moyens ! Une fois de plus il reportait ses espérances, cette fois-ci sur les classiques de fin de saison qui s'annonçaient : Milan-Turin, le Tour du Piémont et le Tour de Lombardie.

Il se classa 10e à Turin mais dut prendre un avion le soir même pour Lille, répondant à une convocation du juge Keil. Il renonça donc volontairement au Tour du

1. Pascal Hervé a été suspendu le 1er février 2001 pour huit mois ferme mais a bénéficié d'une réduction de peine de six mois correspondant justement à son autosuspension.

Piémont qu'il avait remporté en 1996. Le lendemain, jeudi, le juge l'attendait avec Erik Ryckaert et Willy Voet dans son bureau.

Il avait défié Willy Voet du regard, lui adressant un œil noir, agressif, interrogatif : « Mais qu'est-ce que tu veux me faire ? » L'autre baissait la tête dans son coin, il ne regardait pas son ex-poulain. Était-il gêné par ses affirmations, qui se révéleront fondées, ou par l'image du champion qu'il brisait volontairement – avec l'appui de son avocat peut-être plus vindicatif que lui ?

La confrontation avait plutôt innocenté Richard.

Ryckaert avait expliqué qu'il « cassait les ampoules des produits de récupération autorisés devant Richard, avant de les lui administrer ». Et Willy Voet n'avait pas amené ses fameux carnets ! Le soigneur qui multipliait les émissions radio et télé répétait inlassablement que ses carnets contenaient de la dynamite : ils établissaient clairement la prise d'EPO de chaque coureur en fixant les dates et les doses injectées. Mais il ne les avait pas remis au juge. Dans un premier temps son avocat fit état de menaces de mort, ce qui autorisa cette remarque judicieuse de la part de Me Collard : « On peut s'interroger sur la stratégie de Me Bessis qui clame sur les ondes que les carnets sont accablants sans avoir peur, en agissant ainsi, de mettre la vie de son client en danger. »

Ces carnets furent au centre, durant encore de longs mois, d'une curiosité médiatique alimentant le feuilleton Virenque. Le premier procureur Gérard Vinsonneau estimait d'ailleurs que « le carnet saisi en juillet était suffisamment éloquent avec des noms de coureurs dont celui de Richard Virenque et les doses concernant chacun d'eux. Mais des doses de quoi, cela reste à établir... ».

L'AFP annonçait dans l'après-midi que les carnets avaient été enfin remis à la justice, mais c'était une fausse information, une de plus !

En fait les carnets furent amenés de manière théâtrale par l'avocat de Willy Voet – qui se rendit au tribunal avec un énorme sac ! – six mois après, sans qu'une seule voix ne s'élève pour mettre en cause ce procédé. Quelle valeur juridique pouvaient avoir des pièces majeures d'un dossier – même si elles se révélaient authentiques – dès lors qu'elles furent confiées si tardivement ?

Le soir même, après cette confrontation éprouvante, « pendant laquelle j'ai pensé à tout ce que Willy avait dit sur moi », Richard atterrit à Milan et partit seul s'entraîner pour préparer le Tour de Lombardie. Épuisé nerveusement, vidé, il pédalait encore mais le cœur n'y était plus.

Deux jours plus tard Virenque terminait 20e du Tour de Lombardie.

« L'affaire Festina » se transformait en « affaire Virenque », et ce n'était pas fini... Le feu, il avait pourtant appris étant gosse à ne pas jouer avec. Mais là, il ne parvenait plus à éteindre la mèche...

La sortie d'entraînement avait été plus pénible que d'habitude. Sur les routes suisses, Richard pédalait l'esprit préoccupé. La nouvelle saison approchait, la fin de l'année 1998 annonçait les fêtes de Noël et du Jour de l'an, habituellement joyeuses et pleines d'effervescence, mais lui ne trouvait pas de raison d'espérer.

Il était las.

Fatigué de se battre pour crier ce qu'il considérait comme sa non-culpabilité. C'est le choix qu'il avait fait et il s'y accrochait de toute son énergie, épuisé d'encaisser le tir nourri des attaques. Avec son frère Lionel, avec Didier son agent, ils avaient décidé de ne plus répondre aux accusations, aux provocations. Silence sur toute la ligne : c'était bien là, paradoxalement, la meilleure défense, à défaut de montrer son mépris pour cette avalanche de « on dit ». Il trouvait un certain réconfort, de temps en temps, en roulant avec Laurent Jalabert, mais l'avenir s'annonçait de plus en plus incertain. Comment continuer à boucler de longues sorties d'entraînement dans ce contexte, sans cette motivation essentielle que constitue l'accueil d'une équipe ?

Il cherchait une formation ! Un an plus tôt, dans de pareilles conditions, il n'aurait eu que l'embarras du choix, mais là, toute la lourde incertitude pesant sur l'affaire Festina le pénalisait fortement.

« Je paye cher, très cher, toute cette histoire. Savent-ils, ceux qui me dénigrent si facilement, que je suis au fond du trou ? Plus personne ne veut de moi », constatait-il avec un immense sentiment d'injustice. Il avait eu plusieurs entretiens téléphoniques avec les dirigeants de Festina, puis il s'était rendu à Barcelone pour les rencontrer mais il n'acceptait pas de brader son salaire, sa valeur marchande, tout ce qu'il avait construit au prix d'efforts, et aucun terrain d'entente ne fut trouvé. Cela n'avait pas empêché Festina de lancer une campagne publicitaire aux USA avec une magnifique photo de Virenque ceint du maillot à pois parue dans les magazines sportifs américains avec cette légende : « Festina it's about time. » Festina : c'est une question de temps ! Richard aimait bien cette marque, son patron Miguel Rodriguez, mais il devait s'y résoudre : son avenir ne passait plus par cet employeur et cela lui laissait tout de même un goût amer. Bien qu'il estimât, à ce moment-là, l'équipe en cours de composition pas assez solide pour l'épauler sur le Tour, son objectif, sa raison de vivre. Dans les négociations qui allaient s'ouvrir avec d'autres formations il placerait cette condition – une équipe forte – en tête de ses exigences.

Alors il avait fait savoir à d'autres équipes qu'il se trouvait sur le marché, libre, disponible, mais là encore il se heurtait à... son immense médiatisation. Polti, déjà, se montrait intéressée ; Mapei également, mais les tractations échouèrent toujours pour « cause médiatique ». Effectivement, jamais on n'avait encore vu pareil déchaînement pour aucun autre sportif de haut niveau. Ce phénomène inquiétait les éventuels employeurs du champion varois, qui n'avait jamais été pris sur le fait et continuait de nier. L'aboutissement encore incertain de « l'affaire » les effrayait.

La sortie d'entraînement avait donc été longue sur les routes genevoises. Comme tous les soirs – ou presque –, Richard eut une conversation téléphonique avec son frère Lionel, son confident, son conseiller. Lionel était un peu son double, et lui offrait un son de cloche familial comme au temps où tous deux jouaient ensemble au

Maroc. Ils avaient toujours été unis, mais là, dans une situation imprévisible et préoccupante, leurs liens fraternels se renforçaient. D'ailleurs, instinctivement, Lionel avait pris la barre du navire au lendemain de l'exclusion des Festina, s'apercevant très vite que les coureurs allaient évoluer dans un monde totalement inconnu – celui de la justice et de la police. Il fit face pour secourir Richard mais il joua également, à ce moment-là, le rôle de porte-parole de l'équipe Festina, investi, bien malgré lui, d'une mission de représentation et d'entraide. Pendant quelque temps MM. Giniez et Rodriguez s'adressèrent à lui directement pour éviter que l'embarcation prise dans une tempête dévastatrice ne coule définitivement !

Ce jeudi, Richard appela Lionel :

« Tu sais, je crois qu'ils veulent tous ma peau. C'est un milieu dans lequel je ne suis pas aimé, c'est clair. Mais j'en ai rien à foutre, j'en ai assez. Ils pensent peut-être que j'ai peur des affirmations de Voet, que suis soucieux de mes contrats d'après Tour, ils croient que je ne suis qu'un tiroir-caisse, mais ce n'est pas vrai et tu le sais. Écoute Lionel, j'arrête, ils vont tous se faire en... J'arrête. »

À l'autre bout du combiné Lionel écoute. Il s'attendait un peu à cette issue fatale, provoquée par une situation complètement ubuesque : le coureur le plus médiatique que tout le monde voulait posséder restait sur le carreau ! Les autres – dont Pascal Hervé, son ami, qui avait également nié – se retrouvaient au sein d'une équipe. Et s'il s'en réjouissait, par amitié, il mesurait combien son cas devenait illogique !

Mais Lionel savait aussi que l'une des raisons qui enfermaient Richard dans ce renoncement, c'était l'interprétation des résultats de ses analyses, effectuées lors de sa garde à vue, après le Tour, et dont il avait pris connaissance dans le bureau du juge Keil au début du mois (le mercredi 1er décembre).

Comment pouvait-on encore « lui chercher des poux », se demandait-il tandis que l'on ne se préoccupait pas de certaines dérives évidentes dans les autres équipes ?

« J'arrête ! »

Trois jours plus tard, le dimanche 6 décembre 1998, Lionel annonçait dans *Stade 2* : « Richard n'a pas trouvé d'équipe. Il va devoir arrêter sa carrière. »

En exclusivité pour le quotidien *La Provence* (7 décembre), il avait confié : « Si demain une équipe me tend la main, au moment où tout le monde me tourne le dos, je serai prêt à repartir et montrer de quoi je suis capable. Ma priorité c'est le vélo et faire rêver les gens. Je suis prêt à me soumettre au contrôle longitudinal (ce qu'il fera). Je suis même prêt à me soumettre à un contrôle journalier. Que les autres fassent la même chose et on verra qui sera devant. Si je me traîne, alors on pourra me taper dessus... »

L'interview effectuée par téléphone devançait de quelques heures seulement l'annonce sur *Stade 2*. À ce moment-là Richard, dans un grand désarroi moral, espérait toujours un effet d'annonce. Mais dans la soirée, après avoir assisté au film de sa carrière diffusé pendant que son frère confirmait son retrait, il accusa le coup. Tard dans la nuit, Stéphanie, son épouse, rédigea un communiqué qu'elle adressa à l'AFP : « Richard est un homme abattu, qu'on le laisse tranquille, lui et sa famille, il arrête. »

Sur le visage de Richard les larmes du café Gillou coulaient toujours.

10

La main tendue d'*il signore* Polti

« Écoute Richard, c'est moi, ton étoile, celle qui brillait dans tes yeux humides à Pau en 1992 lorsque tu as endossé le maillot jaune. Tes larmes c'étaient de la poussière d'étoile qui coulait, des paillettes de Noël, des enluminures dorées pour l'enfant en or. Et je pleurais aussi. Tu avais pris les trois maillots pour ton premier Tour. Tu n'étais qu'un baby et j'étais déjà là. Souviens-toi, Richard, tu n'as jamais oublié ce jour stellaire : le 6 juillet 1992, notre première rencontre ! J'étais encore là à Luz-Ardiden, à Cauterets, à Courchevel, à Vaujany, au Ventoux, partout où tu as décidé de briller. C'est moi qui t'ai poussé à l'assaut de tes cinq maillots de meilleur grimpeur.

« Les pois rouges sur ton dos, Richard, personne n'a compris ce qu'ils représentaient mais je vais te le dire, ces pois, Richard, symbolisent ta constellation et moi je suis ton astéroïde, ta fleur d'étoile que l'on te remet chaque soir sur le podium. Ces pois, Richard, c'est ton signe zodiacal, ta chance : tu es né pour pédaler, pour grimper aux cimes, comme lorsque tu étais enfant et que tu te hissais au sommet des arbres avec ton frère Lionel. Né pour partir à l'assaut des comètes montagneuses. Tu le dis : "Sans le vélo je n'aurais jamais eu cette maison, cette vie scintillante. Je lui dois tout. Je veux laisser une trace." Ce don du ciel c'est moi qui te l'ai donné. Tu vois Richard tu es la star médiatique et je suis ton étoile protectrice, ta fée cycliste. Écoute-moi : le cauchemar va se terminer, tu vas retrouver une équipe, repartir au firmament, mais accroche-toi. Tu n'es pas une étoile filante, tu leur montreras. Je sais, tu aspires à des jours meilleurs ; justement, Richard, le roi de l'aspirateur c'est lui ton guide, ton berger. *Il signore* Polti parle de toi avec des écrins dans les yeux, il voulait être séminariste, le Ciel le protège. Vas-y Richard, signe chez Polti, le supporter de la Juve, le roi du fer à repasser. Tu vas séduire toutes les ménagères folle du Vaporella, fonce Richard... »

L'étoile, *stella* en latin, elle était déjà là en 1947 gravée sur le maillot Stella de Louison Bobet, incrustée sur son vélo. Elle revient pour Richard !

Dans les salons lumineux et raffinés de la suite 3217 du Concorde Lafayette à Paris Richard vient d'apposer sa signature au bas du contrat. Champagne ! Il est minuit et *il signore* Polti s'offre la vedette qui lui manquait. La première fois où Richard rencontra cet industriel italien aux allures de Mastroianni ce fut à Monaco, en janvier 1999, dans les salons de l'hôtel Métropole en présence d'un très grand vendeur de tapis, ami du patron italien. Il n'avait pas encore repris l'entraînement, il évoquait toujours par des phrases imagées dont il a le secret, sa « sortie du tunnel d'où il apercevait enfin une petite lumière » mais rien n'était encore décidé. Ce jour-là, à Monaco, Richard cherchait son étoile. Alors qu'il était face à son futur employeur séduit par son tempérament et admiratif, il souffrait, terriblement du genou, sans rien pouvoir laisser paraître. La guigne s'acharnait. Il n'en avait jamais parlé de cette douleur, mais elle l'inquiétait, le minait, et surtout ce n'était vraiment pas le moment qu'elle se manifeste. Qu'avait-il donc fait pour ressentir un mal si aigu, au point de difficilement parvenir à monter les escaliers ? Il maudissait le sort qui le rendait « invalide au moment où les contacts repartaient ». Il avait dû se donner un coup... Peut-être pendant la soirée du réveillon, où il avait oublié l'acharnement dont il était l'objet en dansant comme un fou sur la piste de l'hôtel Byblos, à Saint-Tropez, dans la boîte de nuit des Caves du roy, en famille avec son épouse, sa sœur Nathalie et son beau-frère Jacky, le disc-jockey de l'établissement ? Il ne savait pas, ne comprenait pas d'où provenait cette forte douleur, et le spécialiste rapidement consulté ne l'avait pas rassuré : « Votre ménisque est sans doute touché. »

« J'avais vraiment un problème mais je ne savais pas si c'était grave ou pas. Je gambergeais tous les jours. » Pendant plus d'une semaine, Richard laissa son vélo au garage et soigna son mal par des saunas-hammams, des bains à remous afin de détendre et décontracter son articulation bloquée. Il reprit seulement le vélo le 14 janvier avec le stage de l'équipe Polti en Calabre.

« Polti m'a donné une chance, il voulait me prendre. Il s'est dit : Virenque n'est pas aussi pourri que ce qu'on dit. D'un coup après avoir signé mon contrat je n'ai plus eu mal. Bizarrement je ne suis jamais parvenu à expliquer ce que j'ai eu. »

Était-ce une souffrance psychologique, un transfert somatique ? Il rit : « En tout cas je n'avais pas mal à la tête, mais au genou ! »

La *Gazzetta dello sport* se frotte les mains, à la une des célèbres pages roses, comme le maillot de leader du Tour d'Italie, ce titre en noir au blanc : « *Duello Virenque-Pantani nel Giro delle aquile* ». Duel Virenque-Pantani dans le tour d'Italie, le « Giro des aigles ». La presse italienne se félicite d'accueillir le petit Français, excellent grimpeur qu'elle annonce déjà comme l'adversaire de Pantani dans le Giro. Avant d'enrôler Virenque Franco Polti avait discrètement sondé la position du grand quotidien sportif italien : « Si je prends Virenque, vous pensez que c'est une bonne idée ? – *Ma che bellissima idea !* Mais s'il dispute le Giro ce sera encore mieux... »

Le soir de la signature du contrat, à Paris, au moment de sabler le champagne, dans une atmosphère de renouveau, Franco Polti posa une question : « Puis-je faire monter quelqu'un ? » Richard, Lionel, Didier, son agent, l'attachée de presse, Brigitte, et quelques autres invités se regardèrent. Franco Polti donna un coup de fil. Et le responsable de la rubrique cyclisme à la *Gazzetta* fit alors son apparition. Photos, confidences : les rotatives roulent...

L'annonce de la signature s'effectua lors d'une conférence de presse archibondée à Paris. Richard apparut sous les feux de la rampe, détendu dans un costume en lin crème, son frère à ses côtés. Ce fut le jour du renouveau et il jouait gros... médiatiquement. Il avait dû répéter, s'entraîner à répondre au feu des questions dont il se méfiait, avec son frère Lionel également spécialiste en communication. «Je lui dois beaucoup. Avant il était très discret, n'intervenait presque jamais. Au moment où l'affaire Festina a éclaté il s'est occupé plus activement de mes problèmes jusqu'à devenir mon soutien le plus important. Il me protège, évite de me créer des soucis, me conseille, m'épaule. Tout cela en plus de son travail. Le soir il rentre très tard. Il y a laissé des forces, beaucoup d'énergie. C'est lui qui monte au créneau, prend les coups, pendant que moi je suis derrière et que je m'entraîne. Il va à l'affrontement avec les journalistes. Une cassure s'est ainsi établie avec les anciennes habitudes quand j'étais toujours en première ligne. Cela me procure un confort supplémentaire. Lui aurait pu accepter une place importante aux États-Unis, il a refusé... »

Personne ne soupçonna le travail réalisé par Richard pour arriver ce jour-là, après des mois d'infortune, dans un état d'esprit serein et décontracté. Toute la presse l'attendait dans une salle surchauffée. « Richard, Richard, par ici, Richard, Richard, regarde, là. » Photographes et cameramen s'entrechoquaient, se bousculaient, voulaient saisir l'enfant médiatique. On eût dit un groupe de supporters avant le départ d'une étape ! On se serait cru au lancement de la saison cycliste. Assis au milieu des journalistes, Jean-François Pécheux, représentant la Société du Tour de France. Richard sut calmer les esprits, se montra tolérant envers les responsables du Tour. « Toutes les plaintes ont été annulées. » Il expliqua qu'il « avait fait des erreurs de communication. Chaque fois que des journalistes me posaient des questions, sur

Bruno, Willy ou Erik, je répondais du tac au tac. Je n'ai fait qu'envenimer les choses. Mais ce n'est pas mon métier de me défendre face aux accusations. Moi, je suis fait pour pédaler. Quelquefois je me suis pris des objectifs dans la figure tellement les photographes me visaient de près, il y a eu des gestes volontaires. Tout cela a contribué à m'énerver, j'étais à bout. De toute façon tout ce que je pouvais dire se retournait contre moi. J'ai l'impression que l'on a choisi le coureur le plus médiatique pour régler le problème du dopage. Avec moi le message passait plus vite... ».

GianLuigi Stanga, le directeur sportif, prit la parole le premier : « On ne pouvait pas laisser un champion comme Virenque sur le bas-côté. » Franco Polti, le patron, confirma : « Je suis parti de zéro et j'ai bâti un groupe industriel aujourd'hui leader en Italie. Avec Virenque nous avons un peu le même parcours. J'aime les coureurs qui ont la *grinta*, qui veulent se battre. J'ai l'intention de doubler mon chiffre d'affaires sur le marché français. J'ai confiance en Richard. »

Il éleva même la voix face à certaines questions un peu trop insistantes : « On ne peut pas résumer tout le problème du dopage dans le cyclisme et les autres sports autour de Virenque. Si vous voulez dire que j'ai pris un risque en le choisissant, comme on joue au casino, dites-le. Moi, je mise sur Virenque... »

Son frère, discrètement, d'un léger signe de la main, lui indiquait la marche à suivre pour ne pas s'enfoncer dans des développements trop longs et inutiles. Didier Girard son agent, une sacoche à la main observait, rassuré. Et le staff Polti sourit : GianLuigi Stanga, Franco

Tour de France 1994, Luz-Ardiden.
J'ai vingt-cinq ans.
C'est mon troisième Tour.
Après 110 kilomètres d'échappée,
dont une quarantaine
en solitaire, je remporte
la première victoire d'étape
de ma carrière. Ce jour-là,
bercé par la musique joyeuse
des « Allez Richard ! »,
j'ai définitivement gagné
mes galons de grimpeur.
Après des années de sacrifice,
je touchais au bonheur suprême.

2001. Paris-Tours : la plus plate des classiques ! Au départ, je voulais simplement faire des efforts et de la distance, mais ça s'est passé autrement : après 242 kilomètres d'échappée, j'ai pointé l'index vers le ciel et crié ma rage en franchissant la ligne d'arrivée. Avec sept semaines de course dans les jambes seulement, j'avais résisté au peloton jusqu'au bout. Sans EPO. Mon retour sportif, c'est la meilleure preuve qu'il n'y a pas que l'érythropoïétine qui fait avancer. Quelle plus belle démonstration pouvais-je offrir à mes supporters ? Pour beaucoup, Paris-Tours a signé définitivement ma réhabilitation. J'ai bien compris que mes aveux étaient passés par là…

J'ai vécu ma petite enfance à Casablanca.
De ces années, je conserve de douces images
de cartes postales. Au cours de l'affaire Festina,
je me suis souvent réfugié dans ces souvenirs heureux.

Avec ma sœur,
Nathalie,
et mon frère
Lionel.

Dans le quartier cossu
de Aïn Essebaa,
nous faisions la course
autour de notre maison,
mon frère au volant
de sa Lotus et moi
de ma Chaparral.

L'anniversaire de mes dix ans.
Nous nous étions installés en France
un an plus tôt, en 1979. À Valcros,
près de La Londe-les-Maures,
dans le Var.

Douze ans. J'ai découvert le vélo
grâce à mon frère Lionel, passionné
de cyclisme, et c'est au Vélo Sport Club
londais que je me suis initié
aux « lois de l'équilibre ».

Les profs disaient à mes parents : « Mais qu'est-ce que vous allez faire de lui ? » Le vélo a été ma chance. À dix-sept ans, j'ai tout arrêté pour m'y consacrer et j'ai fait mes débuts amateurs. Je ne vivais plus que pour cette passion !

1989. Je devance l'appel et pars à l'armée, au bataillon de Joinville, avec un statut de facteur le matin et de cycliste l'après-midi.

1992. Vingt-deux ans et demi, c'est mon premier Tour. Le troisième jour, entre Saint-Sébastien et Pau, je plante une mine au bout de 20 kilomètres. Après une échappée de plus de 200 kilomètres, j'endosse le maillot jaune, le vert et le paletot à pois de meilleur grimpeur ! Je n'arrêtais pas de me répéter : « C'est le plus beau jour de ma vie. » Ce Tour, je l'ai fini en vingt-cinquième position, à quarante-six minutes une seconde d'Indurain.

© Clément/Presse-Sports

© Presse-Sports

Le Tour 1994. Dans l'ascension d'Hautacam, j'ai voulu trop faire le beau en montant à la hauteur d'Indurain, pour le défier. Je ne me sentais pas capable de tout faire exploser ; Miguel, lui, avait la force de laminer tout le monde. C'était fantastique. Ce moment, je ne l'oublierai jamais.

© Fablet/Presse-Sports

1994. Je finis le tour cinquième, avec une victoire d'étape (Luz-Ardiden) et le maillot à pois. Mon ami Jalabert, lui, finit avec le maillot vert. Et sur la plus haute marche du podium : Indurain.

© J. Andanson/Corbis Sygma

Fin du Tour 94, mes parents et Stéphanie, ma future femme, classent le courrier des supporters… Stéphanie, je l'ai rencontrée quatre ans plus tôt. Depuis, nous ne nous sommes jamais quittés. Je crois qu'on peut dire que nous formons un couple solide.

Pascal Hervé, mon coéquipier chez Festina. Mon compagnon de chambre. Mon compagnon de galère. Au cours de l'affaire, à part moi, il est le seul de l'équipe à avoir nié pendant longtemps qu'il s'était dopé : « J'aurais avoué avant, si tout le monde l'avait fait et pas seulement les neuf couillons de Festina qui se sont fait pincer », a-t-il déclaré.

Championnats du monde 1994. Auprès de Bernard Thévenet et Luc Leblanc. J'ai toujours éprouvé un immense honneur à porter le maillot tricolore et je me suis efforcé de le démontrer chaque fois que j'ai participé au Mondial. À Agrigente, en 1994, Luc Leblanc a gagné et j'ai pris la troisième place. Nous avons offert, je crois, l'image d'une équipe très soudée.

Tour 1995.
Je m'impose le même challenge qu'en 1994 : une victoire et le maillot de grimpeur. L'étape, ce sera Saint-Girons-Cauterets. Une échappée de 121 kilomètres à franchir les cols seul contre tous. Un remake de Luz-Ardiden. À l'arrivée, j'ai envoyé un baiser au ciel. Et sur le podium j'ai manifesté toute ma joie. Et puis on m'a appris que Casartelli était mort. Cette année-là, j'ai terminé neuvième d'un Tour endeuillé.

© Biville/Presse-Sports

Collection particulière

1996.
Je suis troisième du Tour derrière Bjarne Riis, Jan Ullrich, et meilleur grimpeur pour la troisième fois.

Tour 1997 : lors de l'étape Bourg-d'Oisans-Courchevel, on a assisté, je crois, à un grand duel entre Ullrich et moi. Ce jour-là, je l'ai emporté. Avec un geste rageur ! En levant le doigt au ciel, je disais ma joie de m'imposer pour la première fois dans les Alpes et d'avoir pris ma revanche sur l'étape de l'Alpe-d'Huez, la veille.

© Boutroux/Presse-Sports

Collection particulière

J'ai finalement terminé deuxième du Tour (et meilleur grimpeur) derrière Ullrich et devant Pantani. Je nourrissais de beaux espoirs pour 1998…

Stéphanie, ma femme, mon double. Nous avons construit notre vie main dans la main. Nous nous sommes mariés en 1997, un peu plus d'un an avant l'affaire Festina. Pendant toute cette période, elle a su se déconnecter du poids qui nous assommait, elle m'a constamment aidé à surmonter l'épreuve, elle s'est efforcée de me préserver, elle a assuré l'équilibre mental de notre couple.

© Boutroux/Presse-Sports

Morzine 2000.
Je voulais montrer à Ullrich et Armstrong que j'étais toujours là, que le Virenque de 1997, qui leur avait fait mal, c'était toujours le même en 2000. Sans EPO.

Avec Clara, Stéphanie et Dario. Si quelquefois je suis si fort, c'est tout simplement parce que les miens me rendent fort.

Après la Suisse, nous sommes revenus nous installer définitivement dans le Sud, au pays. C'est très important. Nous sommes bien à Carqueiranne. Aujourd'hui, j'ai une envie farouche de faire de belles choses. Je sais que j'en suis capable, peut-être plus qu'avant. Pour gagner le Tour, il me reste une ou deux saisons. Après cinq maillots à pois rouges, le maillot jaune, ce serait bien…

Polti et son épouse Teresa, qui veille sur la gestion de son groupe, venaient de sauver Virenque. Les Français ne surent pas le faire.

Ce fut dans la foulée de la *conferenza stampa* un véritable marathon médiatique, un match pour redorer une image brisée par les accusations de Willy Voet [1] Richard répondit à toutes les radios, toutes les télés, tous les journalistes de la presse écrite en consacrant un temps limité à chacun. Son emploi du temps de la journée fut minuté, calculé avec rigueur : une pause de quelques minutes seulement, pour déjeuner frugalement dans un coin de l'hôtel, et l'après-midi les interviews reprirent. Cent fois il répéta les mêmes affirmations : « J'ai fait des erreurs », cent fois il martela : « J'ai une chance, je veux la saisir », cent fois il asséna : « Je suis dans une nouvelle peau, heureux d'avoir signé pour deux ans. »

Ce fut la plus grande confession publique de toute l'histoire du sport.

De Paris, Richard atterrit à la polyclinique de Bergame pour y subir les examens médicaux exigés par la Fédération italienne. Lors de la conférence de presse il avait pris soin de bien signaler qu'il acceptait de se soumettre au suivi médical longitudinal français, condition indispensable pour disputer le championnat de France et appartenir à l'équipe tricolore en vue du Mondial. Mais puisqu'il courait pour une équipe italienne il subissait

1. Willy Voet accusait Richard de s'être dopé, d'avoir pris de l'EPO et n'acceptait pas d'être considéré comme le seul responsable d'une affaire où la plupart des coureurs de l'équipe Festina et l'encadrement étaient mouillés.

également les tests préconisés par la Fédération italienne et même ceux de l'UCI. Le soir il retrouva ses nouveaux équipiers de Polti, réunis en stage hivernal, en Calabre, la région des parents de Stéphanie. C'est là, à Terme Luigiane qu'il reçut son vélo Polti, aux cotes 54,6 et 56,5, jaune et noir, au nom de... Fausto Coppi et son équipement. Avec lui, le Français Stéphane Goubert qu'il avait fait engager dans la *squadra*. Désormais on reparlait de vélo.

Le jour se lève sur la Calabre. Première sortie d'entraînement avec ses équipiers. La route montait presque toujours. Richard souffrait, mais il pédalait avec un immense bonheur. Il manquait de fond, de rythme, mais il voulait rattraper le temps perdu. Pendant une semaine ce fut un programme qui lui convenait, le plongeait à nouveau dans l'atmosphère de son métier. Il était bien : lever, petit déjeuner à 8 h 30, début de l'entraînement à 9 h 30, retour vers 15 heures. Petite collation et sieste. « Je dormais pendant deux heures comme un bébé ! »

Richard jeta un coup d'œil furtif dans la vallée. Au fond, déboulant sur la pierre tranchante, le Cyan déverse son flot d'eau fraîche, sa cascade d'énergie, son bain de jouvence. Il avale tout sur son passage, tourbillonne, affouille la roche, ondoie sur les obstacles qu'il percute. Le Cyan se décharge, éclabousse. Le rapide aux verts reflets ne s'appartient plus, il s'emballe.

Le Cyan, c'est Richard Virenque !

Il sort des eaux troubles, de l'ensablement, de la débâcle judiciaire. C'est un torrent ! Dans ses veines l'envie de revenir, de s'imposer, sur ses terres, à Valberg. Une force violente bouillonne en lui. Regardez le Cyan, il gronde, roulant vers la vallée. Regardez Richard...

La voix de Jean-René Godard se fit plus forte, traduisit une certaine forme de suspense : « Attention à Virenque, il accompagne encore le groupe de tête. C'est une belle performance qu'il accomplit là après tout ce qu'il a connu... »

Les images splendides de ce final de Paris-Nice, entre deux murs ocre, surplombés de rochers sourcilleux, encore enneigés, d'où s'échappent des vues ravageuses sur le Cyan, évoquent les grands cols des Alpes. La première rencontre depuis longtemps entre Richard et son terrain d'expression favori. Enfin il y est ! Oh ! ce n'est pas (encore) le Tour, mais les sensations qu'il éprouva à cet instant, ce renouveau printanier qui s'emparait de tout son être le ragaillardissaient. Cela faisait tellement longtemps qu'il attendait et redoutait cette union physique, ce rancard entre lui et la montagne. Mais a-t-il les moyens en ce début de saison, alors qu'il dispute sa première course de l'année, de « tout faire péter », comme il aime souvent à le dire ?

Au fond de lui-même, Richard éprouvait un grand soulagement : le voici aux côtés de Franck Vandenbroucke (Cofidis), tout récent dominateur du Het-Volk, où il s'est joué avec une assurance de vieux guerrier de Wilfried Peeters (Mapei-Quick Step), pourtant réputé comme un solide finisseur. Le voici aux côtés de Michael Boogerd (Rabobank), leader de la « Course au soleil » sur laquelle il tenailla le peloton avec sa garde orange. Il accompagne Jens Voigt (Crédit Agricole), Wladimir Belli

(Festina), Markus Zberg (Rabobank) : tous les hommes forts du début de saison.

Oui, Richard le banni, encore exclu du bonheur de courir il y a quelques semaines, renaît de ses cendres. Il est là, présent, alternant sa position assise et en danseuse dans son style si caractéristique. Il se bat, contre lui-même, à l'énergie. Il avait promis de montrer son maillot Polti dans ce lent cheminement vers la station niçoise, là où sa cyclosportive « La Virenque de Valberg » s'est installée. Il le fait.

Le magnétoscope tourne. Assis sur son canapé de cuir vert, Richard se repasse la montée vers Valberg, dernière grande difficulté de Paris-Nice 99. Son père est à ses côtés, cet après-midi-là, chez lui à Carqueiranne. Dehors le temps maussade incite au repos. Sur l'écran géant de sa télé Richard ne contemple plus les images, il scrute ses adversaires, sonde leur regard, évalue leur style, il analyse la course, en tire des enseignements pour la suite de la saison.

À 3 km du sommet de Valberg, il se dégagea vers la droite et attaqua. Le premier démarrage de Virenque ! Cette fois-ci, il était redevenu lui-même.

Le Cyan répercuta l'écho de cet éclat sur chaque bloc, il s'explosait sur le moindre galet, s'éclaboussait jusque sur le macadam où les attardés reçurent la fraîche nouvelle en pleine figure : Virenque avait sorti sa pierre à fusil !

On le craignait, on le redoutait, l'acte de bravoure sonnait trop tôt. À 1 km du final, à 1 000 m du bonheur suprême, qu'il connaîtra bien plus tard sur le Giro, il fut repris. Mais on n'arrête pas un torrent. Richard fut le seul à disputer le sprint final contre Vandenbroucke, très affûté ; il ne lui manqua pas grand-chose pour vaincre. Là-haut, follement encouragé par son fan-club il retrouva son frère, sa mère, son épouse Stéphanie et Clara qui assistait à sa première course. Un bisou pour Clara, un baiser pour Stéphanie. Une étreinte émouvante d'où perlaient quelques larmes de bonheur. Sa voix sanglotante : « Je suis contente pour toi ! »

Après huit mois de tempête, il goûtait enfin les douceurs suaves de sa renaissance. « C'est un grand coureur, il l'a encore démontré aujourd'hui. Après ce qu'il a fait dans la montée je comprends pourquoi Virenque est populaire », commenta Vandenbroucke, qui le rejoindra chez Domo quelques années plus tard. À ses côtés, sur le podium protocolaire, Richard salua discrètement la foule. Il avait entendu. Ces paroles lui firent du bien, mais il ne montra aucun signe de jubilation. L'homme avait changé. Plus tard face à la presse, il dit : « Paris-Nice, après ce que j'ai vécu, c'est de la rigolade. »

Le lendemain la dernière étape empruntait la route désertique du col de Vence. Partout des inscriptions blanches, au nom de Virenque, des incantations à sonner la charge, « Allez Richard... » Et dans l'ascension le public qui l'incite : « Attaque »... sous les vitupérations et bougonneries des coureurs. C'est tentant ! « Je suis parti avec Laurent Roux », en rit aujourd'hui Richard. Pour voir. À 3 km du sommet Vandenbroucke et Boogerd sont revenus. Franck m'a dit : "Déconne pas, le classement final est établi, c'est la dernière étape !" Moi je me voyais mal escalader toute la journée en tête, j'avais fait ça sur l'instinct. Mais si j'insistais, on faisait tout exploser. D'ailleurs dans la descente les attaques ont fusé et la course est partie... »

Il termina premier Français, à la 14e place, la meilleure de toute sa carrière ! « C'était vraiment inespéré d'arriver à ce niveau. J'avais la hargne. » Tout avait très bien débuté dès le prologue de Paris-Nice, où Richard renouait avec la compétition, dans un exercice dont, en dépit de réels progrès, il n'est toujours pas un spécialiste.

Une roue pleine à l'arrière, une autre à bâtons à l'avant, coiffé d'un casque aérodynamique il s'élance moulé dans le maillot salvateur de la Polti, sous les vivas de ses supporters. Ce maillot jaune et rouge lui va si bien ! C'est le jaune du maillot yellow à Pau, le feu du soleil brûlant sa peau dorée sur la route de Courchevel, les galets cendrés du Ventoux, l'enluminure blonde de ses rêves à la poursuite du paletot d'or.

Rouge son sang, sa colère, le ciel qui lui tombe sur la tête, les titres assassins des magazines aux grosses lettres, son visage cramoisi par l'humiliation de la garde à vue. Rouges la première page de *la Gazzetta* annonçant son retour, le rouge de sa tunique à pois, le fard du baiser sur le podium de Pau, rouges son cœur, sa chair...

« Allez, Richard », « Virenque ! Virenque ! », premiers coups de pédales rageurs et nouvelle communion avec le public, son public fidèle, toujours admiratif. Virenque fonce, se déchaîne, et se classe à vingt-neuf secondes seulement du grand spécialiste des chronos, des prologues courts et nerveux, le Britannique Chris Boardman (Crédit Agricole). Mieux que Boogerd (Rabobank), mieux que Boscardin (Post Swiss team), il surpasse Lino (Big Mat Auber 93), Heulot (La Française des jeux), bons spécialistes des contre-la-montre, avantagés par le rythme acquis dans les premières courses à étapes.

Fallait-il qu'il se soit forgé un moral d'acier pour se hisser, soudainement, à ce niveau ! « J'étais comme un lion, blessé, rageur, mais pas abattu. Le sursaut ce ne fut pas qu'une question d'honneur. Avec peu d'entraînement j'ai fait des choses qu'avant je n'aurais jamais réalisées. J'entends encore le public hurler, j'en avais la chair de poule. Là, j'ai vraiment compris que tout repartait, beaucoup de choses ont défilé dans ma tête. »

Il n'avait pas voulu reprendre la compétition lors du traditionnel grand prix d'ouverture, entre Aubagne et Gardanne, il avait refusé de disputer le Tour méditerranéen où Lucien Aimar lui promettait un accueil chaleureux ; il désirait s'éloigner de l'excitation de la reprise, se ménager.

Sur les routes suisses il s'était entraîné durant l'hiver quelquefois en compagnie de Laurent Jalabert, également installé près de Genève. Ils s'entendaient bien, Laurent le soutenait et Richard appréciait sa confiance. Pourtant au tout début leurs rapports furent difficiles. Lors de la Vuelta 95 Richard voulait remporter l'étape de Luz-Ardiden et multiplia les attaques. Laurent s'en était énervé : « Si tu veux gagner l'étape c'est d'accord mais arrête de flinguer ! » Au bout du compte, Bruyneel prépara le terrain et Jalabert l'emporta...

« Je me souviens qu'un photographe avait imaginé nous réunir en nous opposant au cours d'un bras de fer. Avec cette scène il voulait symboliser ainsi notre rivalité, mais j'ai refusé. Cela aurait ajouté de l'huile sur le feu pour rien ! »

Richard avait décidé de préparer Paris-Nice en s'isolant en Espagne, à Marbella, en compagnie de son ex-équipier de Festina, Laurent Dufaux, tous deux suivis par leur petite famille. Plus de mille bornes accomplies en une dizaine de jours sous le soleil réconfortant de l'Andalousie, par 25 à 30 °C. Six heures de vélo en moyenne effectuées avec une rigueur exemplaire. Petit déjeuner à 9 heures, début de la sortie vers 11 heures, retour à 16 heures, récupération et ensuite dîner vers 20 heures. « Ce n'étaient pas des vacances, le shopping ce sont nos épouses qui l'ont fait... »

L'aiguille de la balance indiquait 66 kg. Deux kilos de trop, ce n'était pas important. « Sur les routes je pensais à ce jour où je retrouverais le milieu, la pression c'est moi qui me la mettais ! La grande différence c'est que je me pointais avec beaucoup moins d'entraînement. Avant je déployais pas mal d'efforts au début de saison et j'y laissais de l'influx. Lorsque arrivait Paris-Nice je coinçais. Là je suis reparti tout neuf... »

Dans un article intitulé : « Virenque, et maintenant quelle place dans le peloton [1] ? » *L'Équipe magazine* décrivit l'enjeu : « Sa neuvième saison pro sera la plus attendue » et posa une question : « Doit-il craindre les foudres du peloton, qui dispose collectivement d'un pouvoir de "vie et de mort" sur une individualité ? »

Richard reçut la visite de ses ex-équipiers de Festina. « Ça faisait vraiment bizarre de tous les revoir, j'en étais très ému. Belli partait juste derrière moi. L'encadrement de Festina, des mécaniciens et directeurs sportifs d'autres équipes sont venus me saluer, m'encourager. Quant aux

1. 27 février 1999, n° 879.

autres coureurs il n'y a pas eu de problème, bien sûr. Moi je parle avec beaucoup de coureurs, on se raconte de nombreuses choses. J'aimais bien bavarder avec Jacky Durand, Laurent Roux, Stéphane Goubert, Laurent Desbiens, Christophe Moreau. Je parle un peu l'espagnol, en tout cas plus facilement que l'italien. Mais il a bien fallu que je m'y mette un peu depuis que je suis chez Polti. Non vraiment sur ce plan-là il n'y avait pas de problème... »

11

Dans la tourmente du Dr Mabuse

Jeudi 6 mai 1999 : Moléon-sur-Gruyères. Alors que le Tour de Romandie poursuivait sa route de l'autre côté, en France, le juge Keil pourchassait les hauts dirigeants du cyclisme. À tour de rôle, Daniel Baal, président de la FFC, Roger Legeay, président de la Ligue, Jean-Marie Leblanc, directeur du Tour [1], et Bruno Roussel, confrontés aux questions du juge lillois, s'étaient expliqués. Pour une fois le débat sur le dopage s'ouvrait sans Virenque. Richard rodait sa forme sur les routes helvètes en songeant au Giro qui s'approchait. Il avait surmonté, comme une péripétie supplémentaire sans plus, sa « mise en examen » signifiée par le juge implacable, le 30 mars. L'intitulé l'avait fait sourire. On l'accusait de « complicité des délits de facilitation, d'incitation à usage et administration de produits dopants, de complicité d'importation, de détention, de cession, d'offre, d'acquisition de substances vénéneuses et de complicité de circulation, de détention irrégulière et d'importation en

1. Jean-Marie Leblanc avait été entendu au titre de vice-président de la Ligue. Il ne fut pas mis en examen contrairement à Daniel Baal et Roger Legeay, qui bénéficièrent très rapidement d'un non-lieu.

contrebande de marchandises prohibées ». Il n'avait pas l'impression que sur son vélo – inspiré par la grandeur des montagnes et favorisé par la morphologie de ses muscles – l'expression de sa générosité outrancière magnifiée par le public s'apparentait aux manigances des dealers ! Ce serait son premier Giro et sous les couleurs italiennes. Il voulait y briller, accompagner Gotti, remercier *il signore* Polti. Sa forme manifestait ses premières appétences et, en secret, Didier Girard, son agent, avait pris la liberté de commander une paire de lunettes roses, afin de compléter sa tenue si d'aventure au cours d'une étape de montagne... il s'attribuait la *maglia rosa*.

Dans ce Tour de Romandie, proche du Giro, Laurent Jalabert ceint du maillot tricolore venait de distancer ses adversaires dans l'ultime montée vers Moléon-sur-Gruyères et récupérait le maillot de leader à trois jours de l'arrivée finale à Genève. Pour Richard, le bonheur était tout simplement dans l'après.

Vendredi, 7 mai 1999, Marseille.

Didier Girard appuie pour la vingtième fois sur la touche *bis* de son portable. Comme chaque jour il cherche à joindre Lionel Virenque, mais cette fois-ci aucun des numéros ne répond. Le portable de Lionel l'oriente inévitablement sur sa boîte vocale. Tard dans la nuit il insiste à nouveau, sans résultat. Il se passe quelque chose, il le pressent, et ce silence anormal l'inquiète durablement d'autant qu'à cette époque-là Lionel lui a confié quelques soucis familiaux.

Samedi 8 mai 1999, au petit matin.

Didier Girard allume Europe 1. Le ciel lui tombe sur la tête : « Lionel Virenque, le frère du champion, a été pris hier dans un vaste coup de filet de la brigade des stupéfiants, chez l'avocat du champion cycliste, Me Bertrand Lavelot... » Il se précipite au kiosque à journaux et découvre la une de *L'Équipe* [1]. Un titre énorme : « Assez », incrusté sur une photo démentielle montrant la plaque bleue du Quai des Orfèvres avec les portraits de Franck Vandenbroucke, de Lionel Virenque et de Jean-Christophe Devaux, dans une mise en page calquée sur les avis de recherche des malfaiteurs. Et ce sous-titre évocateur : « L'entourage de Virenque dans le collimateur »...

Dans les griffes des stups, du beau monde fut interpellé : Franck Vandenbroucke, alors leader de la Coupe du monde, Philippe Gaumont, Stéphane Heulot, Yvon Ledanois [2] et deux personnages influents dans le monde cycliste : Me Bertrand Lavelot, l'un des avocats de Richard, et Bernard Sainz, surnommé « Dr Mabuse ». Pour les flics, pour la presse, le poisson est même trop gros d'autant que dans cette monumentale pêche figurait donc... Lionel Virenque ! Au Tour de Romandie qu'il termina, tout de même, à la 48e place, Richard était effon-

1. *L'Équipe* du samedi 8 mai 1999.

2. Une quinzaine de personnes, au total, avaient été interpellées dont : Bernard Sainz et Bertrand Lavelot, ainsi que son épouse pharmacienne, Lionel Virenque, Franck Vandenbroucke (Cofidis), Philippe Gaumont (Cofidis), Stéphane Heulot (La Française des jeux), Franck Perque (La Française des jeux), Yvon Ledanois (La Française des jeux), Denis Salmon (coureur amateur), Stéphane Corlay (coureur amateur), Raphaël Martinez (vététiste), Pascal Peyramaure, coureur amateur, et le footballeur de l'Olympique lyonnais Jean-Christophe Devaux.

dré. On s'attaquait maintenant à son frère, l'amalgame lui donnait la nausée. Il savait bien, Richard, que son frère était innocent. Il était « monté » à Paris pour récupérer les copies du livre *Ma vérité* et avait eu le tort de se trouver là au moment où les stups prenaient en flagrant délit, devant le domicile de Me Lavelot, Raphaël Martinez, le cousin du champion vététiste, et Bernard Sainz dans un échange de produits [1]. Les écoutes téléphoniques pratiquées sur Lavelot et Sainz, lequel disposait d'un bureau chez l'avocat, débouchaient sur ce vaste coup de filet, plongeant le monde du vélo plus profondément encore dans les affres du fait-divers. Me Collard qui était à Paris se précipita au Quai des Orfèvres et il récupéra, tard dans la soirée, Lionel, très marqué, révolté, qui n'avait pas eu de peine cependant à prouver son innocence aux enquêteurs, tout comme Stéphane Heulot. Lui n'avait rien à voir avec toute cette sale histoire, c'était évident, mais le mal était fait. Abasourdis par ce nouveau séisme Didier Girard, Lionel Virenque et Richard, le trio uni, ignoraient jusqu'alors le trafic de Me Lavelot au domicile duquel furent saisis diverses fioles, de l'argent, des disquettes... « Ce type nous a trompés », déplorera simplement Lionel.

---

1. En fait, dans son livre *Les Stupéfiantes Révélations du Dr Mabuse* (éditions J-C. Lattès, p. 54), Bernard Sainz écrit : « Le fameux flagrant délit entre Raphaël Martinez et moi ? Mensonge... À 22 h 10, lors de l'interpellation du coureur, de quels éléments disposent les policiers ? Un flacon de gouttes dont la composition est inconnue puisqu'il n'a encore été soumis à aucune analyse. Le commandant Amaury de Hauteclocque peut-il dresser un procès-verbal de cession de produits dopants en flagrant délit, alors que je suis toujours chez Bertrand Lavelot ? Bien sûr que non... »

Dimanche 9 mai 1999, Paris.

Le juge Michèle Colin envoie Lavelot et Sainz à la Santé pour « infraction à la législation sur les substances vénéneuses et les produits dopants [1] ». Richard a rejoint Lille. Dans cette ambiance nauséabonde, une nouvelle épreuve l'attend le lendemain : sa confrontation dans le bureau du juge Keil avec Bruno Roussel et Willy Voet. Ce même jour, dans les locaux du SRPJ, face au commissaire Romuald Muller, Hein Verbruggen, le grand patron du cyclisme mondial, s'expliquera également [2].

Lundi 10 mai 1999, Lille.

Craquera ou craquera pas ? Costume beige, accompagné de Me Collard, Richard arrive au palais de justice. Dix mois, déjà, que l'affaire Festina traîne en longueur. La confrontation entre Voet-Roussel et Virenque, les trois principaux protagonistes de l'équipe, après les révélations tous azimuts qui secouèrent le monde du vélo, s'annonçait chaude. Richard arriva le premier, s'installa dans la salle d'attente juxtaposée au bureau du juge Keil.

« J'ai vu arriver Bruno, bonne mine, bien bronzé, sûr de lui, puis Willy. Ils se sont embrassés, leurs retrouvailles traduisaient une grande complicité. Moi ils ne m'ont même pas regardé. J'étais juste à côté en compagnie de

---

1. Cinq personnes furent mises en examen : Lavelot, Sainz, mais également Philippe Gaumont (Cofidis), Yvon Ledanois (La Française des jeux) et le coureur Pascal Peyramaure.

2. L'entrevue de M. Verbruggen durera de 10 h 30 à 19 h 30, mais le président de l'UCI ne sera pas mis en examen. En mars 2001, la cour d'appel de Douai jugea par la suite, après le procès Festina, « recevables et bien fondées les demandes de réparation en qualité de parties civiles de l'Union cycliste internationale et de la Fédération française de cyclisme ».

Gilbert Collard. Ce genre d'attitude, je puis vous dire que cela fait mal, surtout lorsque l'on a été le leader de l'équipe et que l'on a vécu des moments formidables ensemble. J'ai trouvé leur comportement désolant, mais surtout j'ai compris que cette confrontation se transformerait en procès. Ce fut mon procès. Les avocats de Voet et Roussel, Mes Bessis et Thibault de Montbrial, conversaient entre eux, comme s'ils établissaient une stratégie commune. Visiblement il y avait deux camps. Lorsque je suis entré dans le bureau j'ai tout de suite ressenti une atmosphère hostile. Dans la petite pièce les chaises étaient disposées sur deux rangs. Au premier plan avaient pris place Bruno Roussel, puis l'un des avocats de Voet, Willy, et entre Willy et moi un policier d'assez grande corpulence qui nous séparait. Sur le deuxième rang figuraient l'autre avocat de Willy, Me Bessis, aux côtés de Me Collard ce dernier placé juste derrière moi et de l'avocat de Roussel, Me Thibault de Montbrial.

« Ils m'attendaient au tournant.

« Les questions posées me frappaient comme des coups de poing assénés par un boxeur : j'étais vraiment impressionné par leur orientation, leur énoncé établissait d'entrée ma culpabilité. Je ne m'expliquais pas leur dureté, leur méchanceté et leur perversité. Toutes ces interrogations fusaient, telles des balles cherchant à m'abattre. »

Sur le fond, cette deuxième confrontation – après celle opposant Richard à Voet et au Dr Ryckaert, le jeudi 15 septembre 1998 [1] –, qui dura près de trois heures et demie, n'apporta rien de bien nouveau. Mais elle

1. Voir le chapitre 9 : « Verbruggen descend dans l'arène ».

confirma la mise en examen de Richard sur les accusations de Bruno Roussel, son ex-directeur sportif.

« Huit mois après son audition au début de l'affaire Festina, Bruno Roussel affirma que c'était moi qui le poussais à doper les coureurs, en lui mettant indirectement la pression. Une accusation grave. Dans le bureau du juge je me suis insurgé, j'ai gueulé, sorti mes tripes comme un condamné à mort. Cela faisait huit mois qu'on m'enfonçait et là on n'évoquait plus mon soi-disant dopage, on ne parlait plus des fameux carnets, ils n'avaient d'ailleurs apparemment plus aucune importance, mais on me chargeait complètement. Je ne pouvais pas l'accepter. Roussel me mettait directement en cause. Le juge posait de très longues questions, très pointues, très précises, du genre : "Est-ce que dans sa qualité de leader M. Virenque n'avait pas intérêt à ce que ses équipiers soient très performants de manière à lui faciliter le travail ?" Réponse de Roussel : "Oui, évidemment."

« Le juge prit ces déclarations au premier degré en me plaçant en examen "pour facilitation et complicité". Je savais depuis une quinzaine de jours que Roussel tenait cette position. J'avais demandé et obtenu de chacun de mes ex-coéquipiers chez Festina une lettre dans laquelle ils confirmaient que je ne les avais jamais incités ni poussés à se doper. Mais elles se trouvaient chez Lavelot au moment de son interpellation et je n'ai pas pu les produire. J'ai dû les demander à nouveau et les montrer plus tard, sans pouvoir me défendre au bon moment. Quant à l'argument qui me plaçait en patron de l'équipe, il m'a bien fait rire : j'étais le leader charismatique certes, mais pas le patron, sinon je n'aurais pas découvert au dernier moment que Bruno Roussel avait engagé Alex Zülle pour le Tour, ce qui ne me ravissait pas ! »

Dans le bureau les prévenus s'adressent directement au juge. Il est le seul autorisé à poser directement la question aux intéressés. Ils ne peuvent pas, même par avocats interposés, se questionner mutuellement, s'adresser droit dans les yeux la question de leur choix. Au milieu de la confrontation le juge demanda à Richard s'il avait, à son tour, une demande à formuler. Richard prit la parole :

« Monsieur le juge je voudrais simplement que vous demandiez à Willy Voet quels sont les motifs de ses deux licenciements dans ses précédentes équipes professionnelles ? » Voet vit rouge. Le juge n'eut même pas le temps de poser la question. Il était furibond. Il se leva, voulut sauter sur Richard. Le policier le ceintura. Et s'adressant violemment à son ex-champion, en le pointant du doigt, Voet le menaça : « Richard tu es un homme mort. » Cet incident clôtura la confrontation.

« À la sortie Me Bessis, pour atténuer les propos de Voet, que le juge a consignés sur le procès-verbal, tenta d'expliquer que Willy n'avait pas voulu me menacer de mort. C'était pire : il voulait dire qu'avec tous les produits que j'avais pris j'allais bientôt mourir ! »

La question s'établissait juste après la demande du juge : « Maintenez-vous votre accusation de dealer contre M. Voet ? » À cet instant Me Collard s'était penché sur son client, mais Richard répondit immédiatement : « Oui, je maintiens la plainte, qu'il me dise pour qui étaient tous les produits dans la voiture. »

La vague déferlante sur le cyclisme quelques mois après apporta, semble-t-il, une réponse édifiante...

« Mais le plus dur, ce fut au moment de sortir. Le juge m'a retenu en me disant : "Monsieur Virenque j'ai un pli pour vous." Les autres étaient partis. Je me suis assis et j'ai ouvert l'enveloppe. J'étais convoqué le lendemain au Quai des Orfèvres. Mentalement j'étais "scié", au bout du rouleau, surtout à une semaine du départ du Giro et après les péripéties du Tour de Romandie. Pour la première fois je me suis demandé si j'allais pouvoir tenir. »

Mardi 11 mai 1999, 36, quai des Orfèvres, Paris.

Un autre combat s'annonce. Accompagné de son avocat, Richard arrive vers 9 heures. Il entre seul pour une audition qui se terminera vers 21 heures – toute une journée face aux inspecteurs de la brigade des stupéfiants. Une épreuve dont il se serait passé, bien plus éprouvante qu'une étape pyrénéenne avec quatre cols hors catégorie au menu ! Sa garde à vue implique les mêmes humiliations que celles qu'il connut en juillet 1998. À nouveau un univers franchement hostile, une cellule pour grands trafiquants. « Mais là, j'ai été très bien traité, les stups accomplissaient leur boulot, sérieusement, avec respect, ils voyaient bien qu'ils avaient affaire à un sportif de haut niveau et non à un de ces voyous qu'ils interrogent habituellement, je n'avais rien à voir avec un consommateur ou un vendeur de drogues. » Dans les couloirs Richard croisa Marc Madiot et Laurent Roux également convoqués dans le cadre de l'affaire Sainz-Lavelot [1].

1. Ce jour-là outre Richard, Marc Madiot (directeur sportif de La Française des jeux) et Laurent Roux (Casino), Alain Gallopin (La Française des jeux) avaient également été placés en garde à vue ainsi que Stéphane Corlay, amateur.

Justement les enquêteurs souhaitaient éclaircir les relations entre Richard et le tandem Sainz-Lavelot, affirmant qu'ils « disposaient de nombreuses preuves accablantes contre ces deux hommes placés à la tête d'un important trafic ».

« Ils m'ont également demandé de m'expliquer sur certaines conversations téléphoniques – Sainz et Lavelot avaient été placés sur écoute – dans lesquelles j'étais quelquefois concerné. J'ai donc révélé comment j'avais rencontré Me Lavelot. Tout est vraiment parti au début de l'année 1999, lorsque j'ai connu quelques difficultés pour obtenir ma licence, que je souhaitais française. Or il s'avéra qu'il n'existait en France qu'un seul avocat réellement compétent en matière de réglementation cycliste et de conflit avec la FFC : Lavelot. Tout naturellement je me suis donc adressé à lui [1], comme d'autres coureurs, puisqu'il détient de nombreux dossiers en sa qualité de spécialiste des affaires cyclistes sur les questions portant sur l'obtention d'une licence, les problèmes de dopage ou de suspension. Avec l'affaire Festina il a été amené à travailler sur mon dossier. Je m'étais renseigné auprès de certains coureurs, on me l'avait décrit comme *le* spécialiste et effectivement j'ai pu constater son sérieux et sa compétence. Il avait pour conseiller un assistant, en tout cas je l'ai toujours connu comme cela : Bernard Sainz. »

Dans le milieu cycliste, depuis des années, Sainz portait le surnom de Dr Mabuse. Lorsqu'il parlait de ce person-

1. Richard fit la connaissance de Me Lavelot durant l'affaire Festina. Bruno Roussel, en effet, avait fait appel à ce spécialiste que Richard voyait alors d'un mauvais œil puisqu'il était très proche de Marc Madiot, lequel ne l'avait jamais porté dans son cœur !

nage avec son frère Lionel, Richard lui donnait en riant le qualificatif de 007 ! Pour eux Sainz c'était James Bond. En fait Richard ne savait pas trop qui était cet homme très influent, que l'on regardait comme un grand spécialiste en médecine et qui exerçait sur les coureurs une fascination exceptionnelle. « J'ai été impressionné par son pouvoir de conviction. On était captivé par ses mots, séduit par ses propos, il dégageait une grande culture, un calme étonnant, une modestie sympathique. »

Au moment où Richard s'expliquait, Franck Vandenbroucke, également mis en cause, tenait approximativement le même langage à propos de Sainz lors d'une conférence de presse : « Il m'est apparu comme un grand expert du cyclisme que m'avait recommandé Me Lavelot. Il m'avait montré des photos où il soignait de grands champions comme Merckx, Van Impe, Hinault, Poulidor, Guimard ou Fignon. Il exerçait une grande influence sur moi, ce qui m'a conduit à ne pas vouloir en savoir plus. C'était difficile de ne pas succomber... »

Face aux inspecteurs des stups Richard poursuivit ses explications : « Je l'avais rencontré la première fois avant une confrontation. Il accompagnait Me Lavelot, et il m'a conseillé, il m'expliquait comment cela allait se passer, il me briefait, me donnait de l'assurance et intervenait un peu comme un psychologue afin que je sois bien dans ma tête. Je constatais que c'était efficace. Puis il m'a prodigué quelques indications alimentaires. J'ai senti au fil du temps que son discours était cohérent, une confiance s'est installée.

« "007" était intervenu au moment où mes analyses du Tour 98 avaient été rendues publiques. Il avait décelé dans le rapport médical de grosses anomalies, il m'avait commenté certains résultats et expliqué des quantités de choses. Il avait beaucoup travaillé et se montrait efficace. Je le trouvais très compétent. Il m'avait questionné sur ma préparation et donné quelques conseils, des vitamines B12 à prendre en gouttes, mais rien d'extraordinaire, des choses anodines qui n'avaient rien à voir avec le dopage [1]. Par la suite il me proposa de prendre des gouttes avant la course et après l'épreuve pour récupérer, des produits homéopathiques, achetés en pharmacie. Il était l'assistant de mon avocat, lui-même très proche de moi, je lui ai fait totalement confiance. C'est pourquoi lorsque le coup de filet des stups a placé Lavelot et Sainz au premier plan je suis tombé des nues, comme mon frère et tout mon proche entourage. Je ne comprenais pas ce qui arrivait, d'ailleurs je dois dire que je ne comprends toujours pas les raisons qui l'ont envoyé en prison. Il ne m'a pas trompé, la preuve c'est que les fioles ont été analysée, on a dit et écrit des tas de choses, mais à la sortie il n'y a rien. Sainz est allé en prison, mais, excepté le fait qu'il n'a pas de diplôme de médecin, je ne comprends pas. J'aurais aimé pouvoir lui téléphoner, avoir une conversation avec lui et Lavelot pour qu'ils m'expliquent, mais j'ai eu peur d'appeler, peur que les stups me reconvoquent. Je suis donc resté dans mon coin avec de trop nombreuses interrogations en suspens. Alors, bien sûr, face aux inspecteurs des stups j'ai évidemment reconnu que j'avais eu des contacts avec

1. Nico Mattan (Cofidis), soigné par le « Dr Mabuse », a toujours affirmé son « entière confiance envers Bernard Sainz. Grâce à lui, j'ai de nouveau appris à sprinter et j'ai retrouvé confiance en moi. Il ne m'a jamais proposé de prendre un produit dopant » (*in* AFP du 01-03-2002, 22 h 42).

Lavelot et Sainz... ce qui s'est traduit dans la presse par les aveux de Virenque ! »

« Virenque se met à table », « Premier aveu ». Durant tout l'après-midi les radios et télés diffuseront l'info, ce fut l'événement du jour, enfin Virenque avait craqué, enfin le dénouement imaginé se réalisait ! Il fallut que Me Collard rétablisse les faits, depuis l'hôtel Lutetia, où Richard s'était retiré, en expliquant qu'il « n'y avait pas eu d'aveu ». Mais le martèlement médiatique de la journée – et le flou des infos – avait été si fort que même les journaux les plus prudents reprenaient la thèse de la confession, comme *Libération* : « Sur le gril Virenque serait passé aux aveux [1]. »

Au moment où les rédactions s'enflammaient, Virenque buvait le pastis avec les inspecteurs des stups. Ce n'est pas une galéjade ! En réalité, avant de prendre l'apéro, Richard s'était opposé assez vertement aux inspecteurs à propos de nouvelles analyses auxquelles ces derniers lui demandaient de se soumettre. « Je sortais d'un contrôle effectué dans le cadre de l'affaire Festina, où l'on avait essayé de me déstabiliser sur les résultats médicaux, je venais de passer un autre examen sanguin à Troyes, la semaine précédente, dans le cadre du deuxième volet du suivi médical longitudinal [2], imposé par la FFC, et j'allais subir un nouveau contrôle trois jours plus tard au départ du Giro, comme tous les autres

1. *Libération* du mercredi 12 mai 1999.

2. La Fédération française de cyclisme et l'Union cycliste internationale ont mis en place un suivi médical qui permet, grâce à quatre prélèvements sanguins au minimum dans l'année, de suivre les analyses des coureurs et de contrôler ainsi l'éventuelle prise de médicaments interdits comme l'EPO.

participants. Je ne voulais donc pas qu'on me prenne pour un cobaye, j'en avais assez de donner mon sang. Mais les inspecteurs des stups me disaient : "Tu prends les pilules de Sainz, tu les avales juste avant les contrôles et comme cela tu es tranquille." Ils affabulaient. Je leur criais qu'ils se trompaient. "Arrêtez un peu avec vos imbécillités !" Mais eux s'acharnaient, ils étaient à fond dans ce raisonnement, persuadés que je prenais des produits masquants. Alors une fois de plus j'en ai eu marre et j'ai accepté de me soumettre aux trois contrôles : examen sanguin, analyse d'urine et tests capillaires. »

Mais le médecin chargé d'effectuer ces examens, occupé par ses obligations professionnelles, tarda à arriver. « Là, les inspecteurs ont été sympas et en l'attendant ils ont servi le pastis. Ils m'ont confié qu'ils filaient Lavelot et Sainz depuis neuf mois. Ils montaient des planques, ils les surveillaient presque tous les jours, j'ai réalisé que c'était un gros truc. Je leur ai signé des autographes, ils m'ont fait visiter leurs locaux.

« Je ne suis pas habitué à boire. J'ai descendu trois verres ; j'étais plutôt chaud et lorsque le médecin s'est pointé je n'ai pas été agressif.

« Me Collard est venu me chercher ; à la sortie du Quai des Orfèvres, j'étais bien gai. Je lui ai dit : " Au moins cette fois-ci ils trouveront quelque chose : du pastis ! " »

12

Le cri de Rapallo

« Un homme ça peut être détruit, mais pas vaincu. » Richard en était là. Cette réflexion de Santiago, le vieil homme à la lutte avec un énorme requin, le requinquait. Il y avait une étonnante ressemblance entre le héros du roman d'Hemingway, solitaire, volontaire, solide, entêté, et lui. Une étrange similitude de faits les rapprochait : de même que le vieux pêcheur s'était aventuré en plein océan et, maintenant isolé, s'obstinait à vaincre l'espadon qui le défiait, Richard n'était-il pas seul face aux autres, face à la presse, face à la justice, deux mondes qui pouvaient être aussi hostiles qu'une mer démontée ? N'affichait-il pas une forte détermination à camper sur ses positions, à assumer ses déclarations, à suivre le chemin qu'il s'était tracé malgré le déferlement des vagues ?

Hélas, cette fois-ci, « ils » étaient allés trop loin, et comme Santiago « il ne savait que trop ce qu'il adviendrait quand il arriverait dans le milieu du courant. Mais pour le moment il ne pouvait rien faire ».

Il tenait bon, pour combien de temps encore ?

« Depuis plus d'une semaine je n'avais pas touché le vélo. J'avais dû affronter le juge et les stups, je ne souhaitais pas aller au Giro qu'on annonçait très montagneux.

Je ne voulais plus entendre parler de vélo. Stanga et M. Polti m'ont appelé, ils ont insisté. – Richard je veux que tu disputes le Giro. Tu as une semaine pour te refaire une santé. Il faut que tu viennes. Tu feras le maximum et on verra ce que ça donnera. Je te protégerai, on va te mettre dans un cocon, tu n'auras pas la pression de la course. – GianLuigi je suis au bout. Je ne peux pas. – Viens Richard, tu feras le maximum et on verra... »

Pour la première fois depuis son retour à la compétition, au bout du rouleau, il imagina le pire : « Je ne suis pas certain de recourir après ce Giro. Mon avenir s'assombrit. » Auprès de Jean-Yves Donor, du *Figaro*, il exprima cette lassitude par une métaphore : « Je suis allé en Italie, à reculons ! »

« Mon cœur était vide, je n'avais plus d'espoir. J'étais là-bas, parce qu'il fallait être là-bas. On m'aurait assis sur un banc, je serais resté là, assis sur le banc. » Une profonde meurtrissure mutilait ses pensées.

Agrigente, samedi 15 mai 1999. Vu de France le Giro s'élançait dans une atmosphère délétère. Quelques semaines après la mise en cause aux Trois jours de la Panne d'un soigneur de l'équipe Mapei, la suspicion du dopage planait davantage encore sur la caravane. Les vautours tournoyaient au-dessus d'un fauve blessé, tourmenté par la crainte de voir débarquer les agents de la NAS (la fameuse brigade des stupéfiants italienne) ou du CONI (le Comité olympique national italien), lequel annonçait sa volonté de procéder à ses propres contrôles sanguins. D'Italie l'envoyé spécial de *L'Équipe* décrivit quotidiennement un monde mal à l'aise, déshonoré, qui aurait même souhaité ne pas accueillir Virenque. Philippe Brunel constatait : « Virenque était devenu un mouton noir, une brebis galeuse pour un troupeau apeuré qui ne veut pas sentir la laine chargée [1]. »

Richard essayait de rester sourd à ce qu'il se disait en France. « Il était là, parce qu'il fallait être là. » Il s'efforçait de retrouver la confiance et de bonnes sensations. Mais la méchanceté sait se faire entendre. Il lui était impossible de tout ignorer. Au téléphone, il me faisait part de son étonnement : « Ici tout se passe bien. Je ne suis pas agressé. Je trouve même l'ambiance très conviviale. Cela n'a rien à voir avec le Tour 98. Le seul problème concerne l'opposition des coureurs italiens face aux exigences du CONI, ils n'acceptent pas la multiplication des prises de sang, mais je crois que cela va s'arranger. »

Agrigente, Catane et le sursaut de Cipollini, Terme Luigiane – où l'équipe Polti s'était retrouvée en début de saison – et la victoire de Jalabert qui le lendemain endossait la *maglia rossa*. Le Giro évoluait lentement. Richard poursuivait sa route, il était toujours dans la course avec un courage semblable à celui du vieil homme sur sa barque déroutée.

Bientôt la caravane atteignit Ancône, sur les bords de l'Adriatique, pour le premier grand rendez-vous de l'épreuve, un contre-la-montre individuel de 32 km. Où en était Richard ? Il se classa 51e à 3'34" de Laurent Jalabert, le vainqueur. Ce n'était pas un exploit, mais quelque chose de positif, tout simplement. « J'ai senti que petit à petit je me refaisais une santé. Mais ce n'est

1. *L'Équipe* du vendredi 28 mai 1999.

pas revenu comme ça. J'ai beaucoup galéré. Au début j'évoluais en queue de peloton, sans conviction, éloigné de la course. J'étais *off*. Puis les sensations sont revenues, plus fortes, plus encourageantes, à tel point que Stanga m'a dit : "Il faut que tu te testes, que tu attaques. On verra ce que cela donnera. Je crois que l'étape entre Sassuolo et Rapallo fera l'affaire. Richard tu vas attaquer..." »

Il y a des signes qui bousculent le destin : sur la route de Rapallo, en bordure de la riviera du Levant, Richard va sortir du tunnel, juste après la côte de Madona delle Grazie. La Madone des Grâces ! Le jour de la 13e étape ! Au pied du mont Portofino, là où le petit village de pêcheurs, dessiné au cœur d'une crique paradisiaque, alors en proie aux colères de la nature, avait abrité... Richard Cœur de Lion, en partance pour la Syrie.

Entre Sassuolo, dans l'Émilie-Romagne, et Rapallo, station mondialement connue, la route joue à saute-montagnes avec quatre grands cols au programme : le *passo della Cisa*, le *passo di Bratello*, le *passo Cento Croci* et le *passo di Malanotte*, ce dernier jamais encore emprunté par le Giro. La journée s'annonçait spectaculaire et terrible.

« Dès le départ la course est partie très rapidement. Je n'éprouvais pas de bonnes sensations et je commençais à m'inquiéter pour la suite de l'étape avec les difficultés annoncées. J'étais là, sans plus. » Mais le terrain sur lequel évoluait la course était un allié de circonstance : sans y prendre garde Richard se retrouva sur les rampes de l'avant-dernière difficulté du jour, *il passo Cento Croci*, à 70 km de l'arrivée, en tête du peloton de chasse, emmené par l'équipe de Pantani, derrière cinq coureurs échappés. En effet, Gil Santiago Blanco (Vitalicio Seguros), Gabriele Missaglia (Lampre Daikin), Oscar Mason (Liquidas Pata), Jose Uria Gonzalez (Kelme Costa Blanca) surnommé « Chepe » et Francesco Secchiari (Saeco Cannondale) évoluaient avec une quarantaine de secondes d'avance. À 3 km du sommet Richard se décida à sortir de l'anonymat et se lança, seul, à la poursuite des cinq fuyards. « Oh ! ce n'était pas un démarrage pour enlever l'étape. Dans ma tête je me suis dit : "Allez, je vais tenter d'attaquer, même si je ne suis pas motivé pour la gagne. Il faut que je sois digne de la confiance que la Polti me témoigne." » Il atteignit le sommet, bascula dans la descente et rejoignit les cinq hommes à mi-col. Ils avalaient la pente à vive allure. Derrière, la bande du Pirate souquait ferme et descendait à tombeau ouvert, comme on dit, cet exercice périlleux expédia entre autres au tapis Dario Frigo (Saeco Cannondale), 3e du classement général, victime d'une fracture de la clavicule, et Stéphane Goubert, l'équipier fidèle de Richard.

La course s'enflammait. En plongeant vers Varese Ligure, Richard retrouva ses repères, éprouva de meilleures sensations. Le déclic tant espéré, ce ressort trop longtemps contenu, le propulsait soudainement en tête. « Le fait d'avoir attaqué, d'être de nouveau dans le bain, m'a énormément motivé. Au fil des kilomètres j'entendais la foule hurler, dans cette ambiance survoltée, je ressentais intensément la course. Son exaltation. Ses folies. Je me retrouvais. » Dans l'ultime col de la journée, le *passo di Malanotte*, il remit ça – une nouvelle attaque, plus incisive, calculée, destinée à provoquer une nouvelle sélection. Seuls Blanco et Gonzales s'accrochèrent, les autres lâchèrent prise, ils furent bientôt absorbés par le peloton intraitable qui n'était pas décidé à distribuer des cadeaux. Mais un homme réussit tout de même « à sortir ». Il rejoignit le trio de tête. C'était l'Espagnol Roberto Heras (Kelme Costa Blanca). La descente, sur le versant opposé, celui du *passo di Bocco*, dessinait d'innombrables lacets, elle serpentait sur un mince ruban d'asphalte et exigeait de grandes qualités techniques. La veille de l'étape les coureurs avaient évoqué ce plongeon vers Madona delle Grazie et l'arrivée toute proche à Rapallo. Richard aime ces descentes qui tournevirent, vous emballent dans un tourbillon. Heras ne vit pas le danger, il chuta. Son équipier Gonzales l'attendit. À 60 km de l'arrivée, la voie était libre pour Richard et Gil Santiago Blanco ! « Dans l'échappée j'ai accompli de gros efforts, je me donnais bien plus que Blanco. Mais je ne croyais pas encore à la victoire. Nous n'avions qu'1'30" d'avance et derrière ils revenaient au galop. Je me disais que c'était foutu. Puis, quand nous sommes arrivés à une quinzaine de kilomètres de Rapallo, j'ai commencé à espérer. Mais je voyais Santibianco (Richard l'appelle ainsi !) prendre des relais de plus en plus soutenus. Il disposait encore d'un tonus impressionnant tandis que moi, qui m'étais un peu trop livré, j'accusais maintenant la fatigue. Dans le final, le parcours était accidenté. La foule se faisait de plus en plus compacte. Elle occupait une grande partie de la route. Nous avancions craignant de toucher un imprudent. L'avance s'amenuisait seconde par seconde, de kilomètre en kilomètre. Je sentais que l'espérance n'avait pas déserté les poursuivants tandis que, dans le délire des sirènes et des cris, le doute s'insinuait en moi. Je me disais : "On ne va pas y arriver." J'étais calé dans la roue de Blanco, à fond derrière lui. Dieu que c'était dur ! Je songeais : "S'il m'attaque je reste planté là, il va me larguer d'un seul coup." Blanco appuyait toujours intensément sur les pédales. Moi, je souffrais. Il m'imposa son rythme mais n'attaqua pas. Il était peut-être impressionné ! J'ai alors commencé à y croire. Je me suis "mentalisé". À une dizaine de kilomètres de l'arrivée, je n'arrêtais pas de me dire : "Il ne faut pas qu'il me lâche, il faut que je gagne, que je gagne." Dans les secteurs les plus pénibles, là où j'aurais craqué cinquante fois, je m'accrochais, j'ai tenu grâce à cette idée fixe, elle occupait tout mon esprit, je me renforçais avec elle, je ne pédalais qu'avec elle : "Il faut que je gagne." »

Le tunnel de Castellaro, long de 344 m. Richard sort du tunnel. Richard Cœur de Lion fonce vers Rapallo. Les deux derniers kilomètres. « C'est plus possible que je perde. Celle-là il me la faut, j'en ai besoin de cette victoire. Je vais tout mettre dans le sprint. »

La banderole des 500 m. La foule, les cris, les hurlements, les panonceaux blancs Fiat, les sirènes, la mer, les pub pour le thé Esta, la piazza du 4 Novembre et, au bout, la ligne blanche. La ligne du sursaut, du déclic, du renouveau. « Je dois gagner. »

Sous la banderole rose de la *Gazzetta dello sport* un cri rauque jaillit d'un corps meurtri, une plainte trop longtemps étouffée, un beuglement rageur, le souffle d'un buffle victorieux. Le cri de la délivrance.

Regardez Richard couper la ligne – et les mauvaises langues –, ses deux index pointés vers le ciel comme à

Courchevel. On ne distingue que sa bouche largement ouverte d'où surgit un feulement de tigre blessé. Richard ne sourit pas, il hurle, son souffle éloigne tous ceux qui voulaient l'anéantir, son cri cogne contre les mauvais jours passés.

Marcelino Torrontegui, son masseur, l'étreint. Richard pleure de joie. Il remercie le bon Dieu, *il signore* Polti qui lui a redonné une chance. « Aujourd'hui le sentiment de la victoire est bien plus important que celui de la revanche. » Il n'avait plus goûté l'ivresse de la victoire depuis l'altiport de Megève où il signa une belle victoire dans l'étape montagneuse du Dauphiné libéré, le 13 juin 1998...

Plusieurs mois après cette divine résurrection une émotion indicible resurgit et craquelle ses propos lorsqu'il évoque ces instants : « Je n'avais jamais ressenti une telle émotion, en remportant une victoire. Ce saisissement après tout ce que j'avais vécu je le comparais, de façon maladroite et exagérée bien sûr, à celui d'un aveugle qui d'un coup retrouve la vue. Mon succès n'a rien effacé. Rien. Simplement il m'a énormément fait du bien de même qu'il a apaisé toutes les personnes qui croient en moi et qui m'aiment bien. »

Franco Polti l'appela sur son portable – on devinait son sourire à l'autre bout du combiné. Laurent Jalabert, alors maillot rose, qui se dirigeait vers le contrôle le félicita chaleureusement. Aux journalistes il déclarait : « Je savais que Richard était un bon coureur, mais avec cette victoire il a démontré qu'il possédait les ressources physiques et psychologiques nécessaires pour sortir victorieux à un moment critique de sa carrière. »

De nombreux coureurs, dirigeants et journalistes vinrent le saluer. « C'est le monde du vélo et pas seulement mon entourage qui m'a congratulé. Je dois dire que ces encouragements, cette reconnaissance m'ont énormément fait de bien. »

Le lendemain matin, la plupart des télés pointaient leurs objectifs à l'hôtel des Polti où le public s'était rassemblé assez tôt, brisant la tranquillité de l'équipe.

37e au général à 10'7" du leader le jour de Rapallo, Richard terminera ce Giro – son premier – qu'il n'aurait jamais cru finir à la 14e place [1]. C'était plus qu'insensé, comme tout ce qui le concernait de près depuis plus d'un an.

La *Gazzetta dello sport* qui avait écrit en début d'année : « Bienvenu en Italie » à propos de sa signature chez Polti commentait ainsi son succès sous la plume de son éditorialiste Cannavo Candido [2] : « Nous saluons aujourd'hui sa victoire, mais nous n'oublions pas cette interrogation dans notre titre à la veille du départ du Giro : Mais ne serait-il pas mieux de le laisser à la maison ? Et alors Virenque est venu, il a couru et découvert avec tant d'autres, le long d'un parcours qui débuta dans la patrie de Pirandello, le plaisir de l'honnêteté. »

On devinait çà et là un léger changement de ton à son égard.

Le Tour 99 approchait.

Mais Richard était loin d'imaginer ce qu'il adviendrait dans quelques jours...

---

1. Dans l'étape de montagne Bra-Borgo San Dalmazzo, enlevée par Paolo Savoldelli (Saeco), Richard se classera notamment 5e.

2. La *Gazzetta dello sport* du 28 mai 1999.

13

Un cinquième maillot « bienvenu »

Sur l'autoroute qui conduisait la voiture de l'équipe Polti au départ du Tour 99, au Puy-du-Fou, des vélos gisaient à terre. « Nous avons perdu plusieurs bécanes, mais il n'y avait pas la mienne dans le lot. C'est peut-être un signe, la chance qui revient. » Richard ironisait, loin des regards indiscrets, retiré dans le calme d'une ancienne hôtellerie cistercienne située à 80 km du Puy-du-Fou, en bordure d'une longue ligne droite. C'était là son repaire secret, bien gardé, interdit aux journalistes. Un havre de paix à l'ombre des magnolias, à l'intérieur d'une bâtisse en pierres taillées blanche, dépouillée d'ornements, aux pièces immenses. GianLuigi Stanga avait ordonné qu'on ne dérange pas Richard. Appels filtrés, la consigne était stricte. Il voulait qu'il puise dans ce coin reculé l'énergie réparatrice, loin du brouhaha. Enfin le calme pour Richard.

Il s'élança du Puy-du-Fou, repêché au dernier moment par la commission disciplinaire de l'UCI [1] qui

1. Juridiquement deux points ont convaincu la commission de réintégrer Richard Virenque. D'une part un vice de forme commis dans les modalités d'engagement (en clair l'invitation adressée à l'équipe Polti n'avait pas été faite dans les soixante jours avant le Tour mais seulement

avait obligé les organisateurs du Tour à l'accepter au départ. « J'étais présent à Genève lors de la réunion de la commission disciplinaire de l'UCI. Les débats ont commencé le matin et se sont terminés vers 17 heures. J'ai tenté d'être le plus convaincant chaque fois que l'on me donnait la parole, d'exprimer l'importance que revêtait le Tour pour moi. Ce qui a vraiment désarmé les responsables de cette commission c'est lorsque nous avons demandé aux représentants de la Société du Tour d'établir les preuves que ma présence avait porté tort au Tour. Là, les avocats sont sortis un long moment. Puis ils sont revenus bredouilles, obligés de constater que jamais je n'avais affecté l'image ou la réputation du Tour. Ce serait plutôt le contraire ! »

« Accablant » titra malgré tout *L'Équipe* [1], sur toute sa première page, au-dessus d'une immense photo de Richard en plein effort, l'œil noir. Comme s'il s'agissait d'un énorme fait-divers, d'un coureur pris la main dans le sac, tel Michel Pollentier, lors du contrôle antidopage de L'Alpe-d'Huez, vêtu du maillot jaune. Mais non, l'affaire, la « belle affaire », ne concernait que la réintégration de Richard au départ du Tour. Il se trouvait encore des voix pour juger que sa présence devenait inopportune, on l'avait annoncé lors de la présentation du Tour, il n'était pas le bienvenu, « il cristallisait sur sa personne tous les problèmes de

---

cinquante et un jours avant) et d'autre part la constatation que les faits reprochés à Richard n'étaient pas fondés puisqu'il n'avait jamais été pris à un contrôle antidopage, n'avait jamais eu un test sanguin d'hématocrite supérieur à 50 % et avait toujours nié s'être dopé.

1. *L'Équipe* du mercredi 30 juin 1999.

dopage [1] ». À grand renfort de titres, une fois de plus son cas avait noirci les unes : « Virenque passe son Tour [2] », « Virenque indésirable [3] »... Et voilà qu'au moment où il ne s'y attendait plus on le repêchait. « Moi, j'étais simplement heureux d'un tel dénouement. Je n'en demandais pas plus, je me disais : "Mais comment vais-je faire pour tenir le coup ?" À cause de tous les rebondissements de cette sale affaire je ne me suis pas du tout préparé pour disputer le Tour. Ah ! ça non, alors ! J'avais mis tous les moyens... pour rater mon Tour. J'avais effectué des écarts alimentaires et j'étais arrivé là avec l'idée d'abandonner dans une dizaine de jours. Comprenez-moi, ils se préparent tous comme des fous pour cet objectif et moi je me pointais avec un déficit physique énorme. À cette époque, juste avant le championnat de France, je ne m'entraînais que deux heures par jour, et encore ! Aucun prétendant à la victoire finale dans ces conditions n'aurait accepté de s'aligner au Puy-du-Fou. »

« Virenque sera donc au départ du Tour et cela n'honore ni cette épreuve, ni le cyclisme, ni le sport en

1. Dans un communiqué de presse Richard s'exprimait ainsi le 16 juin 1999 : « La décision de Jean-Marie Leblanc me détruit. J'ai désormais la certitude d'être le bouc émissaire du vaste dossier du dopage. Présumé innocent, mais coupable d'une mauvaise image que nombreux se sont employés à cultiver en focalisant sur moi tous les maux du cyclisme, voilà pourquoi je ne suis pas invité au Tour. J'ai fait les analyses, les contrôles de l'UCI de l'Italie, du suivi longitudinal français. J'ai ouvert les bras et je reçois un coup de poing. » De son côté la société Polti exprimait sa « désillusion et son amertume » et annonçait qu'« elle allait prendre toutes les initiatives possibles ».

2. *France-Soir* du jeudi 17 juin 1999.

3. *Aujourd'hui en France* du jeudi 17 juin 1999.

général », jugeait Jérôme Bureau dans son éditorial s'adressant en ces termes à ses lecteurs : « Et vous, sur le bord de la route, êtes-vous prêts à acclamer des menteurs et des tricheurs comme si de rien n'était [1] ? »

Virenque-Verbruggen et consorts entravaient la morale publique... Cela n'empêcha pas Richard d'étaler tout au long du Tour 99 des qualités morales et physiques exemplaires, que le directeur du Tour reconnaissait. Même le juge Keil, celui qui instruisait l'affaire Festina, estimait que « Virenque pouvait disputer le Tour [2] ».

Il vivait donc son Noël avant l'heure. Les circonstances ne lui étaient pas favorables il avait attendu fébrilement ce jour depuis un an. La Grande Boucle posait ses chapiteaux au Puy-du-Fou. Richard retrouvait le Tour, *son* Tour, un an après le cataclysme de 1998. Mais les retrouvailles débutaient dans une grande discrétion, un effacement douloureux. Il se montrait très secret, n'accordait pratiquement pas d'interviews et vivait quelque peu isolé. Le matin au village-départ il se pointait quelquefois accompagné des membres de l'encadrement Polti. Le plus souvent il choisissait un coin et attendait l'heure du départ, soutenu par le regard du public, protégé discrètement par un garde du corps qui ne le quittait pas.

On en avait fait un exclu, un banni, un proscrit. « J'aurais préféré que toutes ces tensions soient dissipées, mais c'est ainsi. Je savais que tout cela rentrerait dans l'ordre par la suite. »

1. *L'Équipe* du mercredi 6 mai 1998.
2. *L'Est républicain* du mardi 8 juin 1999.

Il avait raison.

En réalité les organisateurs – leur démarche se voulait salutaire – craignaient que d'autres affaires de dopage n'éclatent, redoutaient d'autres descentes de police et d'autres interrogatoires musclés. Et pour eux la présence de Richard aurait pu, d'une certaine façon, favoriser ou attiser ces contrôles. Dans cette préoccupation bien légitime – sauvegarder le Tour – on ne parvenait plus à oublier le poids du passé immédiat – le Tour 98 et ses conséquences. Un curieux amalgame, alimenté par la suspicion que suscitaient les affaires et leurs retombées dans les médias depuis un an, coula l'ensemble des suiveurs du Tour dans un même moule, celui d'une appréhension collective, une peur obsédante. Pendant trois jours, le temps véritablement que la Grande Boucle s'élance et ne fasse plus du surplace en ressassant continuellement ses mêmes phobies, l'ambiance morose, les visages éteints, la méfiance des coureurs vis-à-vis des journalistes pesèrent sur le Puy-du-Fou comme un couvercle sur une marmite prête à exploser !

Et puis, soudainement, enfin la course retrouva son sens, sa raison, son bonheur. Comme par enchantement, la chape de plomb disparut, cédant la place aux enfantines tracasseries du suiveur, la montagne s'annonçait et avec elle la grande bagarre. Jean-Marie Leblanc, d'une façon assez discrète, jugea bon de saluer Virenque et de lui souhaiter la bienvenue en lui serrant la main. C'était au bout du quatrième jour. « Pescheux, le directeur sportif du Tour de France, est venu me parler au moment de la signature de la feuille d'engagement avant le départ de l'étape. " Jean-Marie voudrait te voir. " Là le patron du Tour m'a dit : "Voilà je te souhaite la bienvenue sur le Tour. Je le fais aujourd'hui en comité restreint mais je te saluerai tous les matins sans problème." Au cours d'une conférence de presse peu avant, on m'avait posé la question : "Est-ce que Jean-Marie Leblanc est venu vous serrer la main", et j'avais répondu : "Il en a peut-être envie mais il n'ose pas le faire devant tout le monde !". Ensuite, lorsque j'ai endossé le maillot à pois, JML me salua tous les jours puisque j'étais en première ligne avec les autres leaders. Je sentais que les relations commençaient à s'améliorer. Mais en fait elles auraient dû être ainsi dès le premier jour ! »

Richard n'avait pas formulé un mot de trop depuis le départ. Enfermé dans son silence – il avait à cœur de montrer que son comportement ne portait pas ombrage au Tour –, il s'accommodait de la meute de journalistes qui le suivait. Il avait décidé de ne penser qu'à la course. Dans un sondage publié par *le Journal du dimanche* [1], quelques jours avant le grand départ, 65 % des Français le plébiscitaient. Cette sympathie du public œuvrait comme l'eau souterraine dans une galerie : lentement un nouveau passage s'amorçait, un tournant s'annonçait.

La rédemption s'effectua dans les Alpes.

Le Tour 99 posait ses valises le temps d'un jour de repos au pied des montagnes, la veille de la première grande étape alpestre Le Grand-Bornand-Sestrières, attendue comme le premier duel entre les grands. Arm-

1. *Le Journal du dimanche,* 13 juin 1999. Sondage Ifop-*JDD*.

strong poursuivrait-il sur sa lancée, propulsé à la vitesse d'une fusée dès le prologue ?

À deux pas du Grand-Bornand, l'hôtel de Borne, en bordure d'un torrent, inspirait au calme et à la méditation. Une enseigne dessinée en forme de vélo signalait l'établissement. Ce jour-là, il vibra dans une belle bousculade : on attendait Richard Virenque, il allait parler ! Un autre Virenque se présenta face à la presse... et un autre monde journalistique l'observa. Richard se montrait détendu, heureux d'être au pied des montagnes. La course – et la course seulement – occupait ses pensées. Et la presse ? Elle percevait qu'un changement s'opérait dans sa personnalité. Elle lui accordait à nouveau son attention et un intérêt... sportif.

Au Grand-Bornand, le Tour retrouvait le Tour.

Richard souriait, répondait avec clairvoyance, plaisanta même devant le numéro d'un supporter zélé qui interrompit la conférence de presse pour lui manifester son attachement et son admiration : « Celui-là on ne l'a pas payé pour qu'il dise tout ça. » Les questions fusaient et à travers elles l'attente de sa prestation dans la montagne. « Je sais que le public m'attend. Mais n'oubliez pas que quatre jours avant le départ du Tour je ne savais pas que je le disputerais. Je manque de rythme et de fond. Ne me parlez pas de revanche, les rancœurs je les garde pour moi. »

Au soir de la première étape alpestre, à Sestrières, remportée avec arrogance par Lance Armstrong, Richard souriait. Il se positionnait déjà à la 9e place du classement général – il était 109e le premier jour, après le prologue ! –, il avait accompagné les favoris – 2e Zülle,

3e Escartin, 4e Gotti, 5e Beltran, 6e Virenque –, « éprouvé de bonnes sensations » pour ce premier contact avec les grands cols, même si la pluie diluvienne, la grêle par endroits, le vent glacial et le froid intense du Galibier lui tétanisèrent les muscles au point de le handicaper dans la montée finale. Richard endossait pour la première fois depuis juillet 1997 *son* maillot à pois. Cette fois-ci Virenque redevenait Virenque, pour entrer en France, Sestrières-L'Alpe-d'Huez, un 14 juillet, chevauchant un vélo blanc à pois rouges, spécialement monté pour cette étape, ceint de son paletot préféré. Quel symbole ! Deux mois avant, il s'était amusé à cocher cette étape sur son calepin, elle l'inspirait, lui plaisait. Le public l'espérait.

« Au pied de L'Alpe, sur la longue ligne droite conduisant vers Bourg-d'Oisans, je me suis débarrassé de mon tricot et de mes gants. Je pensais avoir trop chaud dans la montée, j'avais peur de mal respirer ! » Le temps de recoller aux roues des premiers en chasse derrière Heulot et Bourguignon, échappés depuis le matin, et L'Alpe-d'Huez lui offrait son mur, sa première rampe assassine, sans virage celle-là. « Tyler Hamilton, le maillot largement ouvert sur sa poitrine, imposa alors un rythme infernal. Nous étions à bloc, je ne crois pas que nous aurions pu poursuivre à cette allure jusqu'en haut. Puis Fernando Escartin (Kelme-Costa Blanca), aidé par Carlos Contreras, son équipier, et Alex Zülle (Banesto) à son tour appuyé par Manuel Beltran (Banesto), mirent le feu. J'attendais secrètement le bon moment pour tenter ma chance. Je ne voulais pas me brûler trop vite. Dès le début de la Croix-de-Fer ma roue avant avait éclaté alors que j'étais en 6e position. Tout le monde m'a vu crever. À ce moment-là le peloton a accéléré sous l'impulsion de l'US Postal. J'ai mis 8 km pour revenir tout seul, Oscar Pelliccioli, mon équipier, m'avait attendu mais il n'a pas pu suivre. Habituellement, en montagne, lorsqu'on perce, on parvient à rejoindre dans le kilomètre suivant, c'est plus facile que sur le plat où, là, les fuyards prennent vite du champ. Mais dans la Croix-de-Fer c'était la tempête, ça explosait partout, je remontais des groupes de coureurs les uns après les autres. Ces efforts m'ont vidé, je les avais encore en travers de la gorge en gravissant L'Alpe-d'Huez. J'attendais donc le moment opportun pour placer un démarrage. Mais je fus surpris et devancé par l'Italien Guiseppe Guerini (Telekom), renversé par un photographe amateur à moins d'un kilomètre de la ligne et néanmoins vainqueur ! Lorsqu'il est parti j'ai pensé qu'Escartin, Zülle ou Armstrong boucheraient le trou. Mais ils ont hésité, se sont regardés, et l'Italien devant a tout mis dans le final. Je m'étais résigné à obtenir une place d'honneur au cours du sprint, mais j'ai senti à ce moment-là, à 800 m de la ligne, que ma roue arrière "talonnait" : j'avais encore crevé ! Mes deux seules crevaisons enregistrées durant ce Tour 1999, je les ai eues dans l'étape de L'Alpe-d'Huez ! »

6e de l'étape, tout de même, et 6e du général. Le bilan était positif, la soirée serait bonne.

Club Med les Bergers, chambre 410. Sur la porte une inscription : la chapelle. Dans le couloir GianLuigi

Stanga, le directeur sportif, se déplace d'un pas décidé. Il visite ses hommes, ordonne, écoute, conseille. Son visage crispé traduit une colère rentrée : GianLuigi n'apprécie pas tout ce remue-ménage aux abords des chambres, l'étape de L'Alpe-d'Huez a été dure, le Tour est une épreuve de longue haleine, ses coureurs doivent se reposer. Derrière la porte de la chambre 410, Richard abandonne ses muscles aux mains de Torrone – surnom de Marcellino Torrontegui, son masseur. Seule une serviette blanche recouvre l'entrejambe. La pièce respire une forte odeur d'embrocation. Sur le lit voisin, le cuissard, le maillot, les chaussettes de Richard, jetés avant le massage bienfaiteur. Stéphanie son épouse est là, silencieuse. Clara, son petit bout de choux, le sollicite, l'appelle, le supplie « papa, papa, au bras ». Deux semaines maintenant qu'elle n'a plus vu son petit papa avec qui elle aime jouer. Richard lui prend la main, lui adresse quelques mots, pleins d'affection. Stéphanie réagit, elle connaît les exigences du métier de son mari, sa dureté, ses sacrifices, mieux que quiconque. Avec Richard elle a tout partagé. « Je sors, j'emmène Clara, on se revoit vers 20 heures. » La porte se referme. Marcellino, en tricot de corps blanc, transpire, il a levé la jambe droite de Richard, il masse profondément le muscle, jusqu'à sentir au bout de ses doigts la boule de contraction diminuer, s'éliminer sous la pression. Richard ferme les yeux. Il lui arrive souvent de somnoler, de profiter pleinement de ces moments de relaxation.

Marcellino masse continuellement, régulièrement. Richard tend sa jambe, ses doigts de pied se crispent sous la douleur. Marcellino insiste sur le vaste interne, sur cette zone sensible. « On m'aurait dit trois jours avant le Tour, dans les conditions où j'ai pris le départ, tu seras dans les six premiers du général, tu auras le maillot à pois, tu seras avec les favoris, parce que je suis là, hein, je ne l'aurais pas cru ! » lâche Richard.

Le massage est le passage obligé, le meilleur moyen pour éliminer les toxines. Sa durée varie selon l'état de forme du coureur. « Aujourd'hui il a de bonnes jambes », assure Torrone dans un français impeccable coloré par un petit accent espagnol qui le rend plus sympathique encore. Sa voix casse le silence. Ses paroles rythmées par le mouvement de ses mains s'alanguissant sur le muscle, comme s'il en tirait une radiographie imaginaire, établissent le diagnostic : « La caractéristique la plus importante de Richard c'est qu'il possède une musculature de coureur taillé pour les grandes courses, son muscle est super résistant. Il a les jambes en plus mauvais état les trois premiers jours, alors qu'il n'a pas encore fourni de longs efforts, que quinze jours après. » « De toute façon je suis plutôt raide de nature », ajoute Richard.

Marcello connaît bien Richard. Lorsqu'il rumine une contrariété, comme la veille à Sestrières où le froid a anéanti ses espoirs d'attaquer, alors qu'il se sentait bien, Torrone se tait et l'écoute : « Je n'ai que 4 % de graisse, dans le Galibier j'étais frigorifié, j'ai dépensé toute mon énergie à lutter contre le froid, je me suis vidé. »

Marcellino Torrontegui était déjà avec lui dans le Tour 98, pendant l'« affaire ». Dans la petite pièce du café Gilou au moment où Richard reçut la lettre d'exclusion des mains de Jean-Marie Leblanc il se tenait aux côtés des coureurs. Marcellino connaît parfaitement le cyclisme, ses secrets, ses dérives, il était le soigneur de Zülle chez... Festina. Puis Zülle choisit de signer chez Banesto, laissant Marcellino sur le tapis avant qu'il rejoigne Richard au sein de la formation Polti. Torrone tire aussi sa réputation de ses mains, de leur magie.

« Marcellino attaque les terminaisons nerveuses en douceur et progressivement entre dans le muscle pour travailler les rénovations. Quelquefois pour atteindre une minuscule zone de contraction il doit insister très longuement. – Il insiste si fort sur le muscle, reprend Richard, qu'il est impossible de s'assoupir. Mais le bien-être relaxant de la récupération apparaît dès que je descends les escaliers de la chambre pour me rendre à table. Aussitôt je me sens plus léger, débarrassé du poids de la journée. »

Stanga frappa à la porte. Il venait aux nouvelles. La longue séance de massage se terminait. « Pour l'instant nous courons tous pour le podium. On attend les Pyrénées, il ne se passera rien d'ici là », lui assura Richard.

Saint-Gaudens-Piau-Engaly : le col des Ares, de Menté, du Portillon, de Peyresourde, de Val-Louron-Azet et la montée finale, terrible, vers Engaly. Ça sentait la poudre. Fernando Escartin, auteur ce jour-là d'une magnifique échappée au long cours, conquit sa deuxième place sur le podium. Mais le fait du jour concernait Lance Armstrong. Pour la première fois depuis Sestrières, depuis L'Alpe-d'Huez, il avait concédé du terrain à ses adversaires en altitude. Dans les trois derniers kilomètres il céda sous la pression exercée par... Richard. Pour la première fois dans le Tour, Virenque se redécouvrait, se délivrait d'une terrible peur de mal faire. Arc-bouté sur sa machine il appuyait rageusement sur ses pédales, il abordait les derniers lacets à la corde, Zülle calé dans sa roue, à la limite de l'explosion. Il se retourna, vit Armstrong légèrement décroché, le maillot jaune lâché. Richard se sublima, il enflamma le sommet de cette station de ski surnommée « l'Avoriaz des Pyrénées ».

Quel suiveur imaginait à cet instant le frein psychologique que Virenque venait de lâcher ? Qui l'avait compris ? Avec toutes les insinuations et accusations dont il avait fait l'objet il hésitait à se lancer dans de longs raids, tiraillé par la crainte d'échouer et de recevoir en pleine figure d'autres bordées. Que n'aurait-on pas imaginé ? Il souffrait profondément de cet état de fait auquel, tout de même, s'ajoutaient sa mauvaise préparation et la faiblesse de son équipe, d'autant qu'Yvan Gotti et Oscar Peliccioli quittaient la course. Son équipe ? Il avait intégré le team Polti à la va-vite, et reçu un accueil très chaleureux de la part de ses équipiers, mais, dans son fonctionnement routinier, l'ambiance ne décollait pas. Lionel Audibert, journaliste à TF1 qui le suivait comme son ombre, une minicaméra au poing pour les besoins d'un film, l'avait remarqué. « J'étais avec eux dans le mobil-home au moment où ils se changeaient. L'atmosphère ne reflétait pas un enthousiasme collectif ! » Richard en était conscient : « Nous évoluions dans un groupe étranger, les langues nous séparaient, en plus je ne les connaissais pas depuis longtemps, il ne pouvait pas régner la même ambiance que chez Festina par exemple où nous étions tous des amis. Le cameraman aurait filmé en 1998, il se serait dit qu'il y avait le feu dans cette équipe tellement on s'amusait... »

Le déclic de Piau-Engaly le transforma. « Là, j'ai accompli la course parfaite, contrairement à Sestrières ou à L'Alpe-d'Huez. J'ai mis le turbo au bon moment. Bien sûr j'ai regretté de ne pas prendre la roue d'Escartin et de Dufaux lorsqu'ils ont démarré dans le col de Peyresourde. J'ai hésité. J'étais persuadé qu'Armstrong et Zülle réagiraient plus tard et qu'il était préférable de les accompagner. Lorsque j'ai enfin démarré avant le sommet de Piau-Engaly, pour récupérer quelques secondes sur Dufaux qui me devançait au classement général, j'étais vraiment transcendé, très concentré sur mon effort, j'avais l'impression de déployer une force incroyable. »

Troisième de l'étape derrière Escartin et Zülle et 5e au général. Il avait déjà réussi son Tour. « Ces instants m'ont procuré une énorme joie intérieure, ils assuraient ma confiance en l'avenir. Mais cela m'a également coûté ma 5e place le lendemain dans l'ultime étape de montagne, entre Lannemezan et Pau avec les cols d'Aspin, du Tourmalet, du Soulor et de l'Aubisque au menu. J'étais si confiant depuis mon forcing en haut de Piau-Engaly que j'ai décidé de tout faire péter dans le Tourmalet. Nous étions encore trop loin de l'arrivée. Si mon attaque provoqua l'explosion du peloton elle me brûla les ailes. J'aurais dû attendre qu'une sélection s'accomplisse, rester bien au chaud dans les roues. Mais c'était plus fort que moi, ce désir de jaillir du petit groupe me motivait. Dans le Soulor, Escartin a attaqué à son tour, à 4 km du sommet, suivi par Armstrong et Zülle. Là, j'ai payé mes efforts. J'ai réussi à revenir sur Belli, intercalé, qui n'avait pas pu prendre les roues des trois leaders. Un trou de 20 m s'était tout de suite formé. Avec Belli on s'efforçait de revenir sur les premiers. Il m'a passé le relais. J'ai fait l'effort, à mon tour, pour rejoindre le trio de tête. J'étais à 2 ou 3 m de leurs roues, complètement vidé, je me suis écarté. Belli a pu sauter dans les roues tandis que moi je restais planté. C'était fini. »

L'étape contre la montre du Futuroscope, sur 57 km, une nouvelle fois remportée par Lance Armstrong, rétrogradait définitivement Richard à la 8e place du classement général. C'était aussi celle de premier Français d'un Tour qu'il ne pensait pas finir et duquel il ramenait le maillot à pois ! Le bilan se révélait positif. Il en tirait un immense espoir pour l'année suivante. D'autant que l'on pouvait lire dans les colonnes de *L'Équipe*[1] : « Aujourd'hui un premier bilan du Tour donnerait raison à Hein Verbruggen et à sa commission disciplinaire. Pendant trois semaines il n'y a pas eu l'ombre d'un képi, pas la moindre affaire autour de sa personne. D'autres ont pris le relais sur ce Tour à la grande indifférence du Varois, à moins que ce ne soit pour son plus grand plaisir. Il ne le dira pas parce que Virenque mesure ses propos... »

« L'expérience que j'ai vécue durant des mois m'a renforcé, je me sens aujourd'hui bien plus fort qu'avant.

1. *L'Équipe* du dimanche 25 juillet 1999, article de Manuel Martinez.

Je sais que le public souhaitait que j'accomplisse une belle chevauchée mais ce n'était pas possible. Il ne fallait pas m'en demander plus, j'ai vraiment donné le maximum. Mais je me dis qu'avec les conditions dans lesquelles je me suis présenté au départ du Tour, si l'an prochain tout va mieux, si j'évolue enfin dans de bonnes conditions et que je ne rencontre pas de problème de santé, alors je serai vraiment beaucoup plus fort.

Ça, j'en suis certain. C'est mon credo, ma puissance, ma façon de surmonter tout ce qui m'est arrivé jusqu'à présent. Je suis bien plus fort qu'avant. »

14

Le petit prince fait le pois

« *Signore* Polti, l'an prochain, en 2000, si j'enlève à nouveau le maillot à pois, ce sera vraiment un événement pour notre équipe. » Richard glissa cette petite phrase dans l'oreille de Franco Polti au soir du Tour de France 1999. La fête devait se dérouler dans une pizzeria parisienne de grand renom, mais il avait insisté auprès de GianLuigi Stanga, son directeur sportif, pour revivre l'ambiance du Lido qu'il avait particulièrement appréciée avec son ancienne équipe Festina. « *D'accordo* pour le Lido », avait répondu toujours chaleureusement « monsieur Polti », qui voue une grande admiration à Richard. Jamais encore il ne s'était déplacé sur le Tour et voilà qu'en cette année 1999 il avait effectué le voyage à trois reprises : dans les Alpes, dans les Pyrénées et enfin à Paris pour le bouquet final. Richard fêtait ce soir-là son cinquième maillot à pois ; un cinquième titre de meilleur grimpeur du Tour, cela vous classe un champion.

Jamais encore un Français n'avait enlevé plus d'une fois ce prestigieux classement [1].

1. Seuls les Français René Vietto en 1934, Louison Bobet en 1950, Raphaël Geminiani en 1951, Mariano Martinez en 1978, Raymond

Jamais encore un seul coureur n'avait réussi à se parer du maillot à pois à quatre reprises consécutivement. Encore faut-il tenir compte de cette année maudite, en 1998, qui élimina bien malgré lui Richard de la compétition au profit de Christophe Rinero. N'aurait-il pas pu, dès lors, enlever fort logiquement cinq titres consécutifs ?

Au hit-parade des grimpeurs Richard Virenque se classe actuellement juste derrière Federico Bahamontès et Lucien Van Impe [1], tous les deux titulaires de six titres de meilleur grimpeur. Voilà pourquoi Richard ironisait joyeusement sur son éventuel sixième maillot pour l'an 2000. Il a toujours rêvé de la montagne. Celle qu'il préfère, qui l'attire et se refuse à lui, pour l'instant, c'est la mythique montée de L'Alpe-d'Huez. À ses débuts il avait même déclaré dans *Vélo*, le premier magazine à lui consacrer entièrement sa une – il y apparaissait moulé dans son maillot RMO, le regard profond, le sourire provocateur sous ce titre éloquent : « Virenque la jeune classe [2] » : « Le maillot jaune, c'est quelque chose, mais sincèrement je pense que ma performance à L'Alpe-d'Huez a plus de valeur. » Il évoquait ce maillot jaune conquis à Pau, en 1992 et sa confirmation quelques jours plus tard sur les pentes de L'Alpe-d'Huez, là où le Tour se gagne ou se perd. L'ascension des géants. Sou-

---

Martin en 1980, Bernard Vallet en 1982, Bernard Hinault en 1986, Thierry Claveyrolat en 1990 et Christophe Rinero en 1998 ont réussi à remporter le grand prix du meilleur grimpeur. Tous n'y sont parvenus qu'à une seule reprise.

1. Bahamontès a été sacré meilleur grimpeur du Tour en 1954, 58, 59, 62, 63 et 64. Lucien Van Impe a décroché le titre de meilleur grimpeur en 1971, 72, 75, 77, 81 et 83.

2. N° 280, septembre 1992, page 18.

venez-vous. Richard se hissait 8e au sommet, devant Pedro Delgado (14e, équipe Banesto), pas très loin du grand Miguel Indurain (6e, Banesto) qui visait son deuxième Tour consécutif. Cette étape toujours meurtrière avait sonné le glas pour Laurent Fignon (Gatorade), 73e à plus de 28', pourtant vainqueur de façon insolente des Tours de France 83 et 84. L'Alpe offrait également une image pitoyable de l'Américain Greg LeMond (vêtements Z), dominateur des Tours 86, 89, 90, en pleine détresse.

Cette année-là, en 1992, « cinq coureurs s'étaient échappés de très bonne heure pour tenter de devancer les favoris dans la montée finale. Il y avait Andy Hampsten (Motorola), surnommé le “petit lapin”, qui allait l'emporter, mais également Franco Vona (GB-MG Maglificio), Éric Boyer (vêtements Z), Frans Nevens (Lotto Belgacom) et Alarcon Montoya (Amaya). Je termine juste derrière Indurain et Chiappucci qui se mesuraient pour l'honneur. Chiappucci ceint du maillot à pois, que je commençais à lorgner, avait réussi à prendre la roue de l'Espagnol et me devança au sommet. Moi je découvrais L'Alpe-d'Huez, pour mon premier Tour. J'étais émerveillé et survolté par tout ce public. Je souffrais énormément de la chaleur, à tel point que je ne restais pas dans la roue d'Indurain, mais je me tenais volontairement à 2 ou 3 m pour laisser un peu d'air entre nous. Je suffoquais. En fait je donnais l'impression que j'allais sauter à chaque coup de pédale mais j'étais toujours là ».

Et comment ! La veille, entre Saint-Gervais et Sestrières, Claudio Chiappucci (Carrera-Tassoni) avait enflammé le Tour par une échappée marathon de plus de 220 km digne de figurer dans l'anthologie du cyclisme. Lorsque le ténébreux Italien décida de mettre le feu aux poudres et de s'envoler pour un raid qui parut au premier abord totalement suicidaire (254 km de course avec cinq cols dont l'interminable Iseran et le Mont-Cenis) devinez qui l'accompagna ? Richard bien sûr. Élémentaire...

« Je suis resté avec lui pendant un moment. J'avais été le seul avec également Roberto Conti (Arostea) à sauter dans sa roue et puis Jacques Michaud [1] mon directeur sportif chez RMO est monté à ma hauteur et m'a ordonné de m'arrêter pour attendre Pascal Lino, alors encore maillot jaune, qui était derrière et avait attaqué. Je me suis exécuté. J'étais un néo-professionnel, trop heureux d'être dans le Tour, fier d'évoluer à ce niveau. J'obéissais à la lettre. Mais je ne dis pas, non plus, que j'aurais accompagné Chiappucci jusqu'au bout... »

Ce que Richard démontra le lendemain, sur les hauteurs de L'Alpe-d'Huez, le classa définitivement dans la catégorie des grimpeurs, des hommes du Tour durs au mal. « J'ai compris ce jour-là que la montagne, c'était vraiment mon truc. Finalement je terminais 2e du classement final du meilleur grimpeur, derrière Claudio Chiappucci, après avoir porté le maillot jaune une journée. J'étais satisfait de ce premier essai. »

---

1. Il avait comme adjoint Bruno Roussel.

L'année d'après, en 1993, Richard se classa 5e du grand prix du meilleur grimpeur [1] : « Je me suis dit que ce maillot était vraiment à ma portée. J'ai réalisé qu'avec le maillot à pois je pouvais faire un truc et dès le Tour suivant c'est moi qui l'ai pris. Maintenant au bout de cinq fois on veut toujours plus. Le jaune, ce serait bien... »

Dans la montagne Richard exprime toute sa fougue, sa générosité, son talent. Et son culot. Car il lui fallait vraiment une bonne dose de culot, disons plutôt de confiance, pour se permettre de défier Miguel Indurain dans l'ascension d'Hautacam, en 1994. Il conserve encore dans sa mémoire cet instantané superbe qui le montre aux côtés du roi de Navarre, lunettes bleues sur la tête, les coudes écartés, occupé à rythmer sa pédalée sur celle d'Indurain. Richard l'insolent et Miguel le terrible au coude à coude. « J'ai trop voulu faire le beau en montant à sa hauteur pour le défier. Ces moments je ne les oublierai jamais. Mais après je l'ai payé sur la fin. » Avec eux Luc Leblanc qui sortira de la brume d'Hautacam en vainqueur. Miguel appuie sur les pédales dans sa position favorite, bien assis, tirant sur ses avant-bras, d'un mouvement de dos puissant il propulse sa monture vers l'avant, à chaque tour de manivelle. Entre eux seul le souffle de leur respiration trouble le suspense. La montée vers les sommets de Lourdes n'a rien d'une procession, les organismes rougissent, leur esprit s'embrase. De leurs regards galvanisés, électrisés par l'intensité de la bataille, sortent des billes exorbitées, on ne distingue

1. Derrière Tony Rominger, vainqueur, Claudio Chiappucci, Oliveiro Rincon et Miguel Indurain.

que la blancheur intense de leurs globes oculaires. Ils se battent à l'arme blanche !

Voici que Miguel daigne tourner légèrement la tête vers Richard, un regard furtif, hautain, caché par ses lunettes noires et la visière protectrice de sa casquette Banesto. Miguel est secret – il est difficile de deviner ses intentions –, mais on comprend que la présence de ce petit Français l'intrigue. À ce moment-là Richard ne se dégonfle pas et lui adresse quelques mots : « Regarde derrière, Rominger n'est plus là. »

Soudain la pédalée de Miguel fut plus véloce, les oscillations de ses épaules plus rapides, il forçait l'allure. Miguel le grand totem avait entendu Richard, il était d'accord avec lui, l'aubaine était trop belle. « Moi, sourit encore Richard en évoquant ces instants, cela m'arrangeait bien. J'avais effectivement remarqué qu'il n'y avait presque plus personne derrière, ça pétait de tous les côtés et je voulais que quelqu'un fasse le ménage, mais franchement, même si je montais très bien, je ne me sentais pas du tout capable de tout faire exploser. Miguel, lui, avait la force de laminer tout le monde. Je lui faisais comprendre que derrière il y avait des problèmes, j'avais l'impression de lui rendre un service. Là, il s'est retourné et d'un coup il a accéléré. C'était fantastique. »

Hautacam ! Une montagne pour guerriers, un nom de territoire indien. Hau-ta-cam ! Hau-ta-cam !

Dans ce Tour 94 Richard prit un malin plaisir à sprinter au nez et à la barbe de l'Espagnol, en haut de L'Alpe-d'Huez et sur la cime de Val-Thorens. *L'Équipe* lui rendit hommage par ce titre : « Virenque, à pois de géant [1] ».

1. 20 juillet 1994.

La montagne lui appartenait. C'était son jardin. Cette année-là, il ramena à Paris son premier maillot à pois.

Richard avait mis un point d'honneur à rivaliser avec Miguel Indurain. Il affirmait avec une belle franchise et tout naturellement, qu'« Indurain ne lui faisait pas peur ». Une nouvelle fois il se présentait en challenger, en battant, car il n'a jamais aimé s'avouer vaincu dès le départ. Leur rivalité atteignit son sommet dans le Dauphiné libéré 1995, hors-d'œuvre avant le Tour. Richard s'y présenta en très grande condition. « J'ai compris ensuite que j'avais commis l'erreur d'arriver sur le Dauphiné trop affûté, tandis que Miguel avait affiné sa condition. Je l'ai ressenti sur le Tour. Mais à quinze jours de la Grande Boucle me payer le grand Indurain, qui pour moi était un dieu du vélo, c'était le must. J'en conserve une très grande satisfaction ! »

Ce Dauphiné avait été préparé avec soin par les organisateurs qui se frottaient les mains, trop heureux d'y accueillir Indurain, lequel avait exceptionnellement fait l'impasse sur le Giro. Deux étapes de montagne, celle du Ventoux et celle de Vaujany (une station d'hiver voisine de L'Alpe-d'Huez, aux très forts pourcentages), transportaient les coureurs dans l'ambiance du Tour, en avance sur le calendrier. Richard remporta les deux étapes et s'offrit donc le luxe de dominer le grand Miguel Indurain, même si ce dernier enleva finalement le Dauphiné libéré, que Richard finissait à la 4e place [1]. Il payait une fois encore le contre-la-montre de Tain-l'Hermitage (36,5 km) où il avait été victime d'une crevaison.

1. Indurain remportait le Dauphiné devant Boardman (Gan), Aparicio (Banesto) et Virenque.

« Pour Richard la victoire au Ventoux devant Indurain fut la plus belle, confie son frère Lionel. Ils s'étaient battus *mano a mano*, à la régulière. Richard y puisait une grande fierté. » Voici comment elle se déroula. L'étape partait de Guilherand-Granges pour rallier Carpentras après la montée du Ventoux gravi par Malaucène. Au pied du mont Chauve Jean-Cyril Robin, équipier de Richard, lança l'offensive, offrant ainsi une rampe de lancement idéale. Lorsque Richard décida d'attaquer Indurain, il plaça plusieurs démarrages. « Chaque fois Miguel me laissait faire et revenait tout seul, au train. Je l'ai attaqué sans arrêt, j'avais même peur de l'énerver. »

Une nouvelle fois l'enfant de La Londe monta au créneau et n'hésita pas à provoquer en duel celui que, jusqu'alors, personne n'avait osé chatouiller. On le disait arrogant, il était tout simplement batailleur.

« À un moment je commençais à sentir la fatigue et je redoutais un contre de Miguel. Je suis monté à sa hauteur, j'ai passé mes vitesses bruyamment pour qu'il voie que j'ajoutais des dents à mon développement et je me suis mis en danseuse afin de donner l'impression de relancer et de l'attaquer à nouveau. Mais je bluffais. » Bientôt Robin est avalé, et ils se retrouvent à trois sur la route bordée de caillasses : Richard, Miguel Indurain et le Colombien Alvaro Mejïa (Motorola). « Dans les cinq cents derniers mètres avant le sommet Miguel s'est emporté. Il ne m'a rien dit, mais j'ai bien vu qu'il n'était pas content. Il a mis le grand plateau et m'a obligé à terminer l'ascension du Ventoux au sprint pour me montrer qu'il était bien là et n'entendait pas se laisser faire. C'est pourquoi ma victoire à Carpentras conserve pour moi un parfum particulier. Dans le dernier kilomètre de l'étape, avant l'arrivée à Carpentras, Miguel avait pris la tête, très concentré dans son effort. Il paraissait tendu, contrarié par le fait que je lui tenais tête. »

Mais ce n'était pas fini. Deux jours plus tard, sur les hauteurs de Vaujany, Richard devança une nouvelle fois Indurain en remportant une deuxième étape marquée par l'ascension du Galibier enneigé, du Télégraphe et de la Croix-de-Fer !

Le Ventoux, il allait le dominer une nouvelle fois, l'année suivante, en 1996, toujours dans le Dauphiné libéré, en guise de réponse au directeur sportif de Laurent Jalabert. Quelques jours avant, en effet, dans la Classique des Alpes que Laurent Jalabert remporta (après son succès dans le Midi libre), Manolo Saiz avait interpellé Richard lors du contrôle et l'avait traité de « petit coureur », ce qui ne lui avait pas du tout plu. « J'étais remonté comme un coucou et j'avais envie de lui foutre mon poing dans la figure. Je m'étais promis de lui répondre sur le vélo. »

Tout cela parce qu'il n'avait pas hésité – c'est le propre de la course – à chasser derrière Jalabert emmenant dans sa roue Miguel Indurain. Le Dauphiné libéré débutait par le traditionnel prologue à Megève, où il remporta en 1998 une belle étape. Quatre jours plus tard le Ventoux se présentait à l'horizon et deux coureurs conduisaient la danse sur ces pentes assassines : Jaja et Richard ! Au sommet – car cette fois-ci l'arrivée était vraiment jugée en haut du Ventoux – Richard s'imposa devant Jalabert. Il alla trouver Manolo Saiz et le questionna : « Alors, je suis toujours un petit coureur [1]. »

Dans la montagne il voulait se faire un nom. « J'ambitionnais d'être le meilleur dans le métier que j'avais choisi. J'étais coureur cycliste et je m'exprimais pleinement dès que la route s'élevait. Dès lors j'ai eu envie de marquer mon passage en étant le meilleur grimpeur. »

Si le maillot à pois habille Virenque, rien ne comblerait plus Richard qu'un maillot tricolore : champion de France ! Il y pense, il souhaite un jour l'accrocher sur ses épaules. Ce maillot aux couleurs de son pays il l'aime si fort qu'à la fin de Paris-Nice 1999, alors qu'il venait de reprendre la compétition et s'était illustré sur les pentes de Valberg, il déclara : « Mon objectif c'est le championnat de France ! » Peu de journalistes notèrent cette petite phrase lancée avec un brin d'émotion, chacun s'attarda plutôt sur le retour époustouflant du banni.

Charade, au pied du puy de Dôme. Richard est donc présent au rendez-vous malgré un épisode tragi-comique dont il se fût bien passé. La FFC n'avait pas reçu l'engagement de son équipe, et dans un premier temps lui refusa le droit de disputer le championnat sous le prétexte

1. L'anecdote méritait d'être racontée. Par la suite Manolo Saiz eut un comportement très fair-play vis-à-vis de Richard surtout durant les terribles moments de l'affaire Festina. Saiz fut à l'origine d'un communiqué émanant des groupes cyclistes espagnols qui défendaient Richard et l'assuraient de leur soutien. Richard l'avait appelé pour le remercier et, dit-il aujourd'hui avec humour, « je lui avais même demandé s'il y avait une place dans son équipe. Mais à cette époque tout était bouclé ».

que les délais d'engagement étaient dépassés. Finalement chacune des parties se montra bienveillante et Richard se trouva au rendez-vous, aux côtés de Stéphane Goubert, son équipier, un peu isolé dans le peloton.

Mais qu'importe ! La veille il avait revu ses ex-compagnons de Festina et des copains de la formation Casino, hébergés comme lui à l'Hôtel de la République, à Clermont-Ferrand. Cela l'avait réconforté, car depuis le Giro il se sentait bien seul. Il croyait à ce moment-là qu'il ne disputerait pas le Tour, il avait été très déçu de n'être sélectionné qu'à la toute dernière minute au championnat de France et se présentait au départ assez abattu. « On m'avait fixé comme condition que je me soumette à un contrôle sanguin la veille de l'épreuve ce que j'ai fait bien sûr... comme tous les autres participants. J'avais d'ailleurs déjà subi un test quelques jours avant, à Troyes, dans le cadre du suivi médical longitudinal. »

Mais cependant il voulait s'illustrer, faire un numéro et effacer tous les doutes, balayer la suspicion qu'on lui jetait à la figure depuis des mois. Sous la pluie torrentielle, il entendait le public vibrer à chacune de ses apparitions. Sur la ligne d'arrivée c'était du délire. Les journalistes abrités dans la salle de presse se cognaient contre la vitre pour assister à ce spectacle avec un léger sourire en coin. Ce n'était pas un champion cycliste qui passait mais une pop star, le régional de l'étape, le chouchou du peuple. Et ce succès en irritait certains. Ces vivats lancés chaleureusement réchauffaient le cœur de Richard.

On crut un instant qu'il réaliserait son rêve lorsqu'il conduisit l'échappée décisive composée de Fabrice Gougot (Casino), Jean-Cyril Robin (La Française des jeux),

Pascal Simon (Crédit Agricole), le futur vainqueur, à la poursuite de Pascal Hervé (Festina) et de Christophe Oriol (Casino). Il affichait un regard ténébreux, lucide, prêt à bondir. Mais François Simon fut le plus prompt, et le plus fort, à réagir dans une épreuve dantesque où seulement 16 coureurs terminèrent sur les 95 partants. Dans le dernier tour, à moins de 2 km du final, Richard s'extirpa de son groupe pour tenter de terminer 3e – derrière François Simon (1er) et Pascal Hervé (2e) – et d'arracher une place sur le podium. Il se dégagea facilement et prit le temps de saluer la foule à une dizaine de mètres de la ligne blanche, relâchant son effort. C'est à ce moment-là que Cédric Vasseur (Crédit Agricole), sorti comme un bolide, le passe in extremis. Richard ratait le podium.

«J'étais venu pour gagner, dès lors 3e ou 4e cela ne change pas grand-chose. Mais j'ai pris le temps de visionner la cassette de la course. On voit très bien que je me retourne à 600 m du final pour constater que j'ai creusé un trou important. Là je ne lève pas le pied, j'insiste à nouveau. À 300 m je me retourne encore et j'aperçois dans le faux plat montant (avec vent de face) la voiture d'un commissaire et rien d'autre. J'étais persuadé de ne plus être inquiété. Mais derrière il y avait Vasseur. On aperçoit sur la cassette le commissaire qui lui fait signe de passer. Je m'interroge : Pour quelles raisons cette voiture était-elle intercalée entre nous et qu'est-ce qui a motivé le geste du commissaire, qui fait signe de la main à Vasseur d'y aller? Il me passe à la vitesse d'une balle... »

Le podium, Richard, y avait accédé l'année précédente, en 1998, toujours à Charade, mais sur un circuit légèrement plus sélectif. Pourtant, là encore, la malchance l'avait accompagné tout au long d'une épreuve très dure, disputée sous une chaleur étouffante. « Dès le deuxième tour, alors que c'était parti à fond, j'ai cassé ma potence. J'ai dû attendre ma voiture, coincée à l'arrière, et j'ai perdu plus d'une minute. Ensuite mes équipiers se sont défoncés pour que l'on rejoigne le peloton. Il nous a fallu deux tours et dans cette chasse effrénée nous avons laissé beaucoup d'énergie. Nous aurions pu bénéficier des circonstances de course lorsque Pascal Hervé a attaqué. À ce moment-là j'évoluais en compagnie de Jalabert (Once), le futur vainqueur, et de Luc Leblanc (Polti) qui termina juste dans sa roue. Mais Pascal a raté son virage, il cassa ses deux roues et on le vit sur le bord de la route, impuissant, espérant l'arrivée de la voiture dépanneuse. Je me retrouvais tout seul. »

Finalement Richard terminera 3e de ce championnat qui annonça... la couleur. L'avant-veille de l'épreuve il avait invité un ami coiffeur de Carqueiranne, Pascal, spécialiste de la décoloration des cheveux, à passer tous ses équipiers en revue. Les Festina avaient décidé d'imiter leur chef de file, à la chevelure grise, et se prêtaient au jeu ; jusqu'à 1 heure du matin le coiffeur s'affaira afin qu'au départ du championnat les équipiers de Richard – c'était pratiquement l'équipe Festina du Tour – soient tous dans le même ton : les cheveux gris. « Cela m'avait bien plu. C'est en octobre 1997 que j'avais décidé de changer la couleur de mes cheveux, par goût ; j'aimais bien le gris. Mais à Genève, chez mon coiffeur, j'étais ressorti avec les cheveux verts ! Pascal, lui, maîtrisait bien les couleurs – sinon du gris ils passent très vite au blond platine – et il avait accepté ce challenge. »

Le soir du championnat Richard prit la route en compagnie de Stéphanie et de Clara. « J'étais épuisé, pressé de rentrer et de me coucher. Au bout de quarante-cinq minutes de route nous nous sommes aperçus que nous avions oublié la poussette de la petite à l'hôtel. J'ai dû retourner à Clermont-Ferrand. Au retour on s'est arrêté à l'hôtel Ibis et là nous avons retrouvé – c'était un hasard – mon fan-club. Une collation rapide et je regagnais Genève. Je songeais à cette journée, je n'avais eu que des ennuis. Quelques jours plus tard le Tour 98 me tombait dessus... »

Superstition ou malchance ? Le bleu-blanc-rouge qui lui donne des frissons se refuse à lui. Même pour représenter l'équipe de France, il dut quelquefois se heurter à des difficultés, ce maillot le fuit.

Au lendemain du Tour 99 Richard songeait tristement au Mondial de Vérone, qui s'approchait. « Je ne me faisais pas d'illusion, je savais que le président de la Fédération française, Daniel Baal, ne me sélectionnerait pas. » Cela ne le vexait pas, simplement il estimait à juste titre que le premier Français du Tour méritait sa place dans l'équipe de France.

Quel forfait avait-il donc commis pour mériter de la part du président Baal un tel acharnement ? La légende des cycles, dont il n'est pourtant pas féru, lui soufflait le cas d'Henry Anglade, comme lui bagarreur infatigable, écarté de l'équipe de France du Tour 1959 alors qu'il portait le maillot de champion de France.

Au grand prix de Plouay, traditionnellement considéré comme le dernier jugement de valeur avant l'annonce de la formation définitive, le sélectionneur national, Charly Bérard, un Niçois ex-équipier de Bernard Hinault, se montrait embarrassé. Il ne pouvait pas retenir Laurent Jalabert, sous le prétexte bien français, qu'il ne se soumettait pas au contrôle médical longitudinal [1] et, confronté à la pression de la Fédération française de cyclisme, il ne souhaitait pas, pour l'heure, écrire sur sa liste le nom de Virenque [2]. Ainsi l'équipe de France se privait du numéro un mondial et du meilleur grimpeur du Tour (pour la cinquième fois !), tous deux désignés comme coupables par les instances françaises. De quoi provoquer un sourire narquois sur le visage des autres concurrents. Mais la France, au nom de la lutte antidopage, et avec une hypocrisie sans faille [3], se donnait en exemple !

Oh ! ce n'était pas la première fois que les instances fédérales l'écartaient des championnats du monde [4]. Il songeait à ses débuts, en 1992, lorsqu'il porta le maillot jaune et se révéla sur son premier Tour en terminant deuxième Français. Il avait espéré rejoindre les Bleus pour le Mondial de Bénidorm, mais on l'avait volontairement mis à l'écart.

---

1. Laurent Jalabert se soumettait au contrôle médical de l'UCI estimant, alors, que seule l'instance internationale devait servir de référence pour les coureurs.

2. Richard suivait le contrôle français mais se soumettait également à celui de l'UCI et de la fédération italienne.

3. Pendant ce temps les Hollandais sélectionnaient en équipe nationale plusieurs coureurs pourtant concernés par les affaires du Tour 98.

4. En 1998, à la suite de l'affaire Festina, la Fédération priva Richard du Mondial. Interrogé sur l'éventuel moyen de passer outre cette décision il avait répondu, ulcéré : « Il faut changer de nationalité. » Il expliqua ensuite qu'il n'avait jamais eu l'idée de changer de nationalité et confirma sa fierté de porter le maillot tricolore qu'il s'acharne toujours à défendre brillamment.

« J'avais eu Lucien Bailly, l'entraîneur national, au téléphone, il m'avait expliqué qu'il ne pouvait pas me retenir, j'avais bien compris qu'il subissait la pression de certains anciens coureurs, qui voyaient mal ma présence à leurs côtés. Cette grosse magouille m'avait fortement irrité et je ne m'étais pas privé pour le lui dire, d'autant que cette année-là les championnats du monde se déroulaient encore en août [1] peu après le Tour et que j'affichais une belle forme. »

Il n'irait donc pas à Vérone. Privé de Mondial, comme en 1998. Au fond de lui-même, Richard ne pouvait s'empêcher de songer à la fin de saison 1997. Avant l'affaire. En 1997, justement, pour le championnat du monde de Saint-Sébastien, il partagea la responsabilité de l'équipe de France avec Laurent Jalabert. Il avait hésité à prendre le départ, trouvant le circuit peu à sa guise. Et puis Clara, sa petite fille, était née en septembre, le plus beau mois en Provence, et il était tout naturel qu'il préférât veiller sur elle. Finalement, « j'avais cédé aux incessants appels du président de la Fédération française, Daniel Baal, qui insistait avec Mottet, sélectionneur national, pour que je participe à l'épreuve » !

1. À partir de 1995 les championnats du monde ont été programmés après le Tour d'Espagne, en octobre.

15

Changer les aiguilles du temps

Richard pourra-t-il un jour gagner le Tour ? Il lui reste encore une ou deux saisons. Son ardeur au combat, ses talents de grimpeur sont autant d'atouts indispensables. Mais il lui faudra immanquablement gommer ses lacunes dans le contre-la-montre, surtout à notre époque où l'emploi des grands braquets s'est généralisé. Est-ce là un rêve ou une éventualité à envisager ?

Depuis ses débuts il n'a jamais rien laissé au hasard dans son désir de progresser. Dès l'hiver 1994 il avait décidé de se consacrer avec tout son esprit offensif à ce challenge : travailler le contre-la-montre sans diminuer ses facultés physiques intrinsèques de grimpeur. Un match Virenque contre Virenque en quelque sorte.

Tout fut décidé au sortir du Tour 94 qu'il terminait 5e, mais cependant très déçu d'avoir perdu sa 2e place et le podium dans... le contre-la-montre tracé entre Morzine et Avoriaz. Ce jour-là, Richard s'élança avec son dossard 99 juste avant le leader Miguel Indurain (Banesto) lequel le devançait de 7'22" au classement général. « Roussel m'avait dit : “Tu baisses la tête, tu fonces et moi je t'indiquerai les virages avec le mégaphone” ! À un moment j'étais en pleine descente lorsque j'ai relevé la tête et aperçu le virage. Roussel ne m'avait rien dit, je ne pouvais plus tourner, je suis allé tout droit. Heureusement il y avait une barrière ouverte, je m'y suis engouffré entre deux policiers qui n'en revenaient pas. Ils m'ont ensuite aidé à repartir. Mais j'ai perdu des secondes précieuses. J'ai raté la 4e place, occupée par Luc Leblanc (également chez Festina), pour seulement 7". »

Richard avait également été victime d'un saut de chaîne, en changeant de plateau. Sur les 47,5 km de cet exercice très particulier il déboursa exactement 6'4" (18e de l'étape) sur le vainqueur Piotr Ugrumov (Gewiss). Le Russe battait Indurain seulement 3e de l'étape, précédé également par un certain Marco Pantani (Carrera). Richard rétrogradait de la 2e à la 5e place du classement général, il y avait de quoi enrager et se lamenter « J'ai très mal vécu ces instants. J'avais les larmes aux yeux, perdre le podium à deux jours de Paris, après tous les efforts accomplis en montagne, simplement parce que je n'étais pas au top dans le contre la montre, je ne pouvais pas l'accepter. Cela a été le déclic. J'ai décidé de travailler ce point faible en rencontrant l'ergonome André Armel à la fin de l'année. »

En réalité cela faisait déjà près de deux ans que Richard désirait améliorer ses performances dans le contre-la-montre, mais André Armel, spécialiste de cette discipline qui avait conseillé Laurent Fignon, Greg LeMond et Bernard Hinault, était lié à l'époque avec l'équipe Castorama et ne pouvait pas s'occuper de lui. À la fin de l'hiver 1994 les deux hommes se rencontraient enfin pour une première séance de travail et tout de suite ce fut l'éblouissement. « J'ai vu au fil des séances, raconte André Armel, un garçon hypermotivé, très travailleur. Il mettait dans l'ouvrage une ardeur que je n'avais jamais rencontrée chez les autres champions, même Hinault. Il m'a dit : "Je veux réussir, progresser dans le contre-la-montre mais aussi en montagne." J'ai appris à le connaître, à l'estimer. Pour moi c'est le seul coureur français qui peut ramener un maillot jaune à Paris. Il était à la recherche de conseils techniques pour s'améliorer et devenir plus performant. »

« Nous sommes carrément partis de zéro, s'enthousiasme Richard ; il m'a métamorphosé sur mon vélo ! Ma position a été complètement changée, comme on dessine une carrosserie nouvelle pour redéfinir et perfectionner le cx d'une voiture. Au laboratoire d'André Armel j'ai corrigé la position de mon buste, de mes trois points d'appui (pieds, mains, postérieur), recherchant chaque fois une efficacité et un confort maximaux, après l'analyse de mes mouvements filmés par une caméra. La transformation s'est poursuivie à Hyères où André Armel est descendu pour suivre mes essais sur la piste et affiner ma position. Je suis un coureur plutôt raide [1], il m'a fallu apprendre à mieux glisser dans l'air en baissant la tête, en pliant les bras, à m'habituer au vélo plongeant sur lequel nous avions placé une roue de 650 à l'avant. Nous avions tout revu, ma position, le vélo mais aussi l'échauffement, l'alimentation avant le chrono, les braquets et jusqu'à l'adaptation du bidon placé derrière la selle ! Cela m'impressionnait énormément. »

Un travail de fourmi, rythmé par de très nombreuses séances de mesures, d'essais, de tâtonnements, de

1. Voir le chapitre 13 : « Un cinquième maillot "bienvenu" ».

réglages patiemment établis, le temps que le papillon sorte de sa chrysalide. André Armel l'accompagna même dans certains contre-la-montre du Tour et du Dauphiné libéré afin de l'observer et de le conseiller.

Premier test, le jour du prologue du Tour 96, à 'S-Hertogenbosch, en Hollande. Alex Zülle (Once) boucla les 9,4 km en 10'53" sur un vélo Look équipé d'un petit carénage placé juste au-dessus de la roue arrière [1]. Et Richard? Il finit 15e à 27", devançant Thierry Marie (Agrigel-la Creuse) et Jacky Durand (Agrigel-la Creuse) pourtant spécialistes du genre. Il talonna Christophe Moreau (son équipier chez Festina) et Lance Armstrong (Motorola), tous deux à 24", véritables bolides. Pour un début c'était plutôt encourageant. Inespéré même!

« Notre but était clair : gagner des secondes! Nous nous étions fixé comme objectif d'accomplir des progrès considérables la première année pour arriver à de meilleurs résultats en 1996. » La véritable confirmation de ces progrès éclata lors du contre-la-montre de Saint-Émilion : 63,5 km, sur un tracé entièrement plat, un parcours pour rouleur. La distance bien plus longue que le prologue délivra ses véritables enseignements. Richard terminait 7e à seulement 2'30" du vainqueur, la révélation du Tour, l'Allemand Jan Ullrich (Telekom). Devant lui, la feuille de classement plaçait uniquement des spécialistes du contre-la-montre : 2e Indurain (Banesto), 3e Olano (Mapei-GB), 4e Riis (Telekom), 6e Boardman (Gan). De toute évidence Richard pulvérisait ses anciens chronos.

1. Le jury décida à l'issue du prologue d'interdire ce vélo qui avait déjà été utilisé au cours de la saison.

Un exemple est édifiant : à ses débuts en 1992, sur une distance sensiblement identique (65 km dans le contre-la-montre de Luxembourg) il concédait 10'26" à Indurain contre 2'30" cette fois-ci sur 63,5 km.

« Cette année je jouais le podium avec Dufaux (chez Festina également), 5e de l'étape, je ne voulais surtout pas reprendre un carton comme en 1994. J'étais très motivé. »

À Paris Richard monta sur la troisième marche du podium. Depuis Laurent Fignon en 1989, aucun Français n'avait eu cet honneur. Mais surtout il avait marqué les esprits, dépassé son image de grimpeur, affiché ses ambitions, « gagner un jour le Tour », et transcendé sa volonté exceptionnelle de se surpasser pour y parvenir.

Le match de Virenque contre Virenque n'était pas fini !

« Chaque fois que l'on se rencontrait avec André Armel, on avançait. Je voyais bien que je m'améliorais et cela aiguisait ma motivation. Je me souvenais d'un chrono disputé au Tour du Limousin 93 – Charly Mottet remporta le classement général, Richard fut 2e – où avec le maillot de leader sur le dos j'avais réalisé un bon temps sur 22,400 km. À cette époque je m'étais surpris et interrogé sur la force que peut insuffler la motivation. »

D'ailleurs il avait montré, déjà, les premiers signes de cette progression dès l'année 1995 – la première année où il entreprit de se perfectionner dans ce domaine – lors du contre-la-montre entre Huy et Seraing, où il souffrit pourtant terriblement de la soif pour avoir laissé tomber son bidon pratiquement dès le départ. Sur 54 km il lâchait 7' au vainqueur Miguel Indurain, alors qu'en 1994, entre Périgueux et Bergerac, Richard concédait 10'37" à Miguel Indurain sur 64 km.

« Je n'abordais plus les chronos de la même façon. Avant je n'avais pas envie de disputer un contre-la-montre, je ne croyais pas en moi, je me disais que c'était un truc pour les rouleurs, que je n'étais pas fait pour ça. Ça m'emmerdait. André Armel m'a remis en position, mais surtout il a joué un grand rôle sur le plan psychologique. Il m'a donné les moyens de croire en moi, d'aimer le chrono, il m'a donné goût à cet exercice solitaire fabuleux. Et cette découverte pour moi c'est encore plus important que tous les réglages et perfectionnements aérodynamiques. J'évalue ma progression à 60 % au moins. »

Et André Armel estime que Richard a gagné près de six secondes par kilomètre, ce qui laisse pantois. L'aboutissement, pour l'heure, de ce travail d'équipe « entre le professeur et son élève » atteignit son sommet dans le Tour de France 1997 lors du contre-la-montre de Saint-Étienne, puis de Disneyland.

« Le grand défi » titra *L'Équipe* sur huit colonnes [1] avec à gauche le portrait immense de Jan Ullrich (maillot jaune) et à droite son challenger, Richard Virenque (2e du général à 2'38") coiffé d'un casque aérodynamique et vêtu du maillot à pois, dans une attitude de grande concentration. Les mains posées sur ses jambes Richard n'entendait plus le monde extérieur. Il était rivé sur lui-

1. Vendredi 18 juillet 1997.

même, en pleine préparation d'une épreuve où il se classa finalement 2e, derrière l'intouchable Allemand.

Qui aurait pu prédire pareille métamorphose deux années auparavant ?

55 km historiques ! 55 km d'éblouissante démonstration pour Ullrich, 55 km d'époustouflante progression pour Virenque. Richard debout sur ses pédales dans la principale difficulté, le col de la Croix-de-Chaubouret, entre deux haies de spectateurs protégés de la pluie par des couvertures ou des K-way. Sous un ciel chargé d'encre il grave sur l'asphalte mouillé la trace de sa résistance, la force de son œuvre. Au travers des gouttes de pluie et de sueur, il creuse son sillon, récolte la juste récompense de ses longues séances de travail.

Seul Richard « cœur de courage » lutte encore contre l'Allemand. Sur son passage, c'est la France qui l'acclame, le drapeau tricolore qui claque. Ce Virenque déchaîné sur son vélo équipé d'une roue lenticulaire à l'arrière, ce grimpeur flamboyant, ce petit crâneur qui ne s'avoue jamais vaincu, la foule le transporte, le pousse, réalise enfin l'immensité de son combat. Il a mis tous ses voyants au rouge : son cœur brûle, de son genou coulent des gouttes de sang, il s'est cogné la rotule contre le guidon. Il boxe en pédalant.

Rouge et blanc sa tenue luisante de meilleur grimpeur, rouge sa hargne, le tic-tac du chrono dans sa tête, le bouillonnement qui l'entoure. Blanches ses lunettes, ses dents rageuses, la peau de son visage creusé.

Sur la pente brumeuse il se met à nu : il n'a pas de casquette, pas de casque, pas de gants. Il est seul, en rouge et blanc, contre lui-même et une boule de feu jaune, un lance-flammes coiffé d'une casquette Telekom posée à l'envers comme au temps des *campionissimi*. « Ce sont des géants », sublimera le lendemain matin *L'Équipe*. Et « Richard un demi-dieu [1] ! ».

À peine Richard a-t-il basculé en haut du col que l'incandescente chaleur caresse déjà sa roue arrière. Ullrich a changé de vélo, il plonge sur Richard. Et Richard ? Pourquoi Richard n'a pas jeté son vélo lourd comme une enclume ?

« Nous avons commis une lourde erreur tactique ce jour-là. Bien sûr je ne dis pas que cela aurait changé l'ordre des choses, Ullrich était vraiment très fort, mais j'aurais dû partir avec un vélo léger pour monter le col de la Croix-de-Chaubouret et changer au sommet comme l'ont fait Ullrich, Riis, Pantani et bien d'autres. J'ai perdu énormément de temps dans ce col, parce que mon vélo muni d'une roue lenticulaire arrière était très lourd alors que j'évoluais sur mon terrain de prédilection, ce qui est paradoxal. Mais personne ne m'avait suggéré d'effectuer ce changement. »

1'59", exactement, de perdu sur Ullrich uniquement dans ce col que l'Allemand – et son vélo normal – avalait à pleines dents. À 11 km de Saint-Étienne le maillot jaune aérien dépassa le maillot à pois insoumis. Mais le feu du dragon d'or ne crama pas les ailes du papillon. Richard s'accrocha, s'arc-bouta, s'acharna, s'opposa à distance en résistant 7" derrière son rival parti 3' avant lui. Plus que 4" sur la ligne... et les 3' : chapeau bas ! Riis (Telekom), Olano (Banesto), Pantani (Mercatone uno), Casagrande (Saeco), Vandenbroucke (Mapei-GB), Boo-

1. *L'Équipe* du samedi-dimanche 20 juillet 1997.

gerd (Rabobank), ils étaient tous derrière. Cette fois-ci tout le monde salua sa performance et comprit l'intensité du travail accompli. Un chiffre : en 1993 sur les 59 km tracés autour du lac de Madine (soit à peu près la même distance qu'à Saint-Étienne) il déboursait 12'5" sur Miguel Indurain (Banesto), vainqueur sous la pluie. C'était trop [1].

Quelques jours plus tard Richard démontra que, malgré cette performance, il demeurait toujours aussi vaillant dans la montagne en s'imposant en haut de Courchevel.

Mais il est des affronts qui blessent. Le chrono de Disneyland s'annonçait la veille d'arriver à Paris et Richard jura sur chacun des petits pois composant harmonieusement sa tunique d'été que cette fois-ci l'Allemand ne le dépasserait pas. Le pari était osé, ce contre-la-montre de 63 km (contre 55 km à Saint-Étienne) se disputait sur un parcours entièrement plat, favorable aux rouleaux compresseurs, donc à Ullrich !

« Je ne voulais surtout pas qu'Ullrich me rejoigne à nouveau, que les photographes fassent ce cliché si attendu. C'était ma fierté, car logiquement il aurait dû me rejoindre. Je me suis battu pour conserver ma 2e place au général mais surtout pour éviter la jonction et j'ai réussi, même si ce n'est qu'avec 13" d'avance ! »

Sur la ligne, mitraillé par les objectifs des reporters, Richard offrit un large sourire de satisfaction et, d'un petit geste de la main, il indiqua avec son index, d'un mouvement de gauche à droite – pour dire non –,

1. Ce jour-là Richard fut cependant handicapé par une forte douleur au genou provoquée par un coup donné sur le guidon.

qu'Ullrich ne l'avait pas dépassé. « Je m'étais vraiment surpassé. J'avais les muscles fessiers complètement tétanisés par la douleur de l'effort. Je n'ai pas pu m'asseoir sur une chaise jusqu'au soir, et encore j'avais si mal aux jambes que je m'inquiétais pour repartir le lendemain. Je redoutais un départ rapide. Heureusement c'est parti doucement. » Au-delà de l'anecdote Richard savait qu'à partir de ce jour il pouvait gagner le Tour.

Dans *L'Équipe* [1] Philippe Bouvet écrivit : « Virenque a gagné cette année les raisons d'y croire, c'est déjà énorme. Si lui n'a pas le droit d'y croire, alors qui ? » Richard terminait le Tour dans un état de fraîcheur très satisfaisant ce qui n'était pas le cas, apparemment, de Jan Ullrich, battu de 45" dans ce contre-la-montre par Abraham Olano, lequel remportait là sa première victoire dans le Tour. Richard se classait 9e à 3'32" d'Olano, à 2'47" d'Ullrich. C'était fantastique.

« J'ai vu Ullrich faiblir sur la fin du Tour alors que moi je m'améliore encore la troisième semaine. J'étais prêt pour le combat suivant, je croyais fort qu'en 1998 je pouvais le battre. » Le Tour 98, pour Richard, annonçait le grand duel, peut-être l'aboutissement de tous les efforts consentis jusqu'à présent. Il s'était même engagé dans le grand prix des Nations (7e) en fin de saison pour se tester et se perfectionner dans l'exercice solitaire. Lui, le grimpeur !

À Dublin, le jour du prologue, il termina 14e à seulement 12" du vainqueur Chris Boardman (Gan). Il voulait réaliser un grand Tour. Mais le destin bouscula ses

1. Du lundi 28 juillet 1997.

plans. Les mots d'André Armel [1], questionné « à chaud » sur le tremblement de terre du Tour 98, résonnent encore : « Richard déploie une générosité exemplaire dans l'effort, il sait que dans sa profession c'est le super-élève qui réussit... »

C'est cela : Richard prenait sa revanche sur les années scolaires loupées. En vélo il voulait devenir le meilleur élève.

1. Pour ce spécialiste de l'ergonomie, Richard a réalisé son meilleur contre la montre par la suite, dans la Vuelta 98, en terminant 4e de l'étape de Fuenlabrada remportée par Alex Zülle. Sur 39 km il perdait seulement 1'1" (alors qu'il était en plein conflit Festina) et se classait juste derrière Zülle (Festina), Olano (Banesto) et Armstrong (US Postal).

16

Paroles secrètes à Morzine

Sous le regard hautain du mont Ventoux, dans une classe d'école de Carpentras transformée en salle de conférence, Richard s'adressait aux journalistes venus le questionner le jour de repos. Le Tour 2000 s'offrait en effet une journée de détente avant les Alpes, alors que la France évoluait sur un nuage avec la victoire des Bleus dans l'Euro, deux ans après la fabuleuse victoire dans la Coupe du monde. Virenque constituait l'interrogation du jour. Depuis le début du Tour il avait été très discret, protégé par Gilles Pagliuca, un ami qui lui servait de garde du corps. Il affichait une ambition nouvelle, le maillot jaune à la place du maillot à pois, et semblait évoluer sur le Tour sans se soucier des lendemains du procès Festina qui se profilait à l'horizon. Pour les journalistes Virenque nourrissait une revanche après son Tour « forcé » de l'année précédente.

La revanche ? Il avait répondu clairement sur ce sujet : « Non je ne suis pas animé d'un esprit de revanche, tout ce que je peux vous dire c'est que le Virenque de 92, ou celui de 97, c'est le même que le Virenque 2000. Je ne suis pas sorti d'un cocon comme cela. Mes performances je les ai reconduites d'année en année. J'ai une envie farouche de faire de belles choses. Je sais que j'en suis capable. Je suis prêt à me faire mal, peut-être plus qu'auparavant. Ma façon de prendre la course en main et d'attaquer c'est ma façon de vivre le cyclisme. Ce ne sont pas les épreuves que j'ai traversées qui me poussent à réaliser de grandes choses, c'est tout simplement ma personnalité. Si je dois gagner une étape on dira que c'est du Virenque. Si je dois gagner le Tour demain je crois que pour les spécialistes du cyclisme cela semblera logique, au regard de mes résultats dans les précédentes éditions. Il faut être un peu intelligent, je n'ai pas changé, je suis toujours Virenque... »

Cette déclaration de foi eut le mérite de remettre les pendules à l'heure alors qu'au sortir des Pyrénées Richard occupait la 11e place au classement général, à 6'59" d'Armstrong. La veille il pointait encore à la 92e place ! L'étape Dax-Lourdes-Hautacam, au cours de laquelle il effectua cette belle remontée au classement général, avait été pénible, disputée sous la pluie glaciale. Richard y laissa des forces tout en étalant sa hargne et sa détermination. Devant, Javier Otxoa (Kelme), victime l'année suivante d'un terrible accident à Malaga où il fut renversé à vélo par une voiture ainsi que son frère Ricardo qui décédera, caracolait seul en tête, ses deux compagnons d'échappée, Jacky Durand (Lotto-Adecco) et Nico Mattan (Cofidis) ayant lâché prise tour à tour dans le premier col de la journée, celui de Marie-Blanque puis dans l'Aubisque. Otxoa plongea sur Argelest-Gazost décidé à résister au retour d'Armstrong dans la longue ascension de Lourdes-Hautacam.

C'est dans l'Aubisque, à mi-col, que Richard avait attaqué. Il s'était extirpé du groupe des favoris, lâchant

Ullrich (Telekom), Armstrong (US Postal), et Pantani (Mercatone Uno Albacom) notamment pour filer vers le sommet pyrénéen. C'était bien joué mais un peu osé.

Quelques minutes avant, dans la descente de Marie-Blanque, il avait été victime d'une crevaison au plus mauvais moment. Ce fut une étape dantesque ; la pluie tombait inlassablement, elle aveuglait les coureurs, transformés en lucioles dans la nuit brumeuse qui recouvrait la montagne au milieu des phares des voitures suiveuses luisant sur la route instable. Richard maintenant dépanné s'acharnait à rejoindre le peloton de tête, prenant des risques insensés. Il voulut dépasser Jonathan Vaughters (Crédit Agricole) lorsque celui-ci chuta à la sortie d'un virage. Le vélo de Richard s'affaissa sur le sol ruisselant. « Ma roue avant était carrément montée sur le vélo de Vaughters, j'étais sur lui et nous avons glissé dans cette position, emportés par la vitesse, sur plusieurs mètres. J'ai vu qu'il saignait à la tête. Heureusement j'ai pu repartir mais j'avais laissé des forces, seul dans cette chasse pour revenir dans l'Aubisque. Ensuite je me suis retrouvé avec trois Espagnols de l'équipe Kelme : Escartin, Heras, Botero, trois autres Ibériques appartenant à l'équipe Banesto : Jimenez, Odriozola et Mancebo, de Beloki (Festina), révélation de ce Tour qu'il terminera à la 3e place, de Manuel Beltran (Mapei) et Daniel Atienza (Saeco). Au pied d'Hautacam notre groupe comptait 2'5" d'avance sur Armstrong et Ullrich. Il y avait un beau coup à jouer, malheureusement les Espagnols se neutralisaient. Escartin et Heras ne roulaient pas parce que Otxoa était devant et Jimenez n'a pas donné un seul coup de pédale. Lorsque Armstrong nous a rattrapés comme une fusée, j'ai bien tenté de m'accrocher, mais j'ai dû renoncer pour ne pas me mettre dans le rouge. »

La journée de repos tombait à pic. Face à la presse, à Carpentras il confirmait son ambition : « Cette année je vise en priorité le classement général. Je n'ai pas encore abdiqué. Armstrong peut craquer dans la haute montagne. »

Il restait encore le Ventoux et les Alpes avec trois étapes difficiles, celles de Briançon, de Courchevel et de Morzine. Javier Otxoa portait le maillot blanc à pois rouges, l'habituelle tunique de Richard, qui ne cherchait pas à « faire les points » du meilleur grimpeur, systématiquement en haut des cols. Virenque pensait au maillot jaune et on allait voir ce qu'on allait voir.

Ce que Richard n'avait pas dit, ce jour-là, face aux journalistes venus étalonner son ambition, c'est que depuis le début de saison il avait tout axé, pour la première fois de sa carrière, sur le Tour de France. « Pendant l'hiver GianLuigi Stanga voulait que j'améliore ma position sur le vélo de route. J'avais auparavant travaillé mon style sur le contre-la-montre [1], mais il s'agissait d'un exercice particulier. Je suis donc allé chez un spécialiste à Bergame pour passer des tests et améliorer ma position. Je me suis aperçu qu'avant je sollicitais surtout les quadriceps (muscles antérieurs de la cuisse) et pas du tout les ischios (muscles postérieurs de la cuisse). Maintenant ma nouvelle position me permet de pédaler en tirant sur les deux muscles, j'en retire plus de puissance, plus d'effica-

1. Voir le chapitre 15 : « Changer les aiguilles du temps ».

cité. Durant l'hiver j'avais également accompli de nombreuses heures de salle pour améliorer ma force physique, grâce à des exercices spécifiques, à raison de trois séances par semaine. J'étais programmé pour arriver en forme au Tour de Suisse [1], c'est-à-dire à quelques jours du départ du Tour. J'ai choisi volontairement de moins m'entraîner en début de saison, de faire moins de sacrifices, d'être moins présent à l'avant de la course contrairement aux autres années où je réalisais toujours un bon début de saison. Je faisais de gros efforts très tôt par rapport aux charges de travail accomplies l'hiver et je payais ensuite cette dépense d'énergie aux mois d'avril-mai. J'y laissais trop de jus. Avec Stanga nous avons donc opté pour cette nouvelle stratégie : arriver plus tard en forme et le rester plus longtemps durant le Tour. Bien sûr cela a été très dur parce que je disputais sans ambition des courses où les années précédentes j'avais déjà hâte de me montrer. Mais j'ai gagné en force mentale. »

Voilà qui expliquait, en partie, sa très mauvaise place (171e à 3'26") dans la première étape du Tour méditerranéen, disputée entre Carcassonne et Béziers [2]. « La course était partie à fond et j'ai tout de suite payé mes obligations extrasportives de la semaine. Trois jours sans s'entraîner à cause des rendez-vous publicitaires : le vendredi et samedi j'étais en France pour le Salon de l'électroménager où Polti est très présent, le dimanche je devais me rendre à Milan pour une séance photo avec mes équipiers. J'avais donc effectué une supersortie

1. Richard termina 6e du Tour de Suisse. Il avait auparavant disputé Paris-Nice, le Tour des Asturies et le Tour d'Allemagne.

2. Il terminera néanmoins le Tour Med' à la 103e place au général.

d'entraînement le jeudi, de près de six heures, pour compenser les trois jours à venir. Mais j'avais l'avion le lendemain à 5 heures. Je n'ai pas récupéré et dès le lundi j'étais à Carcassonne pour le départ du Tour Med'. J'avais tout faux... Cette histoire a été bénéfique, elle m'a permis de relativiser les efforts du début de saison et d'attendre mon heure. Elle sonnerait au Tour. »

On y était. Le Ventoux les attendait. Le froid également. « Ma mission c'est de reprendre du temps à Armstrong », avait claironné Richard. Les péripéties du Tour Med' étaient bien loin désormais.

À 10 km du sommet du Ventoux, ils n'étaient plus que six à filer en tête sur la route lunaire : Armstrong (US Postal), Heras, Botero (tous les deux de la formation Kelme), Ullrich (Telekom), Beloki (Festina), et Virenque (Polti). « Un peu avant le Chalet-Reynard, à 6 km du sommet, j'ai senti des signes de fringale, ça montait très vite, j'avais froid, il faisait 5 °C et j'ai commis l'erreur de prendre un bidon sucré pour m'alimenter. J'ai ressenti un poids sur l'estomac, j'ai eu les jambes coupées d'un seul coup, cela m'a foudroyé et dès lors je me suis accroché pour limiter les dégâts. Je me suis placé à l'arrière du groupe pour récupérer, Pantani jusqu'alors légèrement décroché a recollé, il a vu que je n'étais pas bien et il a attaqué. Puis Armstrong l'a rejoint. »

Sur la pente caillouteuse et glaciale du Géant de Provence, Pantani et Armstrong conduisent le bal. Le Ricain semble rire, il accompagne l'Italien au crâne dégarni soudainement ressuscité sur le mont Chauve, après sa sortie dans le Giro 99, exclu de l'épreuve à cause d'un taux d'hématocrite trop élevé. Au sommet Armstrong, grand seigneur, laissa gagner Pantani, il le dira si fort que l'Italien lui fera payer ce « cadeau » sur la route de Morzine, quelques jours plus tard.

Sixième au général, Richard gagnait cinq places mais perdait du temps. Maudite météo ! « Sur ce Tour j'étais plus affûté que jamais, trop maigre peut-être : 62,5 kg. Jamais je n'avais pesé si peu, la pluie, le froid me tétanisaient. Mes muscles ne répondaient pas comme sous la chaleur. J'espérais la grande canicule, mais le soleil, cet allié naturel, m'abandonnait. »

Entre Draguignan et Briançon, 249 km, étape mythique avec la trilogie Allos-Vars-Izoard – où le Tour n'était plus revenu depuis 1975 et la victoire de Bernard Thévenet, « tombeur » d'Eddy Merckx, asphyxié dans la montée de Pra-Loup –, Richard était décidé à poursuivre sa remontée au général. La première offensive sérieuse éclata au pied de l'Izoard, après le petit village d'Arvieux, lorsque Pantani démarra, immédiatement suivi par Armstrong. « J'ai sauté dans leurs roues pour les suivre. Marco imprimait une cadence infernale. À ce rythme-là j'ai vite compris que je n'arriverais pas au sommet. Je me suis donc relevé tout en les gardant en point de mire pour attendre le groupe de derrière dans lequel figurait Pascal Hervé. En me doublant avec Moreau, et Beloki, Pascal Hervé me cria : “Allez, accroche-toi on va les reprendre”, Pascal avait jusqu'alors effectué la montée à son train, il ne s'était pas mis dans le rouge. Il se hissa en tête et commença à nous infliger une allure de folie, si forte que Moreau et Beloki lâchèrent prise. Moi je lui criais : “Ralentis, tu vas trop vite, arrête, arrête”, mais lui survolté par les encouragements des spectateurs ne m'entendait pas, il en rajoutait. On allait plus vite qu'Armstrong et Pantani sur lesquels nous revenions. Pascal roulait vraiment trop fort, je ne pouvais pas aller à sa hauteur pour le lui dire, je me suis relevé. Lui est parvenu à rejoindre les deux leaders. À ce moment-là il s'est retourné et il s'est aperçu que je n'étais pas dans sa roue, mais cent mètres derrière. Alors il m'a attendu à nouveau et nous sommes revenus au train sur Armstrong et Pantani qui s'étaient grillés. » Pascal Hervé continua sur sa lancée à emmener le petit groupe. À 500 m du sommet de l'Izoard, Armstrong monta à la hauteur de Richard. « Il voulait m'impressionner, dans son attitude c'était comme s'il m'avait dit : “Du calme”. À ce moment-là j'avais seulement l'intention de prendre quelques points pour le classement de la montagne et j'ai vu Armstrong accélérer comme s'il voulait me ravir la place en tête de l'Izoard, où le Colombien Santiago Botero (Kelme), qui allait remporter l'étape, avait franchi le premier le sommet suivi du Polonais Darius Baranowski (Banesto) et de Paolo Savoldelli (Saeco). Je décidai de faire la descente, mais derrière les grands m'ont rattrapé juste avant Briançon. »

Cinquième de l'étape, 5e au général. Richard grappillait encore une place au général et ne s'avouait pas vaincu : « Mon objectif reste toujours le classement général. Je déciderai à la sortie des Alpes seulement si je dois concentrer à nouveau mes efforts sur le meilleur grimpeur. »

Même si la possibilité de gagner le Tour s'amenuisait considérablement, Virenque voulait poursuivre la lutte, fidèle à son image, et cet entêtement méritoire enthousiasmait les suiveurs, d'autant que l'étape du lendemain conduisait le Tour sur les hauteurs de Courchevel où Richard s'était imposé devant Ullrich en 1997. Dans le col de la Madeleine Pascal Hervé (qui avait également axé sa saison sur le Tour à la demande de Richard) emmena son leader pour faire exploser le groupe des favoris. Il y avait du panache dans cette tentative qui échoua dans la descente. Enfin dans la montée de Courchevel Richard tenta de s'accrocher à la roue d'Armstrong et de Pantani, qui allait finalement s'imposer, mais il comprit très vite qu'il ne pouvait pas suivre le rythme. « Au pied de Courchevel je n'étais pas bien. Il faisait toujours très froid, et j'étais en hypoglycémie, je souffrais de la fringale. Sur ce Tour, chaque fois que j'ai faibli, j'avais l'impression d'être une batterie qui se déchargeait et se vidait à cause du froid. J'étais vraiment trop maigre. Dès que le soleil apparut, comme sur la route de Morzine, alors là je volais du début à la fin de l'étape. »

Morzine s'annonçait après la journée de repos, enfin ensoleillée, au cours de laquelle Richard et Pascal Hervé montèrent à Courchevel sur le grand plateau « à une allure bien plus rapide que la veille en course. J'étais sûr d'avoir retrouvé mes jambes. Je sentais l'air du pays puisque je m'entraînais souvent sur ces routes proches de Genève. J'ai dit à Pascal qui était le seul sur qui je pouvais compter en montagne, car Polti ne disposait pas d'une grande équipe [1] : “Demain sur la route de Morzine je

1. L'équipe Polti avait été réduite le premier jour du Tour par le retrait de Rossano Brasi, contrôlé avec un taux d'hématocrite supérieur à 50 % et mis hors course avec deux autres concurrents, Sergueï Ivanov

vais tout faire péter." Je savais que pour le maillot jaune c'était foutu, j'étais 7e à 9'57" d'Armstrong, mais je voulais gagner une étape ».

Dans l'offensive, Richard fut devancé par... Marco Pantani. « Elefantino » n'avait pas du tout apprécié les déclarations, la veille, de Lance Armstrong regrettant son cadeau, en haut du Ventoux. Depuis le pirate avait relevé le défi, victorieusement, sur la pente de Courchevel mais ce succès ne suffisait pas à apaiser sa colère. Il était furieux et le démontra en attaquant dès le 67e kilomètre au pied du col des Saisies. Très vite ils furent quatre coureurs en tête : Pantani (Mercatone Uno), Fernando Escartin accompagné de Pascual Llorente (Kelme) et... Pascal Hervé (Polti) qui préparait l'attaque de Richard. Ce quatuor compta 1'12" au sommet du col des Aravis, puis le groupe réduit à trois unités (Llorente avait abdiqué) franchit le col de la Colombière avec seulement 59". C'est dans la descente de ce col que Richard tenta une première fois sa chance, au point de rejoindre le trio de tête en compagnie de Moreau (Festina), Botero et Otxoa (Kelme). Mais Armstrong et Ullrich veillaient au grain et tout était à refaire au pied de la montée de Joux-Plane à une trentaine de kilomètres de Morzine. La provocation de Pantani avait désintégré le peloton. Il ne restait plus que les principaux favoris pour attaquer la montée finale où Roberto Heras (Kelme), futur équipier d'Armstrong dans le Tour 2001, planta une banderille. « À ce moment-là, j'évoluais en

---

(Farm Frites) et Andrej Hauptman (Vini Caldirola). Puis l'Espagnol Rafael Matheos avait abandonné lors de la 6e étape et l'Italien Enrico Cassani au cours de la 12e étape.

compagnie d'Ullrich. Armstrong avait légèrement décroché. L'Allemand se retourna, tout étonné de découvrir que Lance ne suivait pas, il accélérera le rythme. Mais Armstrong revint sur nous. On tentait de reprendre Heras alors que le pourcentage de la pente devenait très difficile. En me retournant j'ai heurté la roue arrière d'Armstrong. J'ai été obligé, en pleine bagarre dans l'ascension finale, de desserrer l'étrier de frein de ma roue avant qui était voilée, avant de recoller aux premiers. J'ai alors tourné ma tête vers Armstrong et j'ai vu son visage, il était livide. Mais il n'est pas bien l'Américain ! Je monte à la hauteur d'Ullrich et je l'incite à augmenter notre cadence de pédalage sans montrer que je le provoque. Armstrong, victime d'un manque de sucre, céda alors un mètre, puis deux. Il avait craqué [1] ! Ça m'a donné des forces supplémentaires, j'ai accéléré à nouveau, Ullrich était dans ma roue, mais je le voyais à la limite également. Je montais au courage follement encouragé par la foule. Physiquement j'étais à fond, et dans ma tête j'étais déchaîné, je ne pensais pas encore à la victoire d'étape mais seulement à lâcher Ullrich. J'étais persuadé qu'Armstrong ne reviendrait plus. Je voulais leur montrer que j'étais toujours là, que le Virenque de 1997, qui leur avait fait mal, c'était toujours le même en 2000. »

À 3 km du sommet environ, Richard porté par les encouragements se dressa sur les pédales, s'arc-bouta énergiquement sur la pente surchauffée pour fausser

---

1. À noter que lors du Tour 1999 c'est sur un démarrage de Virenque également que pour la première fois Armstrong craqua quelques mètres en montagne. Dans cette étape du Tour 2001 Richard se félicita de l'initiative de Pantani qui, en mettant le feu aux poudres très loin de l'arrivée, provoqua une course d'usure qu'il apprécie.

compagnie à Ullrich. Il ne restait qu'Heras devant lui, à 40". « Là, je me suis concentré sur cet objectif, rattraper Heras. Il fallait aller le chercher parce qu'il montait très vite. »

En doublant Didier Rous (Bonjour), l'un des derniers rescapés d'une échappée lancée avant Joux-Plane, il entendit les encouragements de son ancien équipier de chez Festina : « Vas-y Richard, fais-les péter. » C'était une phrase qui revenait souvent entre eux, au moment de déclencher l'offensive, un mot magique qui les transcendait. D'ailleurs sur ce Tour les anciens de Festina sont toujours présents. Richard, Pascal Hervé, Didier Rous, lequel remportera le championnat de France l'année suivante, mais aussi Christophe Moreau qui terminera premier Français du Tour à la 4e place.

«J'ai vraiment puisé au fond de moi-même pour revenir sur Heras. Jusqu'au sommet il n'a plus collaboré, je l'avais dans ma roue, j'accélérai pour qu'il décroche, mais lui tenait bon. J'avais déjà énormément forcé pour m'extirper du groupe des grands, j'ai pensé qu'il valait mieux passer le sommet avec Heras dans mon dos, sans m'épuiser davantage. Ce fut tout à la pédale jusqu'en haut. »

Une ambiance délirante acclame les deux champions qui se faufilent dans un étroit passage. « Les gens criaient, ils pressentaient que je pouvais enlever l'étape et leurs encouragements me portaient. » Mais rien n'est encore joué. Visage crispé, les mains serrées sur la potence, dans un déhanchement rageur, au paroxysme de son effort, Richard jette ses dernières énergies dans ce combat qu'il espérait depuis longtemps. Derrière,

Ullrich, à 26" seulement, qui s'arrêta au sommet pour changer de vélo à cause d'un ennui mécanique, menaçait toujours sérieusement les deux fuyards. Un contre-la-montre vers le bonheur s'engageait dans la descente. Mais curieusement Richard ne chercha pas à décramponner Heras et préféra récupérer. « J'étais sûr de moi au sprint. Dans la descente je ne l'ai pas poussé à la faute, mais j'ai voulu tester ses réflexes en le faisant passer devant. Je savais qu'avant Morzine le bas du col présentait deux virages très serrés et difficiles à négocier. Surtout le dernier où Heras a finalement effectué un tout droit dans les barrières. Je lui disais de passer devant : "Allez, allez, roule !" Lui se décontractait les muscles, s'étirait les jambes, comme s'il souffrait de crampes. Ullrich était derrière. Il y avait le feu. Je l'incitais à nouveau : "Allez, roule !" Dans le premier virage dangereux Heras s'engagea à fond, il sortit de la courbe à la limite de la balustrade. J'ai compris qu'il l'avait mal négocié et j'ai senti qu'il allait tomber. Je l'ai doublé, j'ai pris un relais sévère presque jusqu'à la fin de la descente où je lui ai laissé le passage juste avant le deuxième virage très prononcé, pratiquement à l'équerre. Je me suis écarté, lui a accéléré pour me doubler alors qu'il fallait plutôt ralentir. Je l'ai vu filer tout droit, visiblement il ne le connaissait pas ! J'aurais préféré que l'on dispute la victoire au sprint, de toute façon j'étais très confiant. »

À 1 km de la banderole, à 1 km de la délivrance, Richard savoura sa victoire. « J'étais euphorique, j'aurais voulu repasser la ligne cent fois encore, ressentir ces derniers instants, entendre ces cris qui me saluaient.

Tout me souriait : la chance, la chaleur, la victoire dans la dernière étape de montagne alors que, jusque-là, je n'avais pas eu la possibilité de m'exprimer comme je l'aurais souhaité. »

Sur la ligne blanche, les deux doigts pointés vers le ciel, comme à Courchevel en 1997, Richard exulte. Dans son allégresse, inconsciemment, il articule quelques mots, prononcés machinalement. Mais que se dit-il ? Voilà qu'il répète encore sa phrase. Virenque se parle !

« C'est le même geste qu'à Courchevel, mais ce n'est pas pareil. Ce sont des mots que je réservais à certaines personnes, à celles qui m'ont fait du mal. Ma victoire ils l'ont prise en pleine gueule. Les mots sont sortis comme ça, naturellement, comme une réponse, comme une riposte. Ils ne voulaient pas dire : "Voyez Virenque dopé ou pas il est toujours là." Non c'était encore plus fort que ces choses-là. Ce n'étaient pas non plus des insultes. Ce sont des paroles que je me dis. Je me parle et cela me fait beaucoup de bien de les prononcer quand je gagne. Après tous les problèmes que j'ai eus, j'ai l'impression en les prononçant non pas d'oublier ce que j'ai vécu, mais de l'évacuer. J'ai tout pris sur moi, maintenant c'est du passé, mais ces moments très forts que j'ai affrontés, ces journées si dures que j'ai traversées, j'essaye de les ressortir positivement. Alors ces mots-là, que je me répète, m'aident énormément. Sur la ligne je suis heureux, c'est sûr, mais en songeant à tout cela j'ai l'impression d'encore me grandir. C'est pour moi des mots de douleur, comme la course menée jusqu'à la victoire. Les derniers kilomètres sont toujours des instants de douleur dans tout le corps. Quand tu passes la ligne il y a une immense joie, mais aussi cette souffrance. C'est le prix de la victoire. Et, pour moi, cette violence physique s'apparente aussi au passé. Je repense à des tas de choses. C'est comme un film qui passe, comme un type qui va entrer dans le coma et qui voit en un éclair les images fortes de sa vie qui défilent dans son esprit. Sur la ligne c'est le passé qui me rattrape, quelque chose qui revient, qui remonte et me fait crier de rage. J'ai besoin de l'exprimer, c'est ma délivrance. Et de toute façon je peux me permettre de le faire puisque j'ai gagné. »

Il dédiera cette étape au jeune Philippe, Varois comme lui, décédé le 14 juillet, renversé par une voiture de la caravane sur la route du Tour, à Draguignan. Pour *L'Équipe*, « On pense ce que l'on veut de Richard Virenque, on n'est pas obligé de lui donner le bon Dieu sans confession, mais il faut bien reconnaître au moins que c'est un sacré coursier [1] ». Le quotidien *Aujourd'hui en France* voyait « Virenque en pleine lumière ». Il y avait longtemps que le soleil ne brillait plus si fort. Jusqu'au soir, sous la fenêtre de sa chambre, à l'hôtel l'Équipe, ses supporters chanteront à tue-tête. Comme aux plus beaux jours de la Virenquemania [2].

Le matin, pourtant, la journée avait plutôt mal commencé. En descendant à vélo vers Courchevel 1650,

1. *L'Équipe* du mercredi 19 juillet 2000, article de Philippe Bouvet.
2. Richard terminera finalement le Tour 2000 à la 6e place du général, payant une nouvelle fois le contre-la-montre final, long de 53 km entre Fribourg-en-Brisgau et Mulhouse.

lieu de départ de l'étape, une fourgonnette immatriculée en Belgique, couverte d'autocollants US Postal, avait doublé Richard. « En passant le passager m'a insulté, il m'a montré un doigt et paraissait tout excité. Je l'ai dépassé sans trop y faire attention. Mais quelques centaines de mètres plus loin il a recommencé ses gestes. Au bas de la descente, la file de voitures était bloquée. J'ai dit à Pascal Hervé qui me suivait : "Attends-moi", je suis allé voir cet énergumène vêtu d'un polo US Postal qui, vitre fermée, continuait à m'insulter. J'ai ouvert la porte, je l'ai arrosé avec mon bidon. Mais il était révolté. Voyant qu'il insistait, j'ai pris le bourdon et je lui ai foutu une gifle sur la gueule. Pascal m'a rejoint pour aller vers le départ. "Putain, l'étape commence fort..." »

17

Pédale et tais-toi !

Une fois pris dans l'événement, les hommes ne s'en effraient plus. Seul l'inconnu épouvante les hommes.

ANTOINE DE SAINT-EXUPÉRY

L'après-Tour 2000 annonçait le procès Festina et l'aveu douloureux de Lille. Richard s'y était préparé, il avait mûri, et sa repentance face au juge Daniel Delegove délivra sa conscience. Il se sentait plus libre, plus léger. Mais la sanction prononcée par la Fédération suisse de cyclisme le révoltait. Neuf mois de suspension, autant dire une année de foutue et surtout un été sans Tour. Il avait espéré une remise de peine prononcée par le tribunal arbitral du sport mais au fond de lui-même il savait bien qu'il devait payer ses deux années de déni, qu'il vivrait une année sabbatique forcée. Il n'était pas prêt à l'accepter et les longs mois d'hiver furent difficiles.

« Neuf mois », confirma le tribunal arbitral du sport, auprès duquel il avait fait appel, même si les dates de la période de suspension furent plus favorables. Du

1er février au 15 août 2001, sans maillot, sans dossard, sans applaudissements. Une année en prison, ou presque, comme un banni. Cette privation le désespérait d'autant qu'elle conditionnait son retour dans une équipe. Sans la certitude que Virenque disputerait le Tour 2001, la plupart des équipes qui s'intéressaient encore à lui se muraient dans un silence attentif.

Son esprit vagabondait sur des terres mouvantes, il s'enlisait. Il avait résisté au cœur de la tempête Festina, dressé la tête loyalement dans le prétoire et voilà que la peur du lendemain, sans vélo, l'anéantissait. Il fallait s'y faire le Tour 2001 partirait sans lui. Il lui restait l'espoir de disputer la Vuelta et les championnats du monde. Il renâclait. Paris-Nice qui s'annonçait, le printemps du vélo qui fleurissait à nouveau, l'oubliaient. Sa tristesse empirait. À quoi servaient donc ses aveux? On lui demandait de pédaler et de se taire, pas plus! Toujours cette maudite loi du silence.

Parfois, rongeant son frein, il songeait à ses débuts, à ses premiers pas dans la Grande Boucle. Mais ces souvenirs le blessaient. Déjà on voulait voir du Virenque. Et là encore on ne lui demandait rien d'autre que de batailler. « Pédale et tais-toi », voilà la condition du cycliste professionnel. Souvenez-vous...

« Je veux que tu sois devant. » Miguel Rodriguez, le PDG des montres Festina, avait formulé cette exigence. « Je veux que tu sois devant, c'est important pour moi. » Le patron de l'équipe andoranne qui avait embauché Richard en 1993 avait fixé comme condition première que Virenque montrât son maillot lors de l'étape d'Andorre, « le plus longtemps possible ». Il pouvait miser et compter sur l'esprit batailleur de Richard. Pédale...

Plus tard Franco Polti paria également sur ses qualités offensives.

Ce défi proposé par M. Rodriguez lui plaisait, on lui demandait tout simplement d'exercer son métier. Cela lui paraissait naturel. Qu'attendait-on d'un chanteur ? qu'il chante. D'un acteur ? qu'il joue. Et d'un cycliste ? qu'il attaque.

Lors de l'étape Perpignan-Andorre on retrouva donc Richard, dans son maillot Festina (il était alors de couleur blanche), échappé dès le premier col, celui de Jau, en compagnie de deux autres coureurs, le Vénézuélien Leonardo Sierra (ZG Mobili) et le Colombien Oliviero Rincon (Amaya) [1].

« Nous avons passé toute la journée en tête. Nous montions le col de la Quillane, puis celui du Calvaire, le col de Puymorens, le port d'Envalira, le col d'Ordino et enfin nous terminions avec la fameuse montée de Pal conduisant en Andorre. Bien évidemment j'étais le plus actif, je voulais montrer à mon employeur que je respectais ses consignes. Je n'avais pas pensé à la victoire ce jour-là, je m'étais vraiment "cramé les ailes" à force de prendre des relais. Il fallait coûte que coûte que l'échappée se poursuive le plus longtemps possible. » Une trentaine de kilomètres avant Andorre, Rincon lâcha ses deux compagnons et s'attribua la victoire d'étape. Richard réussit tout de même à se classer 11e, à 2'12".

1. Oliviero Rincon sera victime d'un enlèvement par la guérilla colombienne quelques années plus tard, en 2000.

Quant à Sierra, pourtant excellent escaladeur, il craqua littéralement et termina 37e à 6'.

Contrat rempli pour Virenque, la TV avait montré plein cadre son maillot pendant plusieurs heures. « M. Rodriguez » ne s'était pas trompé !

« Pédale et tais-toi », c'était si facile pour Richard.

Il conservait de ses débuts chez les amateurs le sens de l'offensive, l'envie de se montrer. Il pensait que le public méritait qu'on le respecte, qu'on l'honore. C'est ainsi que dans ce Tour 1993, alors qu'il passait tout près de ses terres, en Provence, et faisait étape à Marseille, il fonça une nouvelle fois tête baissée. Il n'attaquait pas pour la victoire d'étape, depuis longtemps promise à l'Italien Fabio Roscioli (Carrera Jeans) qui caracolait en tête, poursuivi par un groupe d'échappés parmi lesquels Massimo Ghirotto (ZG Mobili-Bottecchia), Wladimir Poulnikov (Carrera), Valerio Tebaldi (Gatorade), Djamolidine Abdoujaparov (Lampre) et Laurent Jalabert (Once). L'équipe de Miguel Indurain assurait la chasse du peloton, ça roulait vite. Mais Richard voulait « montrer son maillot ». Il se détacha sur les pentes de l'Espigoulier et réussit à résister au peloton, gravissant la côte de Périer, dans Marseille, sous les vivats du public. Il s'assura même une avance confortable sur le peloton pour décrocher la 10e place. « J'étais seul dans les rues de Marseille, comme un fou. J'avais les frissons. Pour moi cette démonstration face à mon public comptait beaucoup, mais le geste était purement gratuit. Je m'étais fait plaisir. » Les anciens ne l'entendaient pas de cette oreille et le lui firent comprendre. Laurent Fignon,

Jean-François Bernard, Ronan Pensec et d'autres lui reprochèrent son démarrage, contraire à la logique de course. « Je dérangeais, c'était comme cela », constate aujourd'hui Richard.

Ils n'avaient encore rien vu...

Vi-ren-que ! L'insoumis, l'irrévérencieux, le chien fou, avait décidé de s'exprimer en pédalant, le fusil sur l'épaule.

Le coup de Saint-Sébastien ? Mais il récompensait tout simplement son audace, son tempérament. Sa sortie sur la route de Marseille ? La manifestation de sa fougue, de son culot. Il en fallait pour résister et s'imposer dans le peloton. Il n'a pas changé de tempérament même après plusieurs années de métier et d'expérience derrière lui.

Au grand prix de Zurich 1997, il s'était fait rejoindre juste à l'entrée du vélodrome d'Oerlikon et fut déstabilisé par Fondriest qui heurta et voila sa roue arrière. Dans le sprint final, déséquilibré, il réussit toutefois à se hisser à la 5e place [1].

Ces occasions ratées, ces victoires loupées pour pas grand-chose, dégagèrent cependant une formidable audace, « une foi immense qui rappelle la grâce », estime Olivier Miren [2].

---

1. L'épreuve fut enlevée par David Rebellin (La Française des jeux), déjà vainqueur de la *Clasica San Sebastian*, lequel deviendra deux ans plus tard l'équipier de Richard chez Polti. Il avait devancé Ullrich (Telekom), Sörensen (Rabobank), alors porteur du maillot de leader de la Coupe du monde, Heulot (La Française des jeux) et Virenque (Festina).

2. *Miroir du cyclisme*, n° 458, août 1992, p. 66.

Mais en cet automne 2000, Richard était bien loin de tout cela. La grâce l'abandonnait. Au bout du rouleau, sans employeur, après avoir avoué, alors qu'il observait une longue pénitence de dix mois, le prix de sa repentance, il sombrait. Il avait grossi. Dix kilos de trop, le poids de sa faute ! Il se désespérait. Son vélo restait cloué.

Songeait-il aux victoires loupées ? Aux attaques manquées ? L'une de ses plus terribles défaites fut peut-être sa sortie dans Milan-San Remo 1998 qu'il attaquait bille en tête, sous le maillot Festina, tel un taureau longtemps enfermé dans le toril enfin lâché dans l'arène. Avant le Poggio, dernier obstacle où généralement se joue la Primavera, il caracolait en tête [1] en compagnie de l'Italien Rossano Brasi (Polti). Mais ce dernier refusa de collaborer, il redoutait de lui offrir une victoire sur un plateau. Finalement ils furent rejoints dans le Poggio, et Richard ne se priva pas de montrer son mécontentement, de manifester sa colère, même devant la caméra de la TV. « Une fois de plus j'étais passé à côté. Pourquoi Brasi refusa-t-il d'apporter sa contribution à cette échappée décisive ? Je n'en sais rien. Il prétend que Stanga lui avait interdit de mener. Mais GianLuigi m'assure qu'il lui intimait l'ordre, au contraire, de me relayer. Ce que j'ai appris, par la suite, c'est que Brasi, qui m'a rejoint dans l'équipe Polti, en 1999, se comporte comme un excellent équipier, je m'en suis aperçu dès la première course, il m'a rendu de grands services. Je crois que ce jour-là il n'avait pas cru en son étoile, tout simplement. »

1. À moins de 13 km de l'arrivée, le duo comptait 18" d'avance sur le peloton.

Mais Milan-San Remo, épreuve de grand prestige, lui glissait entre les doigts. Des occasions comme celle-là... il y en eut d'autres malheureusement. Comme à la *Clasica San Sebastian* en 1996. Ce jour-là tous les grands avaient raté la bonne occasion, après l'ascension du juge de paix impitoyable que constitue le Jaizkibel : Ullrich (Telekom), Armstrong (Motorola), vainqueur l'année précédente, Olano (Mapei) et Indurain (Banesto) étaient derrière. Richard veillait, Richard voulait accrocher le bon wagon. Lorsque Udo Bölts (Telekom) provoqua l'échappée décisive [1], il se faufila. « J'étais resté volontairement calé dans les roues, j'attendais le sprint final. J'étais certain de battre Bölts, et je me suis montré trop confiant. J'ai attendu, attendu, avant de déboucher, je ne voulais pas commettre l'erreur de partir de trop loin. Mais lorsque j'ai réagi il m'a manqué une cinquantaine de mètres pour sauter l'Allemand qui fêtait ces trente ans ce jour-là [2]. »

Fort heureusement, certaines fois, l'attaque paya. En 1996 il termina sa saison en boulet de canon en remportant le Tour du Piémont, après une cinquième place décrochée aux jeux Olympiques d'Atlanta et au Mondial de Lugano [3].

« J'étais parti avec Mauro Gianetti (Polti) et Andrea Tafi (Mapei GB). Nous sommes arrivés tous les trois au sprint. Gianetti a pris l'initiative, je me suis calé dans la roue de Tafi et lorsqu'il a embrayé j'ai répondu à son

---

1. Il y avait là, outre Udo Bölts, Stefano Cattai (Roslotto ZG) et Marco Fincato (Roslotto ZG), Massimo Podenzana (Carrera), Alberto Elli (MG) et Richard Virenque.

2. Richard termina 4e de l'épreuve.

3. Il concluait sa saison en terminant 7e du Tour de Lombardie.

attaque. Je me sentais très fort. À force de sprinter au sommet de cols j'ai accumulé de la giclette. La veille déjà je terminais 4e de Milan-Turin [1]. »

La plus belle illustration de sa fougue sportive il l'a donnée au lendemain de son mariage avec Stéphanie, au tout début de la saison 1997, dans le traditionnel grand prix d'ouverture La Marseillaise. Pas de quoi élaborer de grandes stratégies et ressentir le stress du départ ; la première épreuve de la saison – surtout lorsque l'on est catalogué grimpeur comme Richard et que l'on vise des courses par étapes qui se déroulent plus tard dans le calendrier cycliste – prend des airs de fête plus que de règlement de comptes. Mais Virenque pédalait déjà l'esprit en juillet. Il avait repris l'entraînement plus tôt que d'habitude, ses jambes le démangeaient, il avait hâte de se frotter à ses adversaires, d'éprouver les sensations de course. Ses équipiers de Festina descendus à Hyères, tout près de chez lui, pour le stage hivernal le charriaient sur sa forme. Visiblement le mariage le transcendait.

« Dès le départ je me sentais très bien, j'ai eu envie d'attaquer, comme ça, pour voir, et je suis parti pour une échappée de 129 km, sur 136 km », avec la montée des crêtes, le long d'une route escarpée dégageant un panorama splendide sur le cap Canaille et la baie de Cassis. Bilan : plus de 7' à l'arrivée à Aubagne sur son équipier Gilles Bouvard alors que le peloton déboursait

1. Ce Tour du Piémont fut disputé à plus de 45 km/h de moyenne. Cette année-là on recensa plus de 94 abandons et de nombreux coureurs arrivèrent hors délais.

plus de 18'. Richard marqua de son sceau l'entame de la saison [1].

Fallait-il qu'il freinât et qu'il renonçât à l'offensive, sous prétexte que la saison débutait à peine? Il n'a jamais eu l'intention de se retenir. Toutes les occasions sont bonnes à prendre, même si, trop souvent, il n'a pas conclu victorieusement ses folles escapades. Ceux qui ne l'avaient pas encore compris devaient l'accepter tel qu'il était, un flibustier du peloton. Sa devise ne changerait pas d'un iota : « À l'attaque! »

Son personnage évoque les héros de cape et d'épée, il incarne à merveille Fanfan la Tulipe, le héros du film de Christian-Jaque, interprété en 1951 par Gérard Philipe. Comme lui il sourit à la vie, à la provocation, avec un brin d'inconscience, une étincelle ardente, impatiente de s'enflammer, et une grande juvénilité.

Sa fierté d'être coureur cycliste se traduit par l'offensive. Et d'autres fois par la réplique. On le dit fort en gueule. Il en fit la démonstration dans le Tour 92, le premier qu'il disputa. En principe dans ce cas-là on s'efforce de suivre sans trop se faire remarquer. Mais lui...

« Dans un col des Alpes le peloton avait explosé. J'évoluais en 8e position. Devant moi, à une cinquantaine de mètres, grimpait le Russe Dimitri Jdanov (Panasonic Sportlife). Nous étions tous très marqués. Tout à coup Walter Planckaert, le directeur sportif de Jdanov,

---

1. L'année suivante Richard passait une nouvelle fois à l'offensive dans le grand prix d'ouverture et échouait d'un pneu, battu dans le sprint final sous la pluie par l'Italien Marco Saligari (Casino). Il était une nouvelle fois déjà présent au tout début de la saison.

est monté à ses côtés et, là, il a attrapé son vélo par la selle et l'a poussé. J'étais sidéré : il a carrément ramené son coureur jusqu'au groupe de devant. C'était incroyable ! J'étais vraiment fâché, je l'engeulais, j'étais révolté par cette tricherie. Mais personne n'avait assisté à la scène. Deux kilomètres plus loin j'avais réintégré à mon tour le groupe de Jdanov. Je me suis précipité à la hauteur de Planckaert et je l'ai aspergé rageusement avec mon bidon. J'avais du thé, je l'ai copieusement arrosé ! J'ai vu sa chemise blanche changer de couleur. Il y avait à ses côtés un sponsor très important. Planckaert qui était connu comme quelqu'un de caractériel dans le peloton l'a très mal pris. Il a voulu me faire tomber. J'ai pu m'accrocher à la galerie de son véhicule, lui il faisait des embardées pour m'obliger à lâcher prise et me jeter dans le fossé. Par chance un coureur derrière moi assistait à la scène et a ensuite témoigné. Lorsque Planckaert s'est calmé, j'ai sprinté jusqu'à rejoindre le commissaire de course et là je lui ai tout raconté. Le lendemain matin Planckaert est venu me présenter ses excuses. Depuis il me respecte. »

Ainsi, durant les mois sombres de l'hiver 2001, l'esprit chagrin de Richard vagabondait sur les terres ensoleillées de Fanfan la Tulipe...

18

Le retour de l'enfant champion

Après Polti, le roi des aspirateurs, Domo, le prince de la moquette ! Dans un salon de l'hôtel Ibis, à l'aéroport de Marignane, Richard déjeune avec Patrick Lefévère, directeur sportif de la nouvelle équipe Domo Farm Frite. « J'avais téléphoné à Éric Boyer qui me servait d'intermédiaire à cette époque. Je lui avais dit que je voulais moi-même parler à Lefévère. Je voulais qu'il me donne ses coordonnées. Éric était parti à la pêche aux équipes, il avait effectué le tour des directeurs sportifs et il en ressortait bredouille. Je n'avais plus d'équipe – Polti qui m'employait jusqu'alors avait quitté le cyclisme. Le milieu me rejetait, je n'intéressais plus personne. On ne voulait plus de moi. Il fallait que je redonne confiance, pour qu'on accepte de travailler avec moi. Je ne sais pas pourquoi mais c'est avec Patrick Lefévère [1] que je voulais m'engager et personne d'autre. Je sentais que j'avais besoin de ce type, de son charisme. Il m'inspirait, j'imaginais comment il pouvait travailler. Je ne lui ai pas demandé de contrat, simplement qu'il me donne un

1. Patrick Lefévère a également été le directeur sportif de l'équipe Mapei.

maillot, un vélo et une équipe. Le droit de recourir. Ensuite il jugerait lui-même.

« Je voulais repartir de zéro, tout recommencer, tout reconstruire, lui montrer que j'avais la motivation de revenir au premier plan, même si cela devait être long. Il m'a laissé parler et ne m'a pas donné de réponse tout de suite. Je lui ai raconté ma lente reconstruction. Il m'a écouté attentivement. Au sortir de l'automne j'accusais dix kilos de trop sur la balance. Normal, je n'avais plus effectué un mètre sur le vélo depuis le mois d'octobre 2001 et mes aveux. C'était l'hiver du cyclisme, la saison où l'on pend le vélo, où l'on se recharge, l'esprit et le corps occupés à préparer les victoires de demain. Moi, j'accusais le coup. Je ruminais. Et puis je me suis dit qu'il fallait oublier tout cela, repartir de l'avant. J'assumais enfin ma suspension, je regardais droit devant. Je n'avais rien oublié de toute cette affaire, mais elle était digérée, je ne me répétais plus inlassablement : "C'est pas normal ce qui t'arrive." Je reprenais le dessus. J'ai ensuite fait le deuil du Tour 2001. Ce fut dur à accepter.

« À la fin février j'ai eu envie de décrocher le vélo, de repartir rouler. Par chance pour moi mon ami Laurent Jalabert était également en convalescence après sa chute malencontreuse d'une échelle [1]. Nous avons repris l'entraînement ensemble. J'étais mal. Je n'avais pas la condition, c'est le moins que l'on puisse dire. J'explosais, mon cœur s'emballait, mes muscles ne répondaient pas. Je ne pouvais pas accélérer. Jaja non plus. Nous avons

1. Laurent Jalabert a été victime d'une chute d'une échelle, le 12 février 2001, avec trois fractures aux apophyses de vertèbres lombaires.

roulé tous les jours pendant un mois sur les routes suisses autour de Genève. C'est à partir de là que je me suis reconstruit physiquement.

« Ce fut énormément de sacrifices, de charge de travail – entre vingt-cinq et trente heures de vélo par semaine. Je m'étais fixé un objectif, celui de revenir au premier plan et d'être sélectionné pour les championnats du monde. Puis, en juin 2001, j'ai vraiment passé la vitesse supérieure, j'ai bossé en mettant un cran au-dessus, allongé la distance. Nous sommes partis mon épouse, Clara et Mario, le dernier-né [1], à Val-Thorens pour que je puisse m'entraîner en montagne. Je me tapais la descente de Val-Thorens, près de 40 km, ma sortie normale, environ 100 bornes et au retour la remontée. J'ai grimpé tous les cols des alentours, le Galibier, la Madeleine, la Croix-de-Fer, j'en ai bavé, mais je me suis accroché à mon idée, je me disais que je n'étais pas fini. J'ai perdu sept kilos en cinq mois, de mars à juillet. Les trois autres ont disparu ensuite avec la reprise de la compétition. J'étais fin prêt pour rencontrer Patrick Lefévère...

« Face à lui, je me suis complètement remis en cause, je savais que la seule façon de provoquer un déclic c'était de lui montrer qu'on pouvait embaucher Virenque pour pas grand-chose. Je devais créer cette opportunité pour qu'une porte s'ouvre. Alors j'ai dit à Lefévère que j'acceptais de toucher un salaire encore plus bas que celui que je percevais pour ma première année de professionnel, c'est-à-dire quinze mille francs. J'avais la foi. Si j'avais dû pédaler pour l'argent j'aurais arrêté le vélo,

1. Mario est né le 19 janvier 2000.

je n'aurais pas fait ce geste. Je voulais qu'il se dise : je ne risque rien. Tout ce qu'il peut nous apporter ne sera que du bénef. J'ai gagné ; il m'a dit : "D'accord pour trois mois !"

« J'ai effectué le trajet Carqueiranne-Quillan en voiture. La route fut un vrai plaisir. J'attendais ce moment-là. J'étais à nouveau coureur, je me rendais au départ d'une course, la première depuis ma suspension. J'avais tellement hâte d'y être que je suis arrivé le premier. D'habitude, je sortais toujours le dernier de l'hôtel... »

Monte la voix, public, égosille-toi, speaker, chauffe-chauffe, Richard, à fond la sono supportrice ! À fond, pas le fond. Ainsi font-font les enfants champions aux joues tachetées de pois rouges...

Richard entendait ces décibels populaires tonner dans son cœur. Mercredi 15 août 2001. Devant l'hôtel Cartier, à Quillan, où il remporta à deux reprises ce plus vieux critérium de France. *Ils* l'attendent. Ses supporters, impatients, le regard fébrile, guettent son retour officiel. *Il* vient d'accrocher son dossard sur son maillot Domo : *number two*, on lui avait promis le n° 1, mais son ami Didier Rous, porteur du maillot tricolore, méritait bien cette faveur. Dans sa chambre, Stéphane Goubert, son ex-équipier, est venu le premier le saluer. Douze mois, maintenant, qu'il n'avait plus disputé une compétition, depuis le 21 octobre 2000, au Tour de Lombardie. Le quotidien *Le Midi libre* [1] évoquait « le retour de l'enfant chéri ». Et cette petite phrase : « Aujourd'hui tous ceux qui marchent, excepté Jalabert, sont sortis de

1. *Le Midi libre* du mercredi 15 août 2001.

l'équipe Festina. Normal c'était la formation qui avait le plus gros potentiel. Ses anciens coureurs sont devenus des leaders. C'est logique. »

Quillan, c'est un terroir magique, une appellation contrôlée du critérium cycliste. Aubagne a ses santons, Cherbourg ses parapluies, Cholet ses mouchoirs, Castelnaudary son cassoulet et Quillan son critérium. Ici tout un village vit pour *sa* course... et pour Richard dont les posters ornent les murs du bar Le Glacier, presque un deuxième club de supporters avec celui de Carqueiranne chez lui, dans le Var. *Sa* reprise, après sa longue suspension, dans ce fief qu'il a annexé le plongeait directement dans la Virenquemania, comme dans un rêve jamais fini. Huit mille personnes s'étaient massées sur le circuit, les deux mille cinq cents billets (à soixante francs) s'étaient vendus comme des petits pains. Richard avait besoin de ce contact, de cette ferveur, heureux de se ressourcer en baignant au milieu de la foule. « Je les ai entendus me confier : "Tu nous as manqué", ces paroles me réconfortaient. Sur le plan physique j'étais un peu inquiet, je ne savais pas trop où j'en étais, même si le critérium ne durait que deux heures. J'ai vraiment senti que je redevenais un coureur lorsque je me suis échappé et que j'ai pu faire le spectacle [1]. »

C'est dans les critériums qu'il pulvérise l'applaudimètre. À Quillan, pour son retour, comme à Vayrac, au lendemain de son exclusion du Tour en 98, c'est chaque fois le même phénomène. Ce jour-là, la petite équipe du Guidon vayracois organisait son critérium, un instant menacé par les affaires qui secouèrent le Tour 98. Une

1. Il termina quatrième du critérium remporté par Didier Rous.

nouvelle fois la bonne volonté des bénévoles avait permis de réunir un excellent plateau en ce lundi 17 août 1998 : Laurent Roux (TVM), Jacky Durand (Casino), qui allait s'imposer, Christophe Rinero (Cofidis) et bien sûr la coqueluche du public, Richard Virenque, vainqueur ici à deux reprises. Ils étaient, déjà, dix mille l'année précédente pour l'édition du cinquantenaire à gravir la montée de la Fontaine sur le circuit de l'Escabreyrie. Le journal local, *La Dépêche du Midi*, avait averti ses lecteurs : « On vous recommande d'arriver de bonne heure car l'exceptionnelle présence de Virenque en terre lotoise va attirer des cars de supporters venus de Limoges, Clermont-Ferrand, Lyon, Nantes, Paris... »

Quillan comme Vayrac, comme Lisieux... Bernard Aubril, l'organisateur du critérium de Lisieux, dut attendre Richard à la sortie de l'autoroute et l'escorta sous la protection de la gendarmerie jusqu'à son hôtel. Comme les chefs d'État, comme les vainqueurs de la Coupe du monde ! Trente mille personnes et peut-être même plus patientaient autour du circuit, espérant l'apparition de leur héros favori.

On veut le photographier, le toucher, l'apostropher. Sur son passage les barrières sont déplacées, les hôtels assaillis (et même sa chambre !), la voiture de son équipe encerclée, bloquée, prise en otage. Presque enlacée...

La popularité de Richard se démarque de la fameuse « poupoularité » de Raymond Poulidor. Bien qu'il ait remporté plus de victoires que de places de second l'estime du public pour le Limousin reposait essentiellement sur sa malchance. Dans le cas de Virenque, les liens affectifs qui unissent l'homme de la rue au champion puisent leur attachement dans la bataille, dans cette faculté naturelle que déploie Richard à l'assaut des montagnes. Dans le non-renoncement.

Sur la route du Tour, au lendemain de son exclusion, on avait vu s'élever des pancartes, des drapeaux, des banderoles à pois rouges se transformant en véritable comité de soutien : « Richard nous sommes de tout cœur avec toi », « Richard reviens, tu es le plus fort ». Partout des inscriptions vengeresses : « Virenque en jaune », « Qui a jeté la pierre contre les Festina ? »... Partout des bras levés, des poings tendus vers la caravane du Tour qui passe ; la Virenquemania se déchaînait, elle n'acceptait pas l'exclusion de son champion et l'hypocrisie entourant les affaires de dopage. Elle comprenait que Virenque et les Festina représentaient les premières victimes d'un mal plus profond, la partie visible de l'iceberg. Quel mois de juillet pourri ! Cet été 1998 fut long pour Richard. Sous le ciel estival de Fribourg – non loin de la maison de son adversaire Ullrich –, le mercredi 5 août 1998 et le lendemain dans le Regio Tour – une course disputée en Allemagne et en France –, il avait renoué avec la compétition toujours sous le maillot Festina. Et son public, toujours fidèle, l'acclamait encore. C'était le retour du guerrier [1], le rêve qui recommençait. Ne tuez pas Richard ! Sainte Madone des coureurs cyclistes protégez-le ! Après l'été

1. Au cœur de l'affaire Festina, alors que son image de champion semblait atteinte par le miroir des médias, *L'Équipe magazine*, n° 871 du 19 décembre, publia un sondage sur le Top 30 des champions. Richard Virenque se classait en septième position devant Schumacher, Papin, Pires, Prost, Ronaldo et Platini. Zinedine Zidane arrivait en première position suivi par Fabien Barthez et David Douillet.

pourri de 1998, il porta les couleurs de l'équipe italienne Polti. Il avait effectué sa rentrée dans Paris-Nice et devinez quel coureur pulvérisa l'applaudimètre au départ des étapes ?

Il déplace les foules, séduit le public par son caractère de battant. Ses démêlés avec la justice dans le cadre de l'affaire Festina, puis son prolongement avec l'incarcération de l'avocat Me Lavelot et le faux médecin Bernard Sainz, accentuèrent ce phénomène. D'un côté la presse, avide de déclarations, qui ne faisait que son métier, pourchassait et traquait « l'objet médiatique » qu'était devenu Richard et de l'autre le public lui manifestait son éternelle confiance. Doit-on, dès lors, déjà parler de « mythe Virenque » ?

Ce phénomène populaire, Franco Polti, son nouvel employeur, l'avait clairement analysé et chiffré : « J'ai plus gagné en quelques semaines avec Virenque qu'avec Luc Leblanc en une année. » Le propos était, certes, maladroit. Mais la métaphore utilisée se passait de commentaire. Au-delà de cette boutade économique, *il signore* Polti manifesta toujours une estime et une admiration sans borne pour Virenque. Entre Richard et le public, *il signore* Polti l'a compris, des liens très forts se sont effectivement tissés dans les batailles escarpées.

Dans le Tour 1999, où il avait été dit qu'il « n'était pas le bienvenu », le public afficha son ravissement de le revoir. Dès le début du Tour les banderoles à son avantage avaient accompagné la progression de la caravane. Partout, effectivement, les encouragements envers Richard saluèrent le peloton au point d'impressionner les journalistes et les organisateurs.

On peut se demander ce qu'il serait advenu, si, dans cette édition de l'après juillet 98, Virenque avait été une nouvelle fois écarté. La question mérite d'être posée. « Je percevais dans l'accueil du public une grande compréhension, mais également de l'exaspération et de la colère. Il me supportait davantage encore, il me poussait comme s'il avait peur que je me laisse abattre, que je laisse tout tomber. »

Richard tente d'analyser ce phénomène qui le dépasse, mais il ne trouve que des explications partielles. Son style de course y contribue énormément : « J'aime bien donner du spectacle. La course je veux qu'elle s'apparente à une dramatique avec de longues échappées, des chevauchées spectaculaires et des défaillances. » D'un seul coup il décrit le cyclisme à l'ancienne, celui de l'épopée et de la légende dont, paradoxalement, il ignore la grande histoire, mais duquel il s'inspire. Durant toute sa mise à l'écart, alors qu'il s'entraînait sur les routes en Suisse, le public qui le reconnaissait lui manifesta son soutien : « J'ai vu des types, brandissant leur poing, me dire : "Vas-y défends toi." Je crois que le public m'aime bien parce que je suis également présent dans les grands rendez-vous – le Tour, le Mondial, le championnat de France. »

Virenque coq gaulois ! Il y a chez lui la popularité de Poulidor, la fougue d'Hinault et l'entêtement de Robic. Ce n'est pas rien ! Les premiers signes de sa popularité, Richard les ressentit après le Tour 92, durant lequel il se révéla et porta l'emblème yellow. Il devint très vite la coqueluche du public, sans limite d'âge. « Les enfants m'écrivent énormément et m'adressent de beaux dessins.

Tout ce temps passé pour me faire plaisir, je n'en reviens pas. » Les mamies lui racontent leur vie et l'embrassent. Chacun projette dans Richard l'image d'un fils, d'un enfant heureux de vivre. « Un type m'a écrit pendant un an, chaque jour je découvrais son enveloppe, il me racontait sa journée. Cela avait même impressionné le facteur. Je lui ai répondu, nous avons échangé une correspondance puis j'ai voulu le rencontrer. Il s'agissait d'un artiste peintre, Jacky Arnou, installé à Perpignan. »

Dans un coin de son garage Richard a conservé chacune des enveloppes et les lettres qu'elles contiennent. Sur le Tour il porte le maillot de leader au hit-parade du courrier reçu – 355 lettres pour l'édition 98, il arrive en tête bien loin devant les autres. Certaines lettres portant seulement la mention : « Richard Virenque, le maillot à pois du Tour » sont acheminées directement dans sa boîte aux lettres.

« J'aime les gens, j'ai du plaisir à les côtoyer, à bavarder avec eux, je communique facilement et puis j'ai toujours été naturel, c'est peut-être pour cette raison que les personnes m'ont accepté, pris dans leur cœur. Elles me considèrent comme un membre de leur famille et je m'en rends bien compte dans les témoignages que je reçois. Et puis je ne suis pas quelqu'un de renfermé, j'ai un accent du Sud, je réponds à toutes les demandes de dédicaces, cela doit compter aussi. »

L'enfant débutant, maillot jaune du Tour, a grandi, mûri et, depuis, décroché cinq maillots de meilleur grimpeur. Il est respecté. Lors de la présentation du Tour 2000 les organisateurs le convièrent officiellement à l'hôtel Concorde Lafayette, aux côtés de Mario Cipollini et d'Erik Zabel. Richard se trouvait une nouvelle fois placé au centre des préoccupations journalistiques : on l'interrogeait sur le tracé, les étapes, son ambition. Ce tapis rouge déroulé quelques mois après les péripéties tapageuses de son engagement au Tour 99 montrait que les esprits s'apaisaient. Virenque redevenait un personnage fréquentable. Au cours de cette présentation le président de la Fédération française de cyclisme, Daniel Baal, surprit Richard en lui tapant dans le dos pour lui serrer la main. Les choses apparemment s'arrangeaient. En fin de matinée, au moment du repas officiel, Richard se retrouva assis à la table de Jean-Claude Killy, accompagné de l'avocate de la Société du Tour, une dame, celle-là même qui avait bataillé ferme pour l'empêcher de participer à l'édition 99 dans les locaux de l'UCI à Genève : « Lorsque je l'ai revue, au moment du repas, elle m'adressa un large sourire. “Le climat n'est plus le même”, me dit-elle. J'étais heureux d'un tel dénouement. »

Il aimait trop le Tour pour ne pas être aimé du public. Il déployait trop d'énergie sur les montagnes pour ne pas séduire Lefévère. Désormais il avait un maillot. Il lui fallait trois mois pour convaincre Domo. Trois mois pour décrocher un contrat. Un vrai. Et repartir à l'assaut.

19

Eddy Merckx veut Virenque

« Tu as la forme d'un coureur en bonne condition pour attaquer le début de saison. » À Louvain, où il venait de subir, en plein mois de juillet 2001, une batterie de tests commandés par l'équipe Domo, Richard fut rassuré. L'examen de passage était réussi. Il lui fallait désormais confirmer ces belles promesses livrées par toutes sortes d'analyses. Le premier contact avec ses nouveaux équipiers [1] avait eu lieu au Tour de Burgos, à la fin août, quelques jours après Quillan. « Je me suis senti à l'aise dès le début. Ce n'était pourtant pas évident, il n'y avait pas un seul coureur français dans l'équipe. Mais les Belges et les Flamands sont très respectueux. Ils m'ont adopté rapidement. J'ai enchaîné la Vuelta avec cet état d'esprit : je devais être patient, ce n'était pas avec six jours de course que je pouvais faire quelque chose.

« Pendant dix jours je suis resté calé dans le peloton du Tour d'Espagne à regarder les autres attaquer. Je ne pouvais rien faire de plus. Et encore, comme je manquais de

1. L'équipe comprenait notamment : Johan Museeuw, Romans Vainsteins, Axel Merckx, Robbie McEwen, Servais Knaven, Steve De Wolf, Enrico Cassani, Wilfried Peeters, Koos Moerenhout, Max Van Heeswijk.

rythme, je décrochais la plupart du temps sur le final lorsque la vitesse s'accélérait. Je me réfugiais dans le *gruppetto*. Au bout de dix jours je me suis dit que je devais forcer les choses, tenter de m'échapper pour me tester. Pendant quarante-huit heures je me suis lancé systématiquement dans toutes les offensives. Je ne me sentais pas plus en forme, simplement un sursaut psychologique s'était crée. C'est comme cela que je me suis retrouvé échappé pour "la gagne" entre Andorre et Port-Aventura, lors de la treizième étape. Dans la descente de l'Alto de la Noguera j'avais déjà essayé de partir. J'ai recommencé à 114 km du final. Nous étions neuf coureurs en tête : Darius Baranowski (Banesto), Rafael Diaz Justo (Once), Igor Flores (Euskatel), Cesar Garcia Calvo (Fuenlabrada), Massimo Giunti (Cantina Tollo), Juan Guillamon (Jazztel), Roberto Sgambelluri (Telekom), Beat Zberg (Rabobank) et moi. Je craignais surtout Cesar Garcia Calvo, en cas d'arrivée au sprint. Il fallait donc provoquer une cassure. À 4 km de l'arrivée j'ai attaqué à nouveau. Derrière ils étaient en file indienne, le vent soufflait de face. Lorsqu'ils m'ont rejoint, Garcia Calvo n'était plus là. Il avait été victime d'une crevaison.

« Malgré mes efforts j'ai disputé le sprint et terminé deuxième derrière Beat Zberg. La plus mauvaise place. Cette victoire m'aurait fait du bien, mais j'étais tout de même satisfait. Le soir, sur la table de massage, Dirk était content de mon retour. Le staff Domo m'a félicité. Ils m'ont dit : "On est heureux de travailler avec un grimpeur comme toi, c'est une belle aventure." Je sentais que la confiance s'installait. Pourtant, pour moi, cela n'était pas évident au départ de la Vuelta.

« Trois jours plus tard, dans l'étape Alcoi-Murcie j'ai remis ça. J'avais prévu de gicler à 15 km de l'arrivée, après la côte de l'Alto de la Cresta del gallo. Je ne voulais pas prendre le risque d'attaquer dans la bosse, je n'étais pas encore de taille à rivaliser avec les meilleurs. Je savais qu'ils allaient se neutraliser dans cette ascension et que le bon coup partirait au sommet. Je me suis retrouvé sur l'autre versant avec l'Espagnol Jose-Luis Rubiera engagé par l'équipe d'Armstrong (US Postal). Nous avons dépassé Carlos Sastre (Once), à terre. Il avait loupé un virage en abordant la descente, alors qu'il évoluait en tête des favoris. Il ne nous restait plus qu'à foncer vers Murcie. À deux c'était jouable. Nous n'avons jamais bénéficié de plus de 12" d'avance. On s'est fait reprendre sous la flamme rouge. Heureusement mon équipier tchèque Tomas Konecny s'est imposé au sprint. La journée n'avait pas été inutile ! Mais pour la première fois sur la Vuelta je n'avais pas subi la course.

« J'ai terminé le Tour d'Espagne très motivé [1], persuadé que j'allais réaliser une excellente fin de saison. Heureusement ! J'avais eu peur au départ, à Madrid, de quitter la course fatigué et de sortir par la petite porte. Là, j'aurais encore gambergé. »

Paris-Tours, la plus plate des classiques, approchait. Richard avait décidé de faire la course. Il la connaissait bien pour l'avoir disputée en 1996, en attaquant de loin au mépris de la plus grande logique cycliste, celle qui pré-

1. Richard termina la Vuelta à la 24e place à 38' 45" du vainqueur, Angel Casero.

tend qu'un grimpeur ne brille pas sur les épreuves réservées aux rouleurs. Paris-Tours, un domaine réservé aux lévriers de la route ? Comment donc, vous ne parlez pas sérieusement ? Virenque se sentait bien, alors il avait attaqué. Tchao, les sprinters !

« À la faveur d'un sprint pour une prime je m'étais retrouvé devant et j'avais contré. Le Russe Asiate Saitov (Refin) avait pris ma roue et l'on s'était relayé efficacement tous les deux. Nous nous entendions très bien, mais je dois dire que je n'ai jamais cru à la victoire. Pourtant nous prenions des relais très forts et notre avance grimpa jusqu'à 8'30" à 100 km de l'arrivée. Cette année-là, j'avais surtout envie de me faire mal, de préparer activement les championnats du monde de Lugano qui s'annonçaient. » Résultat : 146 km d'échappée, 146 bornes à tenir tête, à deux, à la meute vexée par le culot d'un montagnard qui la défiait sur son terrain. À 450 m du final, de la récompense cent fois méritée, le peloton des sprinters, favorisé par un vent de face depuis quelques kilomètres, avait avalé les deux fuyards, qui butaient contre cet ennemi naturel. C'était fini [1]. Longtemps Albert Bouvet, alors le dernier vainqueur français de cette classique d'automne, espéra célébrer la victoire de Virenque. Il l'étreignit à l'arrivée, rendant hommage à son caractère de puncheur. Hélas...

Cette fois-ci, pour ce Paris-Tours 2001, Richard ne se faisait pas d'illusion. Il voulait simplement « faire des

---

1. Finalement Richard terminait 53e de ce Paris-Tours remporté au sprint par Nicola Minali (Gewiss) devant Tom Steels (Mapei) et Giovanni Lombardi (Polti). Son compagnon d'échappée, Saitov, se classait 54e, juste derrière lui.

efforts et de la distance ». « La veille, à l'hôtel, Patrick Lefévère nous avait dit qu'il fallait être présents tout au long de la course pour permettre à Romans Vainsteins de préserver ses chances au sprint. J'avais répondu que dans ces conditions il suffisait de s'immiscer dès les premières échappées. Dès le départ je me plaçai en tête et me montrai à l'affût. Lorsque j'ai vu Jacky Durand (La Française des jeux) déborder, après seulement 12 km de course, je me suis dit que c'était le bon moment pour y aller. Nous avons longtemps bénéficié d'à peine 30" d'avance. On n'arrivait pas à creuser l'écart. C'était vraiment la galère.

«J'espérais qu'une échappée remonte. À plusieurs cela paraissait plus sûr. Là, je craignais de griller toutes mes forces et d'abandonner à 30 km de Tours. Puis l'ardoisier nous a indiqué des écarts de plus en plus favorables : 1', 2, puis 5, puis 10, puis 16. Nous étions trop loin encore de l'arrivée. J'étais persuadé qu'on serait rejoint. Mais c'était l'occasion rêvée pour passer une belle journée de vélo... et de travail. Nous avons eu jusqu'à 17' et 10" d'avance. Avec Jacky on plaisantait en s'adressant à l'ardoisier : "Dis-leur, derrière, que nous avons moins d'avance, ils nous laisseront tranquilles plus longtemps, avant de commencer à mettre le turbo." Nous avions pris un rythme de croisière et nous l'avons gardé plus de six heures. On a seulement un peu plus appuyé sur la fin.

« Dans les 40 derniers kilomètres Jacky était moins "moelleux". Je l'encourageais mais il me disait qu'il était "sec". Je me demandais s'il en gardait sous la pédale, s'il bluffait ou si véritablement il accusait la fatigue. Je suis descendu à la hauteur de la voiture de Patrick Levéfère et je lui ai demandé d'observer Jacky de dos. C'est comme cela que l'on voit si un coureur "feignasse", s'il fait semblant d'être mort. Patrick est revenu me dire : "Jacky est crevé." Je suis resté avec lui encore quelques kilomètres, je bénéficiais toujours de ses relais. Je savais que le compte à rebours commencerait lorsque l'écart descendrait au-dessous de la minute ; là les secondes tomberaient rapidement.

« À 500 m de la côte de l'Épan, à 8 km de l'arrivée, nous n'avions plus que 37" d'avance. C'était le moment de partir. Je me suis mis à bloc jusqu'à l'arrivée. Je me répétais : "Ne te retourne pas, fonce." Jacky s'est fait reprendre, j'avais plus que 17" d'avance, mais ce qui m'a aidé c'est que j'ai toujours trouvé la force d'avaler les côtes à la vitesse du peloton. Ils ne m'ont pas rattrapé dans ces endroits-là. Au pied des côtes, il y en avait trois à passer, dont la côte du Petit-Pas-d'Âne, je me disais : "Tu fais comme si l'arrivée est là-haut." Puis au sommet j'attaquais la descente en me persuadant que l'arrivée était au bas. J'ai accompli les derniers kilomètres en me motivant de cette façon. Je ne voulais pas me retourner. Je pensais : "Ils sont peut-être derrière." J'entendais la foule hurler, je revivais l'ambiance du Tour. J'avais mal partout. Je fermais les yeux pendant 200 m pour supporter la douleur, je m'arrachais, puis je les rouvrais, je regardais devant et je les refermais. Je voulais me retourner seulement au dernier kilomètre. Je doutais : "Peut-être qu'ils me doubleront avant."

« Je sentais qu'il se passait quelque chose derrière moi, comme une meute de chiens qui te court derrière. La flamme rouge est arrivée, là je me suis retourné. Ils étaient à 100 m. J'étais persuadé que si je ne faiblissais pas cela me suffisait pour gagner. Allez, à fond ! Les yeux fermés sur le 53 x 11. La veille j'avais fait monter un 54, puis le matin au départ en voyant le vent de face j'ai opté pour le 53. Sous la banderole ce fut un immense bonheur. J'ai levé le bras droit, pointé l'index vers le ciel, hurlé de douleur, crié ma rage comme à Morzine. Il était temps. Les sprinters Freire (Mapei), 2e, Zabel (Telekom), 3e, et Hushovd (Crédit Agricole), 4e, venaient mourir sur la ligne. »

« 242 km d'échappée, après sept semaines de course dans les jambes seulement, Richard entrait dans la légende. Il venait de transformer le coup de folie en coup de génie et recevait, le lendemain, l'hommage unanime de la presse. « Incroyable Virenque » titrait *L'Équipe* [1] sur une immense photo de une. Philippe Brunel commentait : « Il a fondé sa renommée non pas à l'aune de ses seuls résultats mais sur un sens du panache qu'il est sans doute le seul à porter à ce niveau d'exaltation. »

« Trois semaines plus tard mon père m'a apporté la cassette de Paris-Tours. Là, j'ai réalisé que j'avais réellement accompli un exploit. Derrière, le peloton se livrait à une vraie course de mouvement, cela n'avait pas été l'enterrement de première classe. Et j'avais résisté jusqu'au bout. Sans EPO, comme en 1999, 2000 et maintenant. Mon retour sportif c'est la meilleure preuve qu'il n'y a pas que l'érythropoïétine qui fait avancer. Certains avaient claironné que si je ne prenais plus rien

1. *L'Équipe* du 8 octobre 2001.

je n'avancerais plus [1]. Ils se trompaient. Cela m'avait sûrement aidé, je le reconnais, mais j'ai depuis prouvé que j'avais de bonnes bases et que sans EPO je peux encore gagner. Ma victoire dans Paris-Tours a été accueillie plus fortement que celle de Morzine obtenue sur le Tour 2000. J'ai bien compris que mes aveux étaient passés par là. Paris-Tours a signé définitivement ma réhabilitation. On a compris que je reviens de loin.

« Avant mes aveux, beaucoup m'avaient retiré leur estime, pendant le procès, alors que tout le monde savait ce qui se tramait dans le peloton, mes détracteurs étaient contents. Maintenant tout cela c'est du passé et à Tours même les anti-Virenque ont été admiratifs. Ils pensaient sans doute que je ne remonterais plus sur un vélo. Quelle plus belle démonstration pouvais-je offrir à mes supporters, qui pouvaient peut-être douter de mes capacités, après toutes les déceptions de l'affaire Festina ? Cela me fait penser à une anecdote que je ne résiste pas à vous livrer. Pendant que je marchais vers la salle de presse, après le podium, j'étais entouré par de nombreux supporters et l'un d'eux m'a mis la main sur l'épaule. Je suis habitué à ce genre de démonstration. Il me parlait, me disait : "C'est super Richard. J'ai envie de t'embrasser. Tiens, je t'embrasse." Moi je pensais, il va m'embrasser sur la joue. Mais voilà qu'il me tire un palot. Putain ! mais qu'est-ce qu'il me fait ce con. Je n'ai pas eu le temps de réagir. "Ah ! c'est trop bon, Richard,

---

1. Dans une rubrique « pour ou contre » parue dans le n° 378, août , 2001 de *Vélo*, Jean-François Quenet répondait par la négative à la question : « Virenque peut-il revenir ? » On lisait notamment ceci : « On le voit mal se bonifier après une coupure de huit mois succédant à deux années de tourments. »

j'ai fait la même chose lorsque Jacky Durand a gagné Paris-Tours en 1998."

« Tout le monde riait. Je savais qu'on m'aimait, mais ça, on ne me l'avait encore jamais fait ! »

Paris-Tours avait réhabilité Virenque. Une semaine plus tard se présentait le championnat du monde disputé sur le circuit de Lisbonne. Une fois de plus Richard, qui n'en avait pas tant espéré quelques semaines avant, se trouva propulsé à la tête de l'équipe de France, alors à la recherche d'un leader, privée de Laurent Jalabert victime d'une douleur tendineuse au genou. Richard éprouvait un immense honneur chaque fois qu'il enfilait le maillot tricolore.

Il l'avait démontré à chacune de ses participations au Mondial : à Oslo, en 1993, sous la pluie où il terminait 20ᵉ, à Agrigente, en 1994 (3ᵉ), à Duitama, en 1995, en Colombie (6ᵉ), seul Français encore dans le coup, à Lugano, en 1996 (5ᵉ et premier Français), et même à Saint-Sébastien, en 1997 (60ᵉ), où il avait merveilleusement animé la principale échappée du jour (avec Guesdon, Bartoli, Bugno, Bölts, Zülle, Riis, et Boogerd notamment) avant de se mettre au service de l'équipe de France et de faciliter la victoire de son ami Laurent Brochard.

À Agrigente, en 1994, il s'était comporté en parfait équipier pour protéger la fuite en avant de Luc Leblanc et avait même renoncé à ses chances [1]. « Dans le der-

1. Après le Mondial d'Agrigente, le maire de Marignane, Laurent Deleuil, passionné de cyclisme, excellent footballeur, sportif assidu, ex-ami de Louison Bobet, décida d'honorer Luc Leblanc et le jeune Virenque, héros de Sicile. Une rue porte désormais leur nom dans un quartier où chaque venelle salue le prestige d'un géant de la route.

nier tour Luc Leblanc avait attaqué. À 6 km du final il fut rejoint. Je lui confiai alors que j'allais contrer, en lui précisant l'endroit exact. C'était dans un virage que j'avais repéré. Et là, 200 m avant la courbe, Luc a attaqué une deuxième fois. Derrière j'avais été obligé de jouer le jeu d'équipe. Chiappucci me regardait, il croyait que j'irais chercher Luc. Il n'en était pas question. Il comprit que ce n'était pas mon rôle. J'ai enterré tout le monde. Devant, Luc était échappé avec Ghirotto qu'il a lâché ensuite pour remporter le Mondial. »

À l'arrivée l'équipe de France offrit au public l'image d'une équipe très soudée, sincère, heureuse de sa victoire, fière d'étreindre le nouveau champion du monde et de le féliciter. « Nous étions vraiment tous ravis de décrocher le titre, j'étais content que Luc gagne, satisfait de ma troisième place sur le podium. Bien sûr que l'on ressent un petit pincement au cœur, on se dit : j'aurais peut-être pu gagner à sa place, mais c'est la loi de la course et il n'y a rien à dire. Simplement j'ai été déçu par le comportement de Luc. Le soir où l'on a célébré son titre j'aurais aimé qu'il me dise merci, qu'il fasse preuve d'un peu de reconnaissance car je crois que j'étais pour beaucoup dans sa victoire. J'ai toujours fait preuve d'une loyauté exemplaire en portant le maillot tricolore et paradoxalement l'on m'a parfois reproché mon envie de gagner ! »

Le critérium de Châteaulin que remporta Richard quelques jours plus tard lui apporta une maigre consolation. La revanche d'Agrigente il avait espéré la prendre l'année suivante, en Colombie, sur le très difficile circuit de Duitama : 17,7 km à parcourir quinze fois avec une rampe d'un autre monde, la côte d'El Cogollo, longue de 5,5 km s'élevant par endroit à 12 %. Elle longeait la ferme d'Oliverio Rincon, rappelant aux concurrents que ce Mondial pour grimpeur espérait la consécration d'un Colombien! « Chaque jour un garde du corps nous accompagnait dans nos sorties, juché sur une moto Ténéré, le fusil et la cartouchière sur l'épaule, coiffé d'une casquette, le regard protégé d'une paire de lunettes Rayban. Le matin il venait nous chercher à l'hôtel, il roulait au milieu de la route ou à nos côtés et nous escortait jusqu'au retour. »

Finalement ce fut un rouleur qui l'emporta! Abraham Olano fut le plus habile à tirer les ficelles d'une course où Indurain s'était montré au-dessus du lot et Richard, malchanceux. « J'avais été impressionné par les roues ultralégères que le Hollandais Dany Nelissen, vainqueur la veille du championnat amateur [1], avait montées sur son vélo. Il me les avait fait soupeser, elles se soulevaient facilement. Je lui avais demandé de me les prêter. Mais il oublia de me préciser qu'elles étaient en carbone et qu'elles exigeaient donc des patins de freins spéciaux. Au cinquième tour je me suis aperçu que mes freins arrière ne fonctionnaient plus. Je me suis arrêté une première fois pour remplacer la roue. Puis, au tour suivant, j'ai dû changer de vélo pour que l'on m'installe d'autres patins. Ensuite, nouvel arrêt pour récupérer mon vélo équipé, cette fois-ci, des roues et des patins appropriés. J'ai laissé dans ces haltes et ces efforts successifs pour rejoindre les

1. Dany Nelissen avait été en fait professionnel dans l'équipe PDM de 1990 à 1992 avant de se retrouver sans employeur et de redevenir amateur. Il repassa pro en 1996 sous les couleurs Rabobank.

premiers beaucoup d'énergie d'autant que, par la suite, j'ai également été victime d'une crevaison. »

Pourtant Richard était encore dans le coup pour « la gagne » au dernier tour, après une attaque d'Indurain qui « nous avait tous mis dans le rouge ». Lorsque le regroupement s'opéra avec Abraham Olano (Espagne), Dimitri Konyshev (Russie), Pascal Richard (Suisse), Mauro Gianetti (Suisse), Marco Pantani (Italie) et Richard Virenque, Olano contra. « Derrière on s'est tous regardé, Indurain a joué parfaitement le jeu d'équipe et offert la victoire à Abraham », malgré la crevaison de ce dernier dans l'ultime kilomètre.

Richard terminait 6ᵉ et une nouvelle fois premier Français. Sous le déluge colombien il avait honoré à sa façon le maillot tricolore et nourrissait déjà de beaux espoirs pour les Jeux olympiques organisés l'année suivante. Les premiers Jeux pour le cyclisme sur route. Il avait vingt-six ans. Le circuit d'Atlanta avait été tracé pour les sprinters – pas une seule difficulté à l'horizon sur les 13 km dessinés en ville ! Le sélectionneur français, Bernard Thévenet, avait été bien embarrassé pour désigner les cinq représentants admis [1] à prendre le départ. Cinq coureurs par nation, seulement ! « J'ai failli ne pas être retenu alors que je finissais 3ᵉ du Tour (derrière Riis et Ullrich) sous le prétexte que j'étais un grimpeur. À l'arrivée je termine 5ᵉ, battu d'un souffle par Franky Andreu (États-Unis) pour la quatrième place. »

Mais surtout Richard avait montré le maillot bleu, blanc, rouge tout au long de la course, 221 km, finale-

1. La sélection française était composée de Laurent Brochard, Laurent Jalabert, Frédéric Moncassin, Didier Rous et Richard Virenque.

ment remportée par le Suisse Pascal Richard. Il se trouvait au sein d'une échappée considérée comme très dangereuse, formée vers le 170e km et composée des Italiens Bartoli et Baldato, des Américains Armstrong et Andreu, du Belge Museeuw, des Danois Sörensen et Skibby, du Suisse Richard, du Polonais Spruch, de l'Italien naturalisé anglais Sciandri et de l'Espagnol Mauri.

Les fuyards ne furent plus rejoints. Virenque avait bien pris place dans l'échappée décisive, il se battait, une fois de plus il portait haut les couleurs françaises. Lui, le grimpeur, arracha une belle cinquième place. Deux mois après les Jeux, les championnats du monde organisés à Lugano sentaient à nouveau la poudre. « Virenque veut ce titre », annonça la veille, sur huit colonnes [1], *L'Équipe* au-dessus de la photo de Richard échappé en compagnie de Saitov quelques jours avant dans Paris-Tours. La course en décida autrement. Il finit cinquième.

Dès lors, depuis Atlanta, Virenque s'inscrivait logiquement en leader de l'équipe de France. Et voilà qu'en cette fin de saison 2001 il se retrouvait une fois de plus à la tête des Bleus, dans la peau d'un superfavori depuis sa victoire dans Paris-Tours. Sa présence, sa démonstration athlétique avaient dynamisé le groupe. La France s'était mise à croire en ce titre, au maillot arc-en-ciel pour Richard. C'eût été un beau rêve. Hélas ! la course fut décevante. Les favoris se neutralisèrent, effrayés par la difficulté du circuit, et seul Richard essaya vainement de provoquer une échappée. Quarante-cinq coureurs sprintèrent pour décrocher le titre suprême. Il y avait bien

1. *L'Équipe* du vendredi 11 octobre 1996.

longtemps que l'on n'avait pas vu autant de prétendants. Dans cette loterie l'Espagnol Oscar Freire emporta le gros lot pour la deuxième fois [1]. Richard était déçu, d'autant qu'il savait dans quelle excellente condition il se trouvait. Il le prouva une dernière fois, avant la fin de saison, dans la mythique « course des feuilles mortes ».

À 5 km du final du Tour de Lombardie ils n'étaient plus que quatre, en effet, à conduire le bal dans la montée du *Largo colle aperto*, une route pavée conduisant à la cité médiévale de Bergame : Michael Boogerd (Rabobank), Danilo Di Luca (Cantina Tollo), Giuliano Figueras (Panaria) et... Richard Virenque. C'est lui qui provoqua la sélection finale à 25 km de Bergame dans la montée du Berbenno. « J'avais mis un missile. Bartoli, Casagrande n'ont pas pu suivre. On s'est retrouvé à trois – Di Luca Figueras et moi – et on a repris Boogerd au sommet. » Mais sous la pluie glaciale, Richard accusa soudainement une baisse de régime. Si près du but il laissa partir ses trois compagnons, avant de se ressaisir et de venir mourir dans leur roue sur la ligne d'arrivée où Di Luca, surnommé le Leonardo Di Caprio du peloton, s'imposait [2]. « J'avais déjà eu froid dans la descente du Berbenno. Dans la montée finale j'étais gelé, je n'avais plus de souplesse, je suis resté planté. Pour la fin de saison j'étais vraiment trop maigre, je consommais plus d'énergie qu'un autre. »

L'année se terminait. Il ne lui restait plus qu'à trouver un contrat pour la prochaine saison. « J'avais convaincu Lefévère que je pouvais apporter beaucoup à l'équipe.

1. Richard se classe finalement 31e du Mondial.
2. Richard termine 4e à 4" de Di Luca.

Cette formation avait complètement changé en ma présence, elle était transformée. J'avais des contacts avec Lampre et Saeco, mais je voulais rester chez Domo, d'autant qu'elle figurait dans le classement des dix premières équipes et m'assurait la qualification pour les grands tours. Lefévère souhaitait me garder, mais il n'en avait pas les moyens. J'attendais sa réponse. Je lui avais dit qu'après la présentation du Tour en octobre je ne pourrais plus attendre. Le jour même il m'a téléphoné : "J'ai pas encore le budget mais tu restes dans l'équipe. Eddy Merckx te veut. Il trouvera une solution." » Quelques semaines plus tard Merckx déclarait : « Virenque constitue un plus dans l'équipe. Commercialement parlant c'est très important pour ma société. Depuis qu'il a été engagé on me demande des vélos des quatre coins de l'Europe... »

20

Richard au grand cœur

« Rendez-vous à 15 heures, à Carqueiranne », m'avait dit Richard. J'avais hâte d'y être. Je ne voulais surtout pas arriver chez lui en retard, nous avions prévu de travailler avant que je le conduise à l'aéroport Marseille-Provence où il devait décoller vers 17 heures. La perspective d'accomplir le voyage en sa compagnie me plaisait bien. Dans ces moments de tranquillité, Richard avait toujours quelques bonnes anecdotes à raconter.

Il s'apprêtait donc à boucler ses valises. Lorsqu'il m'ouvrit la porte je le découvris déjà prêt, élégamment vêtu d'un costume gris. Seul un logo discret cassait l'uniformité de son vêtement. Je n'étais pas habitué à le rencontrer habillé de façon si stricte ; d'habitude nos séances de travail s'effectuaient en tenue décontractée. Il me paraissait encore plus mince.

« Laisse-moi quelques minutes, le temps de vérifier si tout y est. » J'assistai alors à un véritable check-up du coureur cycliste : gants, cuissard, maillot, chaussettes, chaussures, casquette, survêtement... Richard énumérait ainsi l'indispensable panoplie qui l'accompagnerait, descendait au garage chercher les effets qui lui manquaient et poursuivait son énumération. S'y ajoutaient bien sûr quelques affaires personnelles, dont il contrôla la présence. À chaque départ, Richard accomplit le même rituel, qu'il termine en recouvrant d'une housse son vélo déposé délicatement dans le coffre de la voiture. Un baiser d'adieu à Clara, Dario et Stéphanie, un scénario qu'il connaît maintenant sur le bout des doigts et la porte de la voiture claqua.

En route, il s'affaira à régler les derniers points. Un coup de fil à son directeur sportif pour lui demander de préparer une nouvelle paire de roues, un autre pour s'inquiéter du nom de son hôtel et du programme cycliste prévu. Peu avant, le fax de sa villa n'avait pas arrêté de sonner. Parmi les messages reçus, des demandes d'interviews, des nouvelles en provenance de son agent, quelques renseignements communiqués par son équipe. Chez Virenque le téléphone sonne continuellement et ce n'est pas exagéré que de dire qu'il mène une véritable vie d'homme d'affaires. Sitôt arrivé à l'aéroport il s'occupa de changer son billet retour envoyé par son employeur. Il désirait rentrer le soir même, après l'épreuve, plutôt que d'attendre le lendemain. Ce souci de l'organisation, du menu détail, Richard le cultive admirablement. Avec lui rien n'est laissé au hasard, tout est programmé, cadré, articulé dans un emploi du temps très serré.

« Je dois gérer mon emploi du temps comme un ordinateur, mais ce stress me convient parfaitement. Si je n'aimais pas ce métier, si ce que je vis ne me plaisait pas, je ne pourrais pas l'exercer aussi correctement. J'ai toujours un agenda rempli, en dehors des courses je suis très occupé par mes obligations extrasportives. Je suis très sollicité. En passant professionnel j'ai décidé de faire ce boulot à fond. Je ne suis pas devenu un coureur pour faire les choses à moitié. »

Il est très soucieux de son matériel. Le matin de l'étape contre la montre du Futuroscope dans le Tour 99, alors qu'il rentrait d'une sortie de décontraction, il donna ses ordres au mécanicien avant de passer sous la douche : « Tu me changes le plateau, tu mets un 53, tu montes une autre roue libre, tu enlèves le porte-bidon, tu installes une roue arrière pleine. » Sa stratégie était définie, tout était décidé dans sa tête. Le souci du détail poussé à l'extrême.

Il accomplit son métier à fond, s'impose un régime strict, sans écart, et c'est à ce prix qu'il a progressé, passant de la 401e place au classement UCI [1] en 1991, à ses débuts, à la 7e place en 1996. « Ces points je ne les ai pas tous arrachés dans le Tour, je vais les chercher dans les autres courses. »

Certes il est un coureur à panache – on lui attribue volontiers le « maillot jaune de l'attaquant » – un coureur populaire, justement parce qu'il considère la course cycliste comme une dramatique, mais on oublie de mesurer sa régularité et sa présence en course du début à la fin de la saison. Il ne dispute pas exclusivement le Tour, et se rapproche en ce sens des coureurs d'autrefois. En début d'année il se lance dans une échappée sur les routes froides du Het Volk, en juillet il enflamme le Tour et en fin de saison on le retrouve en tête au sommet du mythique Ghisallo (avec Marc

1. Classement établi sur l'ensemble des grands Tours et épreuves de la Coupe du monde.

Streel dans sa roue) dans le prestigieux Tour de Lombardie.

Richard se comporte aussi à l'ancienne, dans ses entraînements [1], dans ses choix d'épreuves (il dispute les classiques et les grands tours), une caractéristique que l'on retrouve dans son style. Même si en l'an 2000 il a joué sa saison, principalement – et exceptionnellement – sur le Tour.

Virenque se déhanche sur son vélo, il se bat, maltraite sa machine lorsqu'il part à l'assaut des sommets contrairement aux coureurs robotisés de cette fin de siècle qui ne bougent plus sur leur engin. Il incarne à merveille l'homme du Sud, chaleureux et démonstratif, parfaitement à l'aise sous les braises du ciel d'été.

On lui reproche également un palmarès peu étoffé, ce qui n'est pas juste. Richard a remporté quatre étapes sur le Tour, une dans le Giro, quatre étapes au Dauphiné libéré, cinq titres de meilleur grimpeur au Tour et deux au Dauphiné. Il fut à deux reprises désigné comme le plus combatif du Tour, en 1996 et 1997, et vainqueur de Paris-Tours. Mais ce sont ses coups d'éclat qui le rendent populaire et s'inscrivent dans la mémoire collective. Il court à la hussarde, s'inspire de l'arrogance de Robic, de l'insolence de Geminiani, de l'orgueil de Chiappucci, disciples incorrigibles d'une philosophie idéaliste qui s'énonce ainsi : « Le bonheur est dans la bataille. »

Non, ce n'est pas le nombre de bouquets qui vous classe un coureur mais sa capacité offensive, sa *grinta*, autant d'éléments qui contribuent à assembler les pièces du puzzle de l'épopée. Que valent les victoires à répéti-

1. Voir le chapitre 4 : « Willy, Bruno, Erik et le milieu ».

tion d'un sprinter au regard des combats d'un grimpeur, dès lors qu'il abandonne, comme Cippollini, la course au pied des cols ?

Des combats, Richard en a livré, mais le plus dur, le plus éprouvant sans doute, l'attendait en juillet 1998. « Si quelquefois je suis aussi fort c'est tout simplement parce que les miens me rendent fort. Mon épouse Stéphanie, tout d'abord. Pendant l'affaire Festina elle a su se déconnecter du poids terrible qui nous assommait. Elle ne se tenait pas toute la journée devant la télé ou la radio pour saisir ce que l'on disait sur moi. Au contraire, tout était éteint, elle me tenait à l'écart, s'efforçait de me rendre la vie agréable alors que je trouvais tout amer et a su ne rien prendre au premier degré. Stéphanie a assuré l'équilibre mental de notre couple durant cette période et m'a constamment aidé à surmonter cette épreuve.

« Avec Stéphanie nous avons monté les échelons ensemble, construit notre vie main dans la main. C'est ma deuxième personne, mon double ; souvent je n'ai pas besoin de lui parler pour que l'on se comprenne. En fait, elle est toujours restée en retrait, elle existe comme Stéphanie, pas comme Mme Virenque.

« Nous avons fait le choix, il y a quelques mois, de nous installer définitivement dans le Sud. Nous avons vendu notre maison en Suisse, pour revenir au pays. C'était très important. Stéphanie ne supportait plus l'éloignement, avec sa famille cela devenait trop compliqué. Si j'avais gardé le cap en Suisse on aurait été séparés. Ça je ne le voulais pas. Maintenant nous sommes bien ici, à Carqueiranne. »

Le champion a un grand cœur. Il l'a prouvé en 1994 en offrant sa part des prix au profit des victimes de la guerre du Rwanda. « L'idée m'est venue durant le Tour. J'entendais à la télévision une annonce qui incitait les gens à se montrer généreux. Elle disait à peu près cela : "En donnant un franc vous pouvez sauver la vie d'un enfant, pendant un jour." J'ai eu envie de réagir, de faire quelque chose. À cette époque j'avais le vent dans le dos, je pouvais sensibiliser de très nombreuses personnes, j'ai pensé que mon nom servirait à une bonne cause et j'ai imaginé de mettre mon vélo aux enchères, pour recueillir des fonds. »

Le maillot fut enlevé à cent cinquante mille francs, le vélo également. Au total Médecins sans frontières bénéficia d'une enveloppe de trois cent mille francs, environ. «Je sais qu'ils ont envoyé un avion cargo plein de nourriture la bas. Ils voulaient que j'aille sur le terrain, mais cela n'a pas été possible. Malheureusement après cette opération on m'a critiqué, on n'a pas cessé de me questionner et de me parler systématiquement de cette action comme si je n'existais plus qu'au travers d'elle, ou comme si j'avais voulu me servir d'elle pour faire ma publicité. J'ai presque regretté de l'avoir organisée. Après je n'ai pas arrêté d'être sollicité, j'ai reçu des demandes d'aide et de parrainage en quantité. On me prenait pour quelqu'un qui devait sauver tout le monde. Moi, j'étais coureur. Cela m'a un peu découragé. Mais bon ! le Rwanda reste en moi et j'en suis fier. Maintenant je continue de soutenir certaines associations caritatives, mais je n'ai plus envie que cela se sache. »

Il a du cœur, mais aussi un sacré tempérament ! D'autres à sa place, après la tempête qu'il essuya durant plus de deux ans, ne supporteraient plus l'image d'un vélo. Lui n'a jamais douté, il a toujours espéré sortir du tunnel et a trouvé la force d'y croire. Il confessera dans un moment de grande franchise qu'il « a prié certaines fois, parce que dans ces moments-là on a envie de se recueillir et de s'accrocher à quelque chose, parce qu'il s'estime croyant même si les vrais croyants prient tous les jours ou vont à l'église souvent. Ma femme l'a fait beaucoup pour nous. »

Ceux qui ont sali Richard, ceux qui se sont acharnés sur son compte, ne privilégiant trop souvent qu'une seule source d'information, au mépris des lois du journalisme, de la connaissance des faits et gestes du peloton, mesurent-ils aujourd'hui le mal volontaire qu'ils lui ont fait endurer. Ne cherchez pas ailleurs que dans cette injustice orchestrée – il faudrait dire cette profonde cicatrice – les raisons de sa popularité sur le Tour 99.

Sa simplicité étonne. Sa naïveté désarme. Il s'est ainsi montré disponible, prêt à collaborer à certaines émissions par goût de la fête et par défi. On l'a vu chanter le tube de Gilbert Montagné *On va s'aimer*, en compagnie de David Douillet avec qui il s'est lié d'amitié, dans l'émission de Patrick Sébastien. « Il me faisait trois fois et demi, c'était plutôt rigolo... »

Chez lui il aime bricoler, aménager sa maison, laver sa voiture, manier la perceuse pour monter un meuble. C'est un manuel. Un créatif. Il a lui-même agencé les tableaux, et il n'est jamais autant heureux que lorsqu'il revient avec une vieille brouette à retaper avant de l'égayer de plusieurs pots de fleurs, avec Lulu, le gardien et jardinier. Sa dernière trouvaille : un cycliste dessiné dans du gazon, rapporté d'Italie ! Sous le soleil qui illumine sa maison, baptisée Luz-Ardiden, en souvenir de sa victoire dans le Tour, la première, il revient souvent à son passe-temps favori : le jardinage. Cet olivier qui trône solennel face à la porte d'entrée, « le seul arbre déjà planté lorsque j'ai acheté ce terrain », il aime le tailler, lui donner une forme plus esthétique. Richard a lui-même choisi tous les arbres, toutes les essences de plantes de son jardin. Il est capable de déterminer leur meilleur emplacement, plein soleil pour les unes, mi-ombre pour les autres. « Tout ce qu'il y a sur ce terrain je l'ai dessiné et choisi moi-même. Quand je visite une pépinière je suis admiratif. J'ai le même sentiment qu'une femme qui entre dans un joli magasin de fringues. »

Dans la maison, il a lui-même confectionné les placards, travaillant le bois avec beaucoup de précision et de plaisir. Cette maison très spacieuse, magnifiquement éclairée par les rayons de soleil, surplombant la baie de la presqu'île de Giens, que l'on aperçoit au loin, il en est fier. D'ailleurs s'il avait raté sa vie à vélo il aurait monté une petite société de bricolage à tout faire. C'est son frère, cadre supérieur à la Maison individuelle du Sud-Est, qui lui a proposé ce modèle, une villa très accueillante, avec une cuisine, une salle à manger et un salon accolés, ce qui offre un espace très agréable. De là Richard contemple souvent la vue qui s'étale au loin et sa piscine superbement éclairée le soir à la tombée de la nuit.

Il a aussi profondément changé : « Je marche au feeling. Avant je donnais trop de moi-même, quelquefois je suis encore trop gentil. Stéphanie m'a ouvert les yeux, là aussi elle me guide. Il y a un an je pensais que tout le monde était bon, tout le monde était gentil. Je voyais les mauvais travers de certaines personnes, mais je n'y croyais pas. Maintenant je me méfie beaucoup. »

Son frère a bâti autour de lui une sorte de bulle invisible pour le protéger [1] ; « il m'évite de me prendre la tête avec des trucs inutiles, grâce à lui un bien-être s'est installé », et Didier Girard, qui était alors son agent et est devenu son ami, s'est longtemps occupé de ses intérêts [2]. « Avec Richard, assure-t-il, je n'avais même pas fait de contrat. On fonctionnait à la confiance. Je l'avais rencontré pour la première fois en 1998, pour lui proposer une campagne de publicité avec un sponsor installé à Marseille [3]. Nous avions tourné le film sur la Côte d'Azur et le courant est très vite passé. Richard et son frère sont vraiment deux types formidables. »

Ainsi l'enfant champion chéri des foules s'est peu à peu constitué une carapace. Mais il sourit toujours à la vie et aux années cyclistes qu'il lui reste à embellir. Que cet homme authentique, simple et loyal soit devenu au fil du temps le coureur français le plus médiatique n'a finalement rien d'étonnant. Il se comporte dans la vie comme sur le vélo et ce style Virenque si particulier nous

---

1. Voir aussi les chapitres 9 et 10 : « Verbruggen descend dans l'arène » et « La main tendue d'*il signore* Polti ».

2. De 1993 à 1994 Richard avait eu un autre agent, Jean-Pierre Puthod, qui plus tard s'est malheureusement suicidé. Il n'avait plus repris de manager jusqu'en 1998.

3. Il s'agit de Lustucru.

rappelle Gavroche, l'enfant frondeur, généreux et railleur. Là où on le cataloguait flambeur, il s'astreignait à un travail intense. On le croyait faible, il a opposé un caractère de fer, une détermination exceptionnelle.

Sa popularité l'a soutenu. Les journalistes l'ont jugé autrement depuis les Tours de l'après-Festina. On lui a pardonné son mensonge. On l'a compris. Et « ce qui est compris, n'existe plus », a justement écrit Paul Eluard...

Épilogue

Au-dessus des nuages, Louis...

Enfin !

Enfin l'aube apaisante, des jours heureux.

Le bonheur lui sourit de nouveau. Dario, son fils, qui vint illuminer son âme alors qu'il cheminait encore dans les méandres sombres, grandit et s'amuse avec Clara. Avec Stéphanie ils ont rejoint Carqueiranne. Cap au sud.

Soleil, soleil, ne nous quitte plus !

Pour eux, l'enfant de Dahomé, rêve toujours en jaune.

Sur sa jambe droite un scorpion, tatouage ramené d'une campagne en Italie, de Calabre, se contorsionne sous le mouvement de ses muscles.

Le voici vacciné contre le mauvais sort !

Roussel peut bien écrire que Richard a « acheté » une étape, il s'en moque. Sur les lacets de Courchevel c'est bien lui et Ullrich qui s'affrontaient dans un duel sans pitié. L'Allemand, il l'a toujours battu dans un sprint au sommet !

Il ne veut plus répondre aux provocations de ceux qui brandissent sa popularité pour vendre leurs salades, tout en se régalant de leur parcours à ses côtés.

Il a tourné la page.

Mais il restera toujours ce garçon naïf, prompt à

rebondir. Il avait accepté de poser pour la une d'un grand magazine en compagnie de Willy Voet et de Bruno Roussel, le gain de la photo aurait été versé à ses deux accusateurs pour payer leurs lourdes amendes. Mais lorsqu'il apprit que Roussel s'apprêtait à sortir son livre brûlot pour le détruire, il refusa bien évidemment [1]. Soleil, soleil, ne me quitte plus !

Il regarde désormais droit devant lui. Droit, comme le bras rageur de Morzine, droit comme le doigt vengeur de Paris-Tours, pointé vers le ciel. Il a rendez-vous avec le Tour. Cette confrontation, il l'espère, il l'attend. Il n'a pas le droit de la rater. Désormais ses pensées volent à nouveau au-dessus des nuages, dansent sur les sommets des montagnes tachetés de pois rouges.

Tout là-haut, Louis Nucéra, parti bien trop tôt par la faute d'un chauffard, cisèle toujours ses phrases et s'évade clandestinement sur les routes des champions. Louis aimait les cyclistes. Il adorait Vietto et ses exagérations. « Je grimpais tellement vite les cols que je freinais pour prendre les virages. » Il admirait Octave Lapize, dit « le frisé » [2] au palmarès tronqué par la guerre. Il contem-

---

1. On peut s'étonner de certaines déclarations de Bruno Roussel. Page 128, Roussel laisse entendre qu'au moment de l'arrestation de Willy Voet la direction du Tour aurait pu étouffer l'affaire, ce qui semble assez fantaisiste. Il écrit : « Jean-Claude Killy prend la main : "Alors, Bruno, qu'est-ce qui se passe ? [...]– Je n'en sais pas plus que vous [...]. – Merde, Bruno, mais pourquoi ne nous as-tu pas prévenus avant ? [...]"

« En mon for intérieur, je reste scotché par l'intervention de Killy. Qu'avait-il voulu dire par "prévenir avant". » (*Tour de vices*, Hachette littérature)

2. Octave Lapize, champion olympique des 100 km en 1908, champion de France sur route en amateur et professionnel (trois titres), et de cyclo-cross, fut vainqueur de trois Paris-Roubaix, de trois Paris-Bruxelles, de Paris-Tours, du Tour en 1910 (vainqueur de quatre étapes). Il mourut

plait la classe de Coppi. Il vibrait aux démarrages foudroyants de Pantani. Il savourait l'esprit belliqueux et épique des bagarreurs. Il aimait forcément Virenque et sa faconde méridionale, il appréciait sa résistance face aux attaques incessantes et dénonçait, d'une façon générale, la disproportion du traitement infligé aux coureurs eu égard à celui appliqué aux délinquants. Mais que l'on ne se trompe pas, il détestait l'hypocrisie, le mensonge et le dopage, et il citait souvent cette phrase : « Nous sommes les derniers survivants luttant contre l'immense vulgarité qui nous saccage. »

Tout là-haut il doit être heureux pour Virenque enfin réhabilité, dont il saluait le courage. S'il devait lui prodiguer un conseil, il lui glisserait à l'oreille sa devise : « Excelle et tu vivras. » Le Tour 2002 peut désormais débuter. À l'aube des jours heureux, Richard a entendu le souffle magnanime de l'écrivain.

Soleil, soleil, ne les quitte plus...

---

au champ d'honneur, lors d'un combat aérien durant la Première Guerre mondiale.

Le questionnaire de Proust

Richard s'est livré sans fard au questionnaire de Marcel Proust. Ses réponses spontanées dressent un autre portrait de son personnage.

QUEL EST, SELON VOUS, LE COMBLE DE LA MISÈRE ?
Être malade et ne pas pouvoir se soigner.

OÙ AIMERIEZ-VOUS VIVRE ?
L'été à Carqueiranne et l'hiver à Genève.

VOTRE IDÉAL DE BONHEUR TERRESTRE ?
Celui que je vis aujourd'hui.

POUR QUELLES FAUTES AVEZ-VOUS LE PLUS D'INDULGENCE ?
Si mes enfants ne font pas trop leurs devoirs scolaires, je comprendrai pourquoi...

QUEL EST LE HÉROS DE ROMAN QUE VOUS PRÉFÉREZ ?
Fanfan la Tulipe.

VOS HÉROÏNES DANS LA VIE RÉELLE ?
Stéphanie, mon épouse.

VOTRE PEINTRE PRÉFÉRÉ ?
Claude Boyer qui a décoré et peint ma maison.

VOS QUALITÉS PRÉFÉRÉES CHEZ L'HOMME ?
L'honnêteté.

CHEZ LA FEMME ?
La beauté, la classe, le dévouement pour ses enfants.

VOTRE VERTU PRÉFÉRÉE ?
Le respect.

VOTRE OCCUPATION PRÉFÉRÉE ?
Le bricolage et le jardinage.

QUI AURIEZ-VOUS AIMÉ ÊTRE ?
Je me plais bien en Richard Virenque !

LE PRINCIPAL TRAIT DE VOTRE CARACTÈRE ?
Le courage.

CE QUE VOUS APPRÉCIEZ LE PLUS CHEZ VOS AMIS ?
La franchise.

VOTRE PRINCIPAL DÉFAUT ?
Je suis têtu.

QUEL SERAIT VOTRE PLUS GRAND MALHEUR ?
Perdre un de mes proches.

CE QUE VOUS VOUDRIEZ ÊTRE ?
Danseur, comme Mickael Jackson.

VOTRE COULEUR PRÉFÉRÉE ?
Le gris.

LA FLEUR QUE VOUS PRÉFÉREZ ?
Les lis et les gueules-de-loup.

VOS POÈTES PRÉFÉRÉS ?
Je ne sais pas.

VOS HÉROS DANS LA VIE RÉELLE ?
Ceux qui se dévouent pour les autres.

VOS HÉROÏNES DANS L'HISTOIRE ?
Je ne sais pas.

VOS NOMS FAVORIS ?
Dario, Clara, Claire.

CE QUE VOUS DÉTESTEZ PAR-DESSUS TOUT ?
La jalousie et l'hypocrisie.

LES CARACTÈRES HISTORIQUES QUE VOUS MÉPRISEZ LE PLUS ?
La haine et la cruauté.

LE FAIT MILITAIRE QUE VOUS ADMIREZ LE PLUS ?
Le Débarquement de 1944, et particulièrement les marins. J'admire leur courage, ils sont si éloignés de leur famille, seuls en mer.

LA RÉFORME QUE VOUS ADMIREZ LE PLUS ?
La suppression de la vignette auto !

Plus fort qu'avant

LE DON DE LA NATURE QUE VOUS AIMERIEZ AVOIR ?
Être immortel.

COMMENT AIMERIEZ-VOUS MOURIR ?
M'envoler dans les airs.

L'ÉTAT PRÉSENT DE VOTRE ESPRIT ?
Prendre la vie à pleines dents, profiter de ma famille et faire mon métier le mieux possible.

VOTRE DEVISE ?
À l'attaque !

Le palmarès de Richard Virenque

Saison 2002 (équipe Domo)

Meilleur grimpeur du Tour méditerranéen

Saison 2001 (équipe Domo, depuis août)

Vainqueur de Paris-Tours
2e de l'étape Andorre-Port-Aventura et 13e du Tour d'Espagne
4e du Tour de Lombardie

Saison 2000 (équipe Polti)

Vainqueur de l'étape Courchevel-Morzine et 6e du classement général du Tour de France
6e du Tour de Suisse

Saison 1999 (équipe Polti)

Vainqueur du classement final de la montagne (5e maillot à pois) et 8e au classement général du Tour de France. 3e de l'étape Saint-Gaudens-Piau-Engaly

Vainqueur d'une étape du Tour d'Italie (Sassuolo-Rapallo) et 14e du classement général final du Tour d'Italie
4e du Championnat de France

Saison 1998 (équipe Festina)

Vainqueur de la 6e étape (Challes-les-Eaux-Megève) du Critérium du *Dauphiné libéré* et 6e du classement général
2e du GP d'ouverture *La Marseillaise*
3e du Championnat de France à Charade
11e du Tour d'Espagne
13e du Tour de Burgos
Exclusion du Tour de France après une semaine de course...

Saison 1997 (Festina)

Vainqueur du classement final de la montagne et 2e du classement général du Tour de France
Vainqueur de la 14e étape du Tour de France Bourg-d'Oisans-Courchevel
Vainqueur du GP d'ouverture *La Marseillaise*
2e des étapes du Tour de France : Pau-Loudenvielle, Saint-Étienne contre la montre, Courchevel-Morzine.
3e des étapes du Tour de France : Luchon-Arcalis, Saint-Étienne-L'Alpe-d'Huez, Morzine-Fribourg.
2e du Tour du Haut-Var
7e du Championnat de France à Montlhéry
14e du classement mondial de l'UCI

Saison 1996 (Festina)

Vainqueur du classement final de la montagne et 3e du classement général du Tour de France
Vainqueur du Tour du Piémont
Vainqueur de la 4e étape (Tain-l'Hermitage-Mont Ventoux) du Critérium du *Dauphiné libéré*
2e de la 16e étape du Tour de France Agen-Hautacam, de l'étape Galdakao-Victoria-Gasteiz du Tour du Pays basque et de l'étape Millas-Mazamet du GP du *Midi libre*
5e du championnat du monde à Lugano
5e des Jeux olympiques à Atlanta (épreuve sur route)
7e du classement mondial de l'UCI

Saison 1995 (Festina)

Vainqueur du classement final de la montagne et 9e du classement général du Tour de France
Vainqueur de la 15e étape du Tour de France Saint-Girons-Cauterets
Vainqueur de la 4e (Guilherand-Granges-Carpentras) et de la 6e étape (Briançon-Vaujany) du Critérium du *Dauphiné libéré*
2e du classement final du GP du *Midi libre* et 2e de l'étape Rodez-Carcassonne.
3e du trophée des grimpeurs et de la Classique des Alpes
5e du classement général du Tour d'Espagne
6e du Championnat du monde à Duitama
12e du Championnat de France à La Cluse-et-Mijoux
12e du classement mondial de l'UCI

Saison 1994 (Festina)

Vainqueur du classement final de la montagne et 5e du classement général du Tour de France (premier maillot à pois de meilleur grimpeur)
Vainqueur de la 12e étape du Tour de France Lourdes-Luz-Ardiden
Vainqueur du trophée des grimpeurs
Vainqueur de l'étape Saint-Gaudens-Guzet-Neige dans la Route du Sud et 2e du classement final
2e du GP *Ouest-France* à Plouay
3e du Championnat du monde à Agrigente
23e du Championnat de France à Fontenay-le-Comte
21e du classement mondial de l'UCI

Saison 1993 (Festina)

Vainqueur de la 1re étape du Tour du Limousin Limoges-Guéret et 2e au classement final
2e de la 5e étape Bonneville-Grenoble du *Dauphiné libéré* et 5e au classement final
19e du classement général du Tour de France et 5e du classement de la montagne
20e du Championnat de monde sur route à Oslo
25e du Championnat de France sur route à Châtellerault

Saison 1992 (RMO)

Maillot jaune du Tour de France pendant la 3e étape Pau-Bordeaux, 6e de la 1re étape Saint-Sébastien-Saint-Sébastien, 2e de la 2e étape Saint-Sébastien-Pau

Le palmarès de Richard Virenque

25e du classement général du Tour (1re participation au Tour de France) et 2e au classement de la montagne derrière Claudio Chiappucci
6e du Championnat de France sur route à Avize

Saison 1991

2e du trophée des grimpeurs
9e du Championnat de France sur route à Saint-Saulge
401e au classement UCI

Affaire Festina, note récapitulative

Chronologie

– 9 mars 1998 : une voiture de l'équipe néerlandaise TVM, avec deux mécaniciens, est interceptée au péage de Courcy, près de Reims, avec de nombreuses doses d'EPO dans son coffre.

– 8 juillet 1998 : le soigneur de l'équipe Festina, Willy Voet, est arrêté à la frontière franco-belge, à Neuville-en-Ferrain, au volant de sa Fiat aux couleurs de l'équipe Festina et du Tour de France. À l'intérieur, les douaniers français découvrent une quantité très importante de nombreux produits interdits, comme l'EPO, l'hormone de croissance, la testostérone ainsi que des corticoïdes.

– 10 juillet 1998 : le parquet de Lille ouvre une information judiciaire tandis que Willy Voet est mis en examen et placé en détention provisoire.

– 15 juillet 1998 : le directeur sportif de l'équipe Festina, Bruno Roussel, et le médecin, Erik Ryckaert, sont interpellés et placés en garde en vue au commissariat de Cholet.

– 17 juillet 1998 : Bruno Roussel et Erik Ryckaert sont transférés à Lille. Roussel, qui niait au début, avoue aux policiers le dopage organisé au sein de son équipe. Avec Ryckaert il est mis en examen et placé en détention provisoire. Le soir, à 23 heures, Jean-Marie Leblanc annonce aux journalistes l'exclusion de l'équipe Festina du Tour de France.

– 23 juillet 1998 : les policiers de Reims effectuent une perquisition dans les chambres des coureurs de l'équipe TVM, à Pamiers en Ariège. Le directeur sportif Cees Priem et le médecin de l'équipe, Andreï Mikhaïlov, sont placés en garde à vue.

– 24 juillet 1998 : audition des coureurs de l'équipe Festina, placés en garde à vue, au commissariat de Lyon. Tous avouent s'être dopés sauf Richard Virenque et Pascal Hervé. Le départ de l'étape Tarascon-sur-Ariège-Le Cap d'Agde est perturbé et retardé par un mouvement de grève des coureurs contre les agissements de la police qui interroge de nombreux champions.

– 29 juillet 1998 : l'étape Albertville-Aix-les-Bains est annulée après un deuxième mouvement de grève des coureurs contre les perquisitions effectuées dans les hôtels où sont logées les équipes. Le lendemain, de nombreuses équipes (dont les espagnoles et les italiennes) quittent le Tour. Rodolfo Massi (Casino), alors porteur du maillot de meilleur grimpeur, est le premier coureur à être mis en examen, soupçonné d'être au centre d'un trafic de produits dopants.

– 15 septembre 1998 : confrontation à Lille entre Virenque, Willy Voet et Erik Ryckaert.

– 3 novembre 1998 : divorce entre l'équipe Festina et Richard Virenque.

– 1er décembre 1998 : le juge Keil communique le résultat de ses analyses à Richard Virenque.

– 6 décembre 1998 : Lionel Virenque annonce dans l'émission Stade 2 que Richard arrête sa carrière.

– 15 janvier 1999 : Richard Virenque signe avec l'équipe Polti.

– 26 mars 1999 : le juge Keil auditionne Richard Virenque et lui signifie sa mise en examen.

– 7 mai 1999 : le « Dr Mabuse », Bernard Sainz, et Bertrand Lavelot, avocat, sont interpellés à la suite d'un coup de filet de la brigade des stupéfiants. Lionel Virenque, qui se trouvait dans le bureau de l'avocat pour la relecture des pages du livre *Ma vérité*, est totalement innocenté. Le juge Michèle Colin fait écrouer Sainz et Lavelot.

– 10 mai 1999 : confrontation entre Richard Virenque, Bruno Roussel et Willy Voet.

– 11 mai 1999 : Richard Virenque est entendu par les policiers au Quai des Orfèvres dans le cadre de l'affaire « Sainz-Lavelot ».

– 27 mai 1999 : victoire de Richard Virenque dans l'étape Sassuolo-Rapallo au Tour d'Italie.

– 16 juin 1999 : « Richard Virenque [et d'autres dont l'équipe TVM] n'est pas le bienvenu sur le Tour de France », annonce Jean-Marie Leblanc parce qu'il « cristallise sur sa personne le problème du dopage ».

– 29 juin 1999 : l'Union cycliste internationale exige des organisateurs du Tour qu'ils réintègrent Richard Virenque.

– 18 juillet 2000 : victoire de Richard Virenque dans l'étape Courchevel-Morzine du Tour de France.

– 24 octobre 2000 : au tribunal de Lille, Richard Virenque avoue s'être dopé.

– 22 décembre 2000 : sur le plan pénal, Richard Virenque est relaxé par le tribunal.

– 20 décembre 2000 : la Fédération suisse de cyclisme sanctionne sportivement Richard Virenque en le suspendant pendant neuf mois. Il a disputé sa dernière course le 21 octobre 2000 dans le Tour de Lombardie.

– 12 mars 2001 : le Tribunal arbitral du sport, auprès duquel Richard Virenque avait fait appel, confirme la sanction de la fédération suisse. Mais il adoucit les neuf mois de suspension en intégrant les mois d'hiver et les jours d'autosuspension de Richard. Il pourra donc reprendre la compétition le 15 août 2001 au lieu du 1er octobre 2001.

– 5 juillet 2001 : Richard Virenque, en raison de sa suspension, n'est pas en mesure de disputer le Tour. Il signe avec l'équipe Domo.

– 15 août 2001 : retour de Richard Virenque à la compétition au Critérium de Quillan, après une suspension de neuf mois.

– 7 octobre 2001 : victoire de Richard Virenque dans la classique Paris-Tours.

Les hommes

BRUNO ROUSSEL : directeur sportif de l'équipe Festina. Il avait organisé le dopage au sein de l'équipe dans le but d'assister médicalement les coureurs. Il a été condamné à un an d'emprisonnement avec sursis et 50 000 F d'amende.

WILLY VOET : le masseur de l'équipe Festina. Il a été le premier du team Festina à révéler le dopage. Il a été condamné à dix mois d'emprisonnement avec sursis et 30 000 F d'amende.

Erik Ryckaert : le médecin de l'équipe Festina, qui conseillait la prise d'EPO à certains moments pour mieux récupérer. Atteint d'un cancer pendant la procédure, il est décédé.

Jean-Marie Leblanc : le directeur du Tour de France. A été confronté avec l'importance du dopage lors du Tour 1998 qu'il a conduit à son terme, malgré l'avis de certains suiveurs favorables à l'arrêt de l'épreuve. Puis il a proposé au sein de la Société du Tour des mesures afin de garantir l'éthique de la plus grande course cycliste au monde. Dont des contrôles plus approfondis.

Daniel Baal : à l'époque il était président de la Fédération française de cyclisme – et vice-président de l'UCI – et s'opposait à Hein Verbruggen sur l'efficacité de la lutte anti-dopage, en affirmant que la FFC fixait des limites plus restrictives. Il a toujours plaidé en faveur d'un cyclisme sain. Il a rejoint la Société du Tour de France.

Hein Verbruggen : le président de la très puissante Union cycliste internationale, qui veille sur le cyclisme mondial. À l'écoute des coureurs et des directeurs sportifs, il a mis en place le suivi longitudinal (quatre contrôles sanguins dans l'année au minimum pour tous les professionnels) ainsi que les contrôles inopinés et le carnet de santé des coureurs où apparaissent toutes les justifications de prise de médicament. À l'origine des efforts accomplis pour aboutir à la recherche de l'EPO dans les contrôles, il fut au centre d'une longue polémique médiatique, soupçonné, à tort, de ne pas lutter assez efficacement contre le dopage.

BERTRAND LAVELOT : avocat spécialisé de nombreux coureurs cyclistes. Il a été mêlé à une procédure judiciaire sur un trafic de stupéfiants.

BERNARD SAINZ, dit « Dr Mabuse » : ami de Me Lavelot, l'un des personnages les plus controversés du cyclisme. Il a été le soigneur de très nombreux coureurs professionnels et est reconnu par la plupart d'entre eux comme un spécialiste de la préparation. Soupçonné de délivrer des produits dopants, il a toujours affirmé ne préconiser que des pilules homéopathiques. Il n'a pas de diplôme de médecin mais jouit d'une grande influence auprès de nombreux coureurs, dont Franck Vandenbroucke et Nicco Mattan.

Table

Cet ouvrage a été réalisé par

FIRMIN DIDOT
GROUPE CPI

Mesnil-sur-l'Estrée

pour le compte des Éditions Robert Laffont
24, avenue Marceau, 75008 Paris
en mai 2002

Imprimé en France
Dépôt légal : mai 2002
N° d'édition : 42810-01 – N° d'impression : 59307